延庆调查

——县域社会建设考察报告

YANQING INVESTIGATION
-County Area Social Construction Investigation Report

陆学艺 / 主编　　　钱伟量 / 执行主编

李君甫　李晓壮 / 副主编

社会科学文献出版社
SOCIAL SCIENCES ACADEMIC PRESS (CHINA)

《延庆调查》编辑委员会

序　言

自秦始皇推行郡县制以后，县域就成为中国社会的基本单元，是经济社会运行与管理的基本单位。古人云，"郡县治，天下安"。调查研究县域经济社会状况是了解国情，并为社会运行状况把脉的最为有效的手段。

民国时期的乡村建设运动中，河北定县和山东邹平县被定为乡村建设实验区，从美国留学回国的晏阳初就在河北定县进行县域的乡村社会建设实验。为了做好乡村建设工作，社会学家李景汉先生组织一队人马，开展县域社会调查，最后出版了著名的《定县社会概况调查》。内容涉及定县的地理、历史、政治、经济、文化、教育、社会组织、人口、健康与卫生、农民生活费、乡村娱乐、风俗习惯等各个方面。定县调查历时8年，调查的参与者近30人。这本书是国内外人士了解20世纪30年代中国社会问题的必备读物，它为研究定县及整个华北的社会概况提供了一条可供比较的基线。这是我国历史上运用社会科学研究方法开展的第一个系统的县域社会调查，具有里程碑的意义。

1988年，中国社会科学院接受国情调查的任务，又从河北定县调查开始，开展了全国百县市经济社会调查。1991年出版了《中国国情丛书——百县市经济社会调查·定州卷》。1993年，中国社会科学院成立国情调查研究中心，总结了6年县市调查的经验，调研的程序、方法，调整了调查点的分布。到1998年，国情调查历时10年，出版图书105卷。这是新中国成立以来为数不多的大规模经济社会调查，通过100多个遍布全国的县市经济社会调查，对改革开放以来的成就以及现代化建设中的矛盾、问题进行了全面系统的调查研究，从多个角度、多个层面摸清我国国情，对我们深刻认识经济社会发展阶段和问题具有重大意义。这100多本书，每一本都是描述一个县（市）的学术资料性专著，是制定政策和发展战略的依据，也是研究基本国情的资料。

21世纪以来，我国经济社会发展进入一个新的阶段。经过30年的改革开放，我国的经济社会发生了天翻地覆的变化。2010 年我国的 GDP 总量已经位居世界第二，人均 GDP 已经超过 4000 美元，人民生活水平稳步提高，经济小康的目标已经基本实现。然而，经济建设的成就并不能掩盖社会建设的滞后，随着社会结构的转型，社会阶层的分化，社会利益格局的多元化，我国的社会矛盾和冲突日益凸显。正因为中国处于这样一个阶段，党中央提出了科学发展观，提出要统筹城乡发展，统筹经济与社会建设，进一步加强社会建设与管理。

要贯彻科学发展观，进一步做好经济建设和社会建设工作，加强调查研究，正确认识国情、省情、市情、县情，是必不可少的。因而在新的社会发展阶段，需要通过扎实科学严谨的调查研究，准确把握经济社会发展的新动态。我们的经验表明，对县域的调查研究是我们认识国情的最好手段，因此有必要在国家发展的新时期、新阶段调研全国的若干个县市，全面认识新时期、新阶段的中国国情。

2009 年，北京工业大学制订了"服务北京行动计划"。2010 年，在北京市委常委牛有成和北京工业大学校长范伯元的指导下，在北京市委农工委、市农委的支持下，北京工业大学人文社会科学学院选定了延庆县，希望在全面调查延庆经济社会状况的基础上，为延庆县制定"十二五"社会建设规划提供参考建议。我们的课题组 30 多人，3 月份进驻延庆时穿的还是棉服，7 月份离开时已经换上了 T 恤和裙装。我们在延庆先后调研了 109 天，最后完成了调研报告和延庆县社会建设规划建议报告。

课题组总结盘点延庆调研的资料时，认为收集的延庆经济社会资料是弥足珍贵的，资料全面反映了北京远郊县延庆的基本状况，对于延庆制定和完善发展战略与政策，对于我们进一步认识我国县域经济社会发展新阶段的成就和新的发展任务具有重要意义。因此我们决定对调研资料进行整理和分析，出版一部反映县域经济社会发展的学术性及资料性的著作。

北京有 16 个区县（我们在延庆时，北京合并了西城区和宣武区，东城区和崇文区），其中有 14 个区，2 个县，延庆是仅有的 2 个县之一①。延庆

---

① 2015 年 10 月 13 日，国务院（国函〔2015〕182 号）批复同意撤销延庆县，设立北京市延庆区，以原延庆县的行政区域为延庆区的行政区域。

县在北京郊区县比较有代表性。北京的远郊区县现在的定位都是生态涵养发展区，承担着保护北京生态环境、涵养水源的重要任务。21世纪以来，北京贯彻落实科学发展观，实施了一系列统筹城乡发展的战略举措，城镇反哺农村，工业反哺农业，新农村建设取得了不俗的成绩。延庆定位为绿色北京示范区，延庆县委、县政府制定了很好的发展战略，以生态立县，打好打响了绿色牌。这里风景秀丽、环境优美，人民热情好客、纯朴善良，给我们留下了深刻的印象。

延庆的经济发展水平在全国的县域中处于中等水平，并不是很突出。然而得益于北京市委、市政府城乡统筹发展的战略和方针政策，以及延庆干部群众的努力，延庆的社会建设成就还是比较突出的，可以说经济社会发展是比较协调的。在教育、医疗、就业、社会保障等方面，延庆的成绩非常突出，在许多方面具有示范意义。东南沿海地区的许多县市，经济发展非常快，但是社会建设比较滞后，社会矛盾比较尖锐，在这些方面应该向延庆学习。2009年，延庆成立了县委社会工作委员会和县政府社会建设工作办公室，统筹领导社会建设工作，是全国在新体制下开展社会建设工作起步最早的县市之一。我们期待着延庆的经济社会能够同步协调发展，成为全国县域社会建设的典范。

北京工业大学北京市区域社会建设规划课题组
2011年1月

目 录

总报告
和谐妫川护京城

远离都市的喧嚣，踏入延庆境内，感觉到这里的特别。空气清新、道路洁净、山水绿意近在眼前，让人一下子忘却一身的烦忧。漫步在街巷村头，迎面而来的纯朴善意的笑容，又令人感觉到浓浓的暖意。

这里就是延庆，北京城镇后花园；

这里就是延庆，首都生态涵养区；

这里就是延庆，绿色北京示范区……

2010年3月23日，经北京市委农工委的直接协调帮助，延庆县委、县政府的大力支持，由北京工业大学人文社会科学学院陆学艺院长带队的北京工业大学北京市区域社会建设规划课题组进驻延庆，正式展开调研。在延庆县委社会工作委员会（简称"社会工委"）、县社会建设工作办公室（简称"社会办"）的全力配合和协调下，至7月9日，调研组在延庆的调查前后持续了整整109天。在这109天的调研中，我们与县委、县政府数十个党政部门举行座谈，走访了乡镇、社区、农村，并深入居民家中进行问卷调查和访谈，最终形成了我们对延庆新农村建设和社会建设的总体印象。

2009年，北京市人均GDP首次超过1万美元，这标志着北京总体的经济发展已经进入了一个新的历史阶段。2010年，北京市"两会"上提出了建设"世界城市"的目标，即要将北京建成在全球经济、社会、政治、文化等方面具有极高影响力的城市。这一发展定位，又使北京面临着新的发展机遇和挑战。在新形势下，此次延庆调研的目的在于摸清改革开放30多年来，特别是北京市开展"新农村建设"、践行城乡统筹发展战略以来，延庆县在发展、建设当中取得的成就，尤其是在"社会建设"领域取得的突出成就。

社会建设对普通民众来说是新名词，对社会管理者而言是一个新领域。2002 年，党的十六大提出"社会要更加和谐"。2003 年党的十六届三中全会提出了"以人为本，全面、协调、可持续发展"的科学发展观。2004 年，党的十六届四中全会有两个重大的理论贡献，一是提出了"构建社会主义和谐社会"的战略思想，并成为与"全面建设小康社会""社会主义现代化"齐名的战略目标；二是提出了"社会建设"的重要概念，适应我国工业化、城镇化新的发展阶段的需要，把正在进行着的与经济建设相对应的社会领域的建设，做了一个明晰的概括，统称为"社会建设"，从而使上述工作的地位得到了提高，理论上有了依据，建设的目标更加明确。2007 年，党的十七大报告将"社会建设"单列一节，使中国社会主义建设的总体布局，由原来的经济建设、政治建设、文化建设的"三位一体"，变成了包括社会建设在内的"四位一体"，并写进了新修改的党章总纲中①。十七大以后，社会建设由理论走向实践，开创了中国社会主义现代化建设的新局面。

在"新农村建设"方面，2005 年 10 月，中国共产党十六届五中全会通过《"十一五"规划纲要建议》，提出要按照"生产发展、生活富裕、乡风文明、村容整洁、管理民主"的要求，扎实推进社会主义新农村建设。作为"首善之区"，北京适应新形势需要，以统筹城乡发展为突破口，新农村建设走在了全国前列。自新农村建设以来，北京村镇道路改造、农民饮水安全、污水垃圾处理、乡村卫生服务、农业基本条件等方面都发生了翻天覆地的变化，得到了广大人民群众的普遍欢迎和拥护。2009 年，北京全年新编村庄规划 1674 个，累计编制村庄规划 2803 个，完成自然村搬迁 221 个，搬迁人口 5 万人。全年投入 80 亿元，在 1700 个村庄实施了"五项基础设施"建设，完成街坊路硬化 3216 万平方米，街坊路绿化 1408 万平方米，改造老化供水管网 5049 公里，完成一户一表 23.85 万个，实施污水处理工程 286 处，改造户厕 23.6 万座，新建公厕 3093 座，为 68 万农户配置了垃圾分类容器②。

---

① 陆学艺等主编《2010 年北京社会建设分析报告》，北京：社会科学文献出版社，2010，第 2 页。

② 陆学艺等主编《2010 年北京社会建设分析报告》，北京：社会科学文献出版社，2010，第 8 页。

可见，在中国特色社会主义事业建设的大局中，社会建设和新农村建设相辅相成，"你中有我，我中有你"，相互融合又各有侧重。农村地区的社会建设，是整个社会建设的重要组成部分；而新农村建设中，又包含着社会建设的内容。这也是我们在延庆调研中没有将两者截然区分开来的一个重要原因。

需要特别说明的是，对延庆新农村建设、社会建设的调研和思考，不能仅仅局限在延庆县域的范围之内。延庆发展的巨大成就，是改革开放以来中国县域发展的生动缩影；同时，延庆发展中面临的问题，有许多也是当代中国县域发展所共同面临的问题。我们希望通过对延庆的调研，在把握延庆总体情况的同时，力图通过延庆透视北京、透视全国，以期折射出当代中国新农村建设、社会建设中的种种状况。

一 经济社会发展的总体成就

延庆地处北京市西北部，三面环山一面临水，生态环境优良，气候独特，冬冷夏凉，有着北京"夏都"之美誉，也是首都西北重要的生态屏障。延庆东连怀柔区、南接昌平区、西临河北省怀来县、北邻河北省赤城县，地域总面积 1993.75 平方公里，其中山区面积占 72.8%，平原面积占 26.2%，水域面积占 1%。其中妫水河为境内最大河流，自东向西贯穿全境汇入官厅水库，故延庆古称妫川。截至 2010 年底，延庆县辖 15 个乡镇和 3 个街道办事处，下辖 376 个行政村、443 个自然村和 33 个社区居委会，户籍人口 27.9 万[①]。

作为北京的远郊县，改革开放以来，延庆县密切结合地区自然资源和人文环境特点，与北京全市的发展战略相配合，曾先后提出过"冷凉战略""三动战略"[②]，带动了经济社会的发展。进入 21 世纪，特别是 2005 年延庆由北京市政府规划定位为"生态涵养区"后，延庆倡导实施生态文明战略，

---

① 数据来自延庆县统计局、延庆县经济社会调查队《2010 年延庆县总户数、总人口》。

② 1986 年提出的"冷凉战略"指以冬季旅游和反季节农作物作为经济发展的突破口；1996 年提出的"三动战略"指以"旅游牵动、城镇带动、科教推动"来促进经济社会发展。

坚持"生态立县"的县域发展理念,明确提出打造"三个国际一流",即国际一流的旅游休闲名区、国际一流的低碳经济社会示范区、国际一流的宜居城镇和美丽乡村。2010 年 5 月,延庆进一步提出坚持高端一流标准,把延庆建成"绿色北京"示范区。新中国成立 60 多年来,延庆县始终认真贯彻党和国家的各项方针政策,依靠全县人民的努力进取,在经济和社会建设上都取得了巨大成就。

(一)经济建设的成就

自 2005 年以来,全县经济运行态势稳定,总量不断扩大,效益不断提高,地区生产总值年均增长 11.4%,地方财政收入年均增长 25.4%。2009 年,实现地区生产总值 61.6 亿元,同比增长 10%;完成财政一般预算收入 6.96 亿元,同比增长 10.8%;地方总财力 52.67 亿元,同比增长 47%。全社会固定资产投资达到 48.2 亿元,同比增长 47.2%;社会消费品零售额达到 40.9 亿元,同比增长 13.2%;实现城镇居民人均可支配收入 21573 元,同比增长 7.2%,实现农民人均纯收入 10470 元,同比增长 11.6%。

表 0 - 1 延庆县 2005 - 2009 年财政情况

单位:万元

年份	总财力	财政收入	财政支出
2005	195201	28129	172833
2006	240596	40129	217288
2007	324613	68521	290880
2008	358111	60123	333965
2009	526684	69624	480180

资料来源:数据整理自北京市延庆县统计局、北京市延庆县经济社会调查队《北京市延庆县统计年鉴 2006 - 2010》。

短短五年来,延庆县在经济建设领域取得了令人欣喜的成就,全县经济实现了跨越式发展,这也标志着延庆的经济发展已经站在了新的历史起点之上。

（二）社会建设的成就

尽管相对于北京其他各区县，延庆县在经济发展程度上仍有差距，但在社会建设领域取得了不俗的成绩。从统计指标来看，目前延庆县的教育、医疗、社会保障等在全市郊县中都处于中等发展水平①，好于经济发展排名。这对经济基础相对薄弱、发展相对滞后的延庆来说，实属不易。延庆社会建设的成就具体表现在以下方面。

第一，社会事业进步显著。延庆在社会建设方面的财政投入得到显著提高。2005~2009年，财政用于社会事业的支出年均增长23.9%。其中2009年财政总支出的480180万元中，社会事业支出为155341万元，占总支出32.35%；教育事业支出59146万元，占总支出12.32%，年均增长18.9%；医疗卫生事业支出28240万元，占总支出5.88%，年均增长38.7%；社会保障事业支出39683万元，占总支出8.26%，年均增长24.8%。

第二，社会管理稳妥推进。改革开放以来，延庆县推进政府的职能转变，强化社会管理和公共服务职能；积极推进社区建设，完善基层服务和管理网络；健全社会组织，努力改变社会组织政社不分、人才匮乏、能力不足的状况，培育社会组织在社会建设中发挥作用；统筹协调社会各方面的利益，妥善处理社会矛盾；完善社会应急机制，有效防范了社会风险。2009年延庆县群众对公安系统的满意度达95.7%，北京市统计局调查总队进行的"人民群众安全感指数"调查，延庆在18个区县中居首位②。2008年北京市郊区县社会建设绩效评估中，延庆的社会治安也是排名第一③。

第三，社会结构逐步优化。人口素质进一步提高，大专以上学历者占16岁以上常住人口比例提高显著；就业结构实现了劳动力进一步向第三产业转移的调整，现代服务业与传统服务业成为解决就业的最主要途径，其在就业结构中所占比重上升到63.9%；在阶层结构调整方面，中间阶层得

---

① 陆学艺等主编《2010年北京社会建设分析报告》，北京：社会科学文献出版社，2010，第11页。

② 数据来源于2010年4月21日本课题组与延庆县公安局座谈记录。

③ 陆学艺等主编《2010年北京社会建设分析报告》，北京：社会科学文献出版社，2010，第11页。

到发育；在城乡结构方面，城镇化率进一步提高至 50% 左右，城乡居民收入差距缩小至 2 倍左右，失业率下降到 2% 以内。总之，改革开放以来，延庆县实现了社会结构的优化，为经济社会发展提供了有力的结构支撑。

延庆的发展，并不是一时一刻就取得的，是全县人民同心同德、努力奋斗的结果。在新的形势下，延庆既拥有发展的独特优势，又面临着基础薄弱、后劲不足的挑战。

延庆的净水、净气、净土，使其成为名副其实的首都后花园、绿色大氧吧。延庆先后建立了松山、野鸭湖、玉渡山等 1 个国家级、2 个市级、6 个县级自然保护区，构建 10 平方公里的县城防护林体系，形成妫河生态走廊、龙庆峡森林公园、北山观光带和官厅水库滨带四大生态走廊。延庆林木覆盖率达到 71%，自然保护区面积占县域总面积的 26%，2010 年二级和好于二级的天气的总天数达到 82.7%，生态指标在全市名列前茅。优良的生态环境造就了丰富的旅游资源。作为京郊旅游大县，延庆对外开放的景区景点有 30 余处，其中 A 级以上景区 16 家，包括举世闻名的八达岭长城，塞外小漓江龙庆峡，广袤辽阔的康西草原，国家自然保护区松山森林公园，千古之谜古崖居，国家级湿地保护区野鸭湖等景区、景点。此外，全县有市级民俗旅游村 20 个，A 级景区民俗村 3 个，市级民俗户 1400 户，井庄镇柳沟村的"火盆锅，豆腐宴"已经成为京郊的民俗名牌。

尽管社会建设取得了较大成绩，但由于发展基础薄弱，延庆的经济发展水平相对滞后。以财政情况为例，2009 年延庆全县的财政收入为 6.9624 亿元，而同年北京市的财政收入为 2026.8 亿元，延庆财政收入仅占到全市财政总收入的 0.3%，比密云、门头沟等远郊区县都要少。这样的财政收入，与全国百强县（市）①相比仍有较大差距，在全国也就大概处于平均水平。但延庆的特殊性在于：延庆属于北京，是首都的组成部分，与首都其他区县相比仍有较大差距。近几年来，市政府对延庆的财政转移支付力度逐年加大，延庆"输血财政"的特征日益明显。其中 2009 年，延庆财政支出为 48.018 亿元，支出接近收入的 7 倍。这一事实说明延庆的经济社会发

---

① 2009 年度全国百强县第 100 名的福建安溪县，当年财政收入为 13.78 亿元。资料来自安溪网，http://www.anxiw.com/bendi/info-44974.html。

展极度依赖北京市一级的财政统筹。因此，观察延庆的情况，始终不能离开延庆的"北京背景"或"北京身份"。更进一步来说，延庆未来的发展，始终需要把握好延庆和北京的"县市"关系。一方面，延庆因其生态涵养功能的发挥对整个北京的发展做出了巨大贡献，因而应当考虑如何合理分享北京市整体发展成果（"输血"）的问题；另一方面，则是要考虑延庆如何在依托北京大财政的基础上，进一步发展自身（"造血"），并为北京的整体发展做出更大贡献的问题。

二　农村发展与新农村建设

延庆县下辖有 15 个乡镇，376 个行政村，443 个自然村，仅在县城城区有 3 个街道办事处。在全县 27.9 万户籍人口中，农业人口有 16.4 万人，几乎占六成，因此延庆本质上还属于农业县。

延庆的新农村建设从 2006 年 3 月开始，由市委农工委牵头，实行"1 + 6 工作模式"，成立 1 个办公室，设 6 个工作组（产业发展组——农委；环境建设组——市容管理委员会；规划设计组——规划分局；公共服务设施组——发改委；组织保证和农民培训——组织部；宣传报道组——宣传部），高度重视新农村建设。

（一）新农村建设的崭新面貌

短短几年，延庆的新农村建设取得了突出成绩。据统计，2009 年，延庆农村经济总收入完成 106.6 亿元，同比增长 10.3%，实现农民人均收入 9971 元，同比增长 9.8%，经济发展势头喜人。在农村经济中，第三产业占 47.7%，第二产业占 37.2%，第一产业占 15.1%。在第三产业的带动下，农业经济的产业综合效益显著提高，带动农民增收的成效明显。

1. 农村经济结构特色化、多元化

产业结构的调整和升级，是产业提质增效的前提，是农村经济发展的支撑。延庆县不断加快都市型现代生态农业的发展步伐，各乡镇、各村不再依靠单一传统农业发展经济，而是充分发挥各自优势，倾力打造特色牌，以"一镇一业、一村一品"的发展原则，多渠道发展经济，加速一产向二、三产延伸，农村经济得到长足发展。

一是延庆县充分利用"京郊"这一区位、交通和资源优势，大力发展都市型农业，实施多种经营。2009年6220亩设施农业建成投产，6579头散养奶牛实现入区管理，1200万盆草盆花实现了订单销售，这些都是农村经济发展的亮点。其中大榆树镇新建设施农业大棚457栋，设施农业占地近千亩。该镇的杨户庄和岳家营的越夏番茄取得了良好的经济效益，2009年收入55万元。岳家营种植的花卉还供应北京城区节日摆放，并成功试种新品花卉，远销日本和俄罗斯。2010年，延庆新增有机农产品认证8832亩，累计达到5万亩。新增以果品为主的设施农业2248亩，总面积达到1.3万亩。

二是以民俗旅游业、"观光采摘节"为载体，吸引大批市民前来消费，带动农业产业快速发展。例如延庆县岔道村依托八达岭长城，大力发展民俗旅游业，建成民俗旅游一条街，沿街全部为典雅别致的明清风格店铺，二、三产业从业人数约占全村劳动力的80%，农民人均收入2万多元，成为京郊百富村之一。岔道、柳沟等民俗村稳步实施改造，乡村旅游产品不断丰富，接待规模和水平进一步提升，有效增加了农民收入。其中2009年延庆县全年接待游人269.3万人次，实现收入1.14亿元，同比分别增长20.8%和28.4%。

三是积极发展沟域经济、化生态优势为发展优势。延庆县实施生态文明战略，生态建设和环境保护成绩喜人，加上交通便利，使得发展沟域经济有了优势资源和基础。千家店百里山水画廊是全市沟域经济发展的新亮点，另有四海镇四季花海、沈家营菊园、井庄玫瑰、大庄科乡立体生态农业、龙庆峡郊野森林公园、八达岭镇石峡谷等一批休闲观光农业项目竞相推出，基本形成了一沟一品，带动多种产业共同发展的新格局。据统计，地处沟域经济带的千家店镇和四海镇的农村经济总收入增幅均高达15.5%，高出全县平均水平5.2%。

四是走农业科技之路，发挥辐射带动作用。现代农业借助信息手段加速农业生产升级增效，由传统、粗放、经验型向智能、精准、数字化方向转变，从而有效提高农业生产力水平。例如延庆县许多乡镇的鲜花大棚配置了国内先进的电子控温系统，对棚内温度、湿度和土壤水分实施自动控制，实现了农业数字化、科技化。岳家营村试种的布利塔茄子亩产达2万公斤，比传统种植品种增产近 10 倍。新品种、新技术的应用发展了设施农业，提升了产业效益。

五是农民专业合作组织蓬勃发展。农民要实现增收致富，只有合作起来，才能扩大生产，提高技术含量，提升产品质量，才能共同面对市场挑战，共享收益、分散风险。延庆县高度重视农民专业合作社的规范发展，至 2009 年底共有农民专业合作社 416 家，成员入社总数 18875 户，占全县一产就业人数的 71%，带动非成员农户 39100 户，实现销售总收入 23823 万元，盈余 4510 万元。其中 2009 年销售收入在 1000 万元以上的 6 家，在 500 万元至 1000 万元的有 2 家，在 100 万元至 500 万元的有 20 家，在 50 万元至 100 万元的有 17 家，在 50 万元以下的有 131 家。在合作社中，沈家营镇西王化种植专业合作社开拓思路，实行农产品深加工，延长了七彩甘薯的产业链条，生产五色粉条和薯粉，加工出来的产品利润比初级产品增加了 30%。

2. 农村发生了由表及里的深刻变化

一是硬件设施建设上了新的台阶。新农村建设以来，延庆的农村生产生活条件明显改善。2009 年是近几年来新农村建设资金投入最多、任务最繁重的一年，按照市政府关于新农村建设"四年任务两年完成"的要求，已在 173 个村全面开展"五项基础设施"（饮水净化、污水处理、道路硬化、如厕改造、绿化）建设和"三起来"（亮起来、暖起来、农业循环起来）工程建设，编制完成了 150 个村庄规划，完成 178 个村的农民安全饮水和 1.43 万户改厕任务，硬化街坊路 242 万平方米。安装太阳能灯、节能灯 2.2 万盏，搭建节能吊炕 1.1 万铺，建成秸秆气化站 4 处，实施建筑节能改造 960 户。2010 年完成街坊路硬化 198 万平方米，绿化美化 118.2 万平方米，实施引水管道改造 840 公里，铺设污水管网 32 公里，完成如厕改造 1.6 万套，新建公厕 133 座，新建垃圾房 132 座，五项工程提前两年全覆盖。结合农村环境百日综合整治，延庆大力开展生态文明创建活动，八达岭镇创建全国卫生乡镇，张山营镇通过市级卫生乡镇验收，农村环境进一步改善。调研中，完成新农村建设的村庄环境优美，柏油路平坦宽敞整洁，道路两侧配套安装了太阳能路灯，许多农家都装有太阳能供热系统，绿树掩映下的农家庭院雅致清新，村里的公共用地（公益区）建设整齐划一，设施齐全，优美的环境令人心旷神怡。如延庆县小浮陀村是个名副其实的绿色村庄，村上组织村民开展了以各家各户门前三包（即包绿化、包秩序、包卫生）、村内五化（即绿化、美化、硬化、亮化、靓化）为主要内容的环境美化工程，实现了柴草不进村，街道无粪堆。大街小巷都栽植了刺槐、香花槐、海棠等经济树种，既美化环境，又增加收入。家家屋内装有北方特色、经过改良的吊炕，既美观实用，又环保节能。该村许多老党员还自发成立了"夕阳红"巡逻队，为村里义务巡逻，保护环境，维护治安。

二是农村公共服务水平持续提高，城乡公共服务均等化进程不断加快。新农村建设以来，益民书屋、数字影院、体育健身点、卫生服务中心等建设在延庆全面开花。

益民书屋内，整齐摆放的书架一字排开，书籍内容涉及新农村建设、科技兴农、农村生活、农村文化等。书屋还拟定了管理和借阅条例，初步建立了规范的管理和借阅制度运行体系。

每村一个数字影院，成为村民文化活动的中心。数字影院配备了价值100多万元的多媒体影视播放设备，每周放映 1～2 场电影。播放的影片类型多样，那些反映农村老百姓生产、生活情况的电影尤其受到村民的欢迎。

根据村的大小不同，每个村在公共用地建立 1～2 个村民健身点，并配备了齐全的露天健身设备。平时健身点既是村民锻炼、活动身体的场所，也是聊天交流的地方，不失为新时期农村生活的又一个公共中心。

村级卫生室干净卫生，建立了规范的机构管理、用药等制度，看病配药价格规范合理，接受村民监督。工作人员实行乡镇卫生院统管，除负责所在村的医疗外，还开展了慢性病的辅助治疗和保健工作。

3. 农民收入增加、生活丰裕

延庆县以农民增收为农村工作的核心，认真落实各项惠农强农政策，农民收入得到了稳定增长。全县 15 个乡镇中，2009 年农民人均收入在万元以上的有 7 个，占 46.7%。其中八达岭镇的农民人均收入最高，达到 14425 元。全县 376 个行政村中，农民人均收入在万元以上的达到 130 个，占总数的 34.6%，比上年同期增加 53 个村，增加 14.1%。

2009 年市县均制定出台了《共同致富行动计划工作方案》，帮扶低收入农户脱贫致富。在惠农政策下，2009 年延庆县农民因政策性获益达到 30390

万元，人均达到 1567 元。其中粮食直补资金 2596 万元，生态林补偿资金 4578 万元，退耕还林补贴 1124 万元，全年低保（含五保）资金 1674 万元，1.2 万余生态就业人员资金 5576 万元；1000 名水管员资金 600 万元，400 名防疫员资金 240 万元，新农村建设务工 74.2 万人次，支付 5508 万元，城乡无社会保障老人养老补贴 8494 万元。

新农村建设促进了农民收入的增加，同时新农村建设也影响了农民日常生活的诸多方面。在益民书屋、数字影院开展的活动，农民群众乐意参与进去，并能够学到东西，有利于转变观念、实现致富。广大村民还对电脑和网络知识产生浓厚兴趣，许多农村家庭购买了电脑，大部分村民可通过网络查询信息、参与生产，积极学习产品供销网络化。

在延庆，几乎每个村都有自己的文艺队伍。农民自发成立了秧歌队、合唱队、戏曲队等，并主动约请乡镇、县里甚至市里的专业工作者来指导。有些村的文艺骨干还自编自演小品、山东快书、京东大鼓、京剧、评剧等节目，丰富了干群的业余文化生活，也团结凝聚了人心，邻里关系更加和谐。

延庆县还将新农村建设与农村文明户创建相结合，提倡室内干干净净、室外整整齐齐、邻里和和睦睦。至 2010 年，已评建农村文明户 2.2 万户，在广大农村地区起到了很好的示范带动作用。此外，延庆县还通过开展评选"感动人物"等活动，在全社会提倡精神文明建设。

（二）新农村建设的基本经验

延庆新农村建设明显优化了原有的农业产业结构，美化了农村的生产生活环境，激发了农民发展生产、建设家园的积极性和主动性，新时期的农业、农村、农民呈现出生机勃勃的面貌。在延庆新农村建设中积累起来的宝贵经验，也将为下一步农业、农村、农民的发展，为进一步统筹城乡发展提供参考。

1. 经验一：政府积极扶持是前提

延庆县的新农村建设得到了国家、市、县的鼎力支持。在新农村建设这一国家战略指引下，依托国家出台的一系列惠农方针政策，北京市对像延庆这样经济发展相对落后的郊区县给予了大力支持。一方面，北京市的财政投入向延庆倾斜，市里每年预算安排足量的新农村建设专项资金、农村产业促进资金等。新增事业经费也向新农村建设倾斜，政府向郊区的投资比例由 2002 年的 20% 逐步提高到 2009 年的 52%。另一方面，延庆有许多惠农的发展项目，得到了市各个委办局职能机关的积极支持，予以优先立项建设。与此同时，延庆县在自身财政收入有限的情况下，投入大量的配套资金开展新农村建设。

2. 经验二：整合社会资源是基础

一是充分发挥"帮扶结对子"活动的作用，寻找社会各界力量，依托科研院所、驻区单位的资源，从技术、资金、信息等方面寻求支持；二是为每个村选派两名大学生任"村官"，充分发挥他们理论水平高、动手能力强、接受新事物快的优点，合理采纳他们的新思路、新举措，有效解决村民在生产和经营管理中遇到的困难和问题；三是整合群众力量，激发村民自我管理、自我服务的热情，充分发挥村民自治组织的作用，把阶段性集中整治与日常性规范管理结合起来，建立健全村规民约，完善门前"三包"责任制，以及全员自觉保护环境、爱护卫生的责任机制和约束机制。

3. 经验三：创新工作机制是保障

北京市完善了组织领导、部门联动的工作机制，建立公共财政投入、项目建设管理、农村基础设施和公共服务设施管护运行机制，深化社会保障、乡村治理、社会力量参与、督查考核机制等，为新农村建设提供了制度保障。延庆县在北京市的支持下，借鉴城镇管理办法，采取政府购买服务的方式，建立起水管员、公路养护员、护林员等队伍，既解决了农民，特别是生态涵养区农民的就业问题，又解决了农村公共设施的长效管护问题。

4. 经验四：文化凝聚人心是动力

开展丰富多彩和群众喜闻乐见的文化活动，通过举办农民运动会及建设文化大院等形式，使村民成为有文化、讲道德、懂技术、会经营的新型农民，在思想上更加凝聚，在加快发展上信心更足。同时，延庆大力倡导公民基本道德规范，深入进行社会公德、家庭美德和职业道德教育，不断提高村民的思想道德素质，形成良好文明和谐的村风民风，使社会秩序更加安定团结，社会生活更加和谐。

（三）新农村建设过程中存在问题的反思

当然，作为一项重大的全局性农村发展战略，新农村建设在具体实践中也存在一些可以进一步完善的地方，这些不足是整个新农村建设初级阶段所逐步呈现出来的普遍现象。延庆地处我国经济社会发展程度最高的北京地区，新农村建设又走在全国的前列，因此遇到的新农村建设实践情况也更为复杂。我们相信，在进一步改革发展的进程中，这些复杂情况一定能被克服，新农村建设的事业一定能在全社会的共同推动下获得更加长足的发展。

1. "五项基础设施"建设问题

一是按照"4 年工程 2 年完，2 年的资金 4 年还，钱不够贷款凑"的建设方针，时间过于紧迫。很多工程都是在没有结合村庄具体情况进行充分论证的前提下就匆匆开工建设。这导致工程建设中通盘考虑不够细致，重复建设较多。在调研中有的村民反映，村里改"上水"要挖开一次村里的道路，后来改"下水"又得重复开挖一次，不仅影响了村民的日常生活，而且建设资源没有得到集约使用。

二是污水处理工程。污水处理本意是希望解决农村的生活污染问题，改善农村生活环境，但投资不菲的污水处理设备建成后，在实际运行中存在很多困难。如农村各家各户生活产生的污水量并不大，即使集中到污水处理点处理，总污水量也不是很多，这使得污水处理设备的处理能力得不到发挥，效能较低。又如污水处理设备由政府投资建成后，没有长效安排其运行、后期维护费用，这直接导致农村和地方政府没有使用的积极性，甚至带来使用上的财政负担。部分干部和群众认为："每村搞污水处理没有必要。"在调研中，发现某村一年前建成的四个无动力污水处理装备已经运转失效，废置在田间地头。

三是改厕工程。厕所使用时的防冻冲水是个值得关注的问题，并且在山区更为突出。延庆山区冬季较长，温度较低，水一冰冻，家里的厕所就没法冲水使用。有农民反映说："厕所改是改了，但一冻就完了。"由于季节天气的原因，目前延庆山区有很多新改的厕所，每年有将近一半的时间都没法正常使用。

四是道路硬化工程。新农村建设以来，延庆几乎所有的村都铺上了干净平整的水泥路面，大大方便了村民的出行。先前下雨天满是坑坑洼洼的村道，目前在延庆已难觅其踪。但不应忽视的是，有些村的道路硬化建设存在质量问题，直接表现在路面使用不到一年就已开始损坏。村民反映，这些道路的厚度、当初使用的水泥标号都不符合要求。村民对此意见较大，反映政府花钱不当，怀疑工程建设存在猫腻，好处都由承建商占了。

五是路灯工程。从环保低碳出发，新农村建设中很多村都安上了太阳能路灯，但在实际运行中出现了一些当初没有预想到的情况。一是每盏路灯造价是 5000 元，建设、更换的成本较高。二是自然损坏严重。以某民俗村为例，2006～2007 年安装的 280 盏太阳能路灯 40% 已经损坏。这些路灯，蓄电池寿命是 2 年，每换一个需要 600 元；太阳能电板的使用寿命是 1 年，每换一个超过 1000 元。村里没有财力跟上这些后续的维修费用，所以很多路灯现在都是亮不起来的"瞎灯"。

简单来说，上述新农村建设的工程投入，典型的是"拿别人的钱，干别人的事"，建设中"只管建不管用"的情况正是这一资金投入建设方式存在问题的直接表现。

2. 资源整合问题和"锦上添花"模式

新农村建设中出现的"多龙治水"投入局面，不利于资源整合。例如，益民书屋建设投入来自宣传部，数字影院建设投入来自文委，体育健身点建设投入来自体育局，此外还有老年之家、文化大院、卫生服务中心等建设项目。各个职能部门在考核各自归口的项目建设情况时，重在看房子等硬件情况，常忽视了如何让村民方便、集约使用这些资源。因此，在同一个村建设这些项目时，若如能考虑整合资源，本着提高集约使用率的原则，建成一个使用一个，避免重复、过度建设，相信建设项目能更好地发挥作用。

在建设后的日常使用上，调研中发现很多村的这类资源利用率不高。比如，某些村的益民书屋长期处于关门状态，甚至有很多箱书带着外包装被堆放在角落中。有些书屋虽然墙上挂着规范的管理和借阅制度，但实际上书不外借，流通率不高。还有很多数字影院冬天不能采暖，温度低导致数字电影放映机启动不了，无法正常使用。更为现实的还反映在所有这些设施几乎没有后续维修基金，像很多村里露天的健身体育器材，一旦被自然或人为损坏，就只好搁置。

新农村建设的资金投入主要来自市里，项目资金由政府自上而下投入，新农村建设以来地方上出现了这样一些典型情况。

一是"立项"非常重要。尽管很多已建项目的实际使用状况不理想，但对地方政府来说，只有继续立项，才有可能从市里争取到各个专项建设经费。地方干部现在更关心如何多多立项，以争取更多的建设经费，而相对忽视项目的实际使用效益。

二是工程建设呈现一种"锦上添花"的建设模式：示范村受投资倾斜，工程样样领先；普通村，投资拖泥带水，一个小工程可能都能拖几年。调研发现，有些小村、穷村，到现在连基本的饮水问题都没有解决，而在有些明星村，某些投资几百万挂着"新能源""绿色"名号的项目则在最初的风光之后，被废弃在田间地头。扶强不扶弱，建设倾向示范村，固然利于出成绩，出政绩，但这种树典型的建设方式，违背了新农村建设应当遵循的"普惠"原则，与新农村建设的初衷相背离，反映出新农村建设有走向"形象工程"的不良趋势。

3. 财政和编制"一刀切"的问题

按照北京市的政策，在新农村建设中，自然村不管大小每年拨15万元办公经费；乡镇不管大小每年拨350万元办公经费。这种"一刀切"的财政拨款方式，导致农村工作中出现了不少"新现象"。

在村一级，原先热热闹闹开展的村之间的合并工作已经停止。在那些已经合并的村，村干部和村民对这一经费分配方案不满，普遍存在吃亏上当的心理，部分村民因此对新农村建设抱有一种要拿好处、将损失拿回来的心态。

在乡镇一级，干部工作中的心理不平衡表现得更为明显。例如，珍珠泉乡总人口就3000多，而延庆镇常住人口中育龄妇女就有10000多，两镇相比，"珍珠泉乡总人口不如延庆镇育龄妇女多"，但两乡镇同样都有350万元市级拨款办公经费。可见，如能按人口、职能等综合考虑财政分配更为合理。根据乡镇干部反映，自2001年以来，乡镇工作早已发生了巨大的变化，增加了农村市政、垃圾处理等诸多工作。工作繁多，不仅使财政经费使用日渐困难，而且由于人员编制没有增加，具体工作时人员使用捉襟见肘。以综治工作为例，各个乡镇的综治工作只有 1 个编制，但要做的工作却包括综治、流动人口管理、信访、禁毒、安全生产、消防等方面，许多乡镇只能外聘或者"挪用"人员来干这块工作。据综治干部反映，现在工作中最大的困难是没有执法权，老百姓根本不怕你。遇见"刁民"，只能说服、教育；老百姓骂乡镇干部，乡镇干部也不敢还嘴，否则老百姓就可能上来扭打。乡镇干部普遍反映现在执法约束太多，政府太"软"。

4. 新农村建设的主体问题

新农村建设谁做主？在新农村建设中，按照干部的说法，政府是投入的主体，农民是享受的主体。可现实中的情况是，政府主导的建设方案、建设形式、建设内容是否真正是农民乐意享受的？政府投入大量的资金建设，农民是否真正满意？在调研中，新农村建设给农民的突出印象是"咱们政府有的是钱"，但由于建设投入不够公开、清楚、透明，农民广泛怀疑政府官员在新农村建设中捞取了好处。而县乡干部则反映资金的使用方向都不由县乡政府管理，县乡政府对新农村建设也没有主动权。这反映出目前的新农村建设，资源配置的权力集中在市级的"条条"部门，比如市里面的农委、公路局等；而"块块"部门，如县政府、乡镇政府，往往无法调配资源。此外，新农村建设在巨大的投入之后，享受建设成果的人又有多少呢？山区乡镇本地青壮年劳动力因外出就学或打工留在镇域内不多，留守的大部分都是老人、妇女和幼儿。有的乡镇一到下午 4 点，机关事业单位的人又都纷纷返回县城，偌大的镇域内晚上也就剩下几千人。可见，巨大的基础设施建设投入虽然在镇域内全面开花，但建设成果的惠及面又有多大呢？乡镇干部在县乡之间的日日潮汐式流动，在农村已经是一个普遍的问题。因此，新农村建设应多考虑以人为本，具体的一个方面就是要以人口的实际资源使用情况为本。

（四）新农村建设背景下的农村社会

1. 新民居、新社区建设

按照北京市的统一布置，新农村建设中的基础设施建设要在 2010 年基本完工。从 2011 年开始，下一步的重点是新民居、新社区建设，简单说就是"农民上楼"。新民居建设的目标是将农民集中，组成一个个大约5000人的新社区。那么，原来每个村巨大的基础设施建设投入，是不是就此搁下了？针对这一情况，有些干部认为是一种极大的建设浪费，也有干部认为"这是发展阶段中的问题"，即基础设施建设和新民居建设是两个不同的阶段，不能说前一个阶段的投入不用了就是浪费。此外，农民集中上楼后，存在农民在产业园如何就业、农民的生产生活工具如何安置等现实问题，农民的增收渠道也要做出规划，否则农村社会的稳定存在风险隐患。

2. 村民委员会选举

村民委员会选举中出现的问题并不是刚有，但随着新农村建设带来的巨大利益期待，目前农村选举中利益竞争日趋白热化，争着当村干部的现象十分明显。一方面，为了选举上台，许多候选人用钱向群众买选票，几百、上千买一张选票的事情已不鲜见，请客送东西更是司空见惯。更有甚者，利用家族势力拉票，影响选举。基层乡镇干部普遍反映："换届选举难度特别大……大小村的干部全是抢着当。"一到选举的时候，县里、镇里、村里上上下下都很紧张，乡镇干部全被派下去"包干划片"。每村都有"包村干部"和民警去"指导"村里的选举工作，以防出事，影响稳定。乡镇的业务科室干部，极大的精力都花在包村工作上，甚至可以说是"副业（包村）盖过了主业（业务）"。

在2007年村委会选举中，延庆县大概有20%的村干部是刑满释放人员。这些人上任后，组织部的反映是"直接伤害了老百姓对党和政府的信任"。有干部认为："（这些人）对政策执行影响特别大，执政能力是一个大问题。"另一方面，有些村干部上任后，瞄准新农村建设工程的"致富"机会，自己组织工程队，运用各种方式软硬兼施包下村里的工程，从中获利。有些村干部在竞选中已经付出了巨大的投入，上任后就想各种办法将投入收回来。

对村民委员会选举，有干部还反映目前老百姓"缺乏启蒙教育……就直接进入选举的实际操作阶段，乱象不出才怪"。干部认为老百姓对"少数服从多数的规则不认可"，这使没有选上的人"对选上的一派绝对不认账，导致工作瘫痪"。某主管选举的镇党委副书记直言："再不改这部村民选举法，农村出大问题……最民主的一部法放到最不民主的人群中去，不出问题，难！"不少乡镇干部还指出村民选举现在"一夜翻车"的事情很多。若要规范选举，最严重、最迫切的问题是"贿选怎么界定"。对于有实际证据的贿选事件，乡镇干部认为应当直接立案。而谈及某些村级班子的现状，有乡镇干部毫不讳言地说，"现在有些村支部，已经成为某些个人的牟利工具了"。

2010 年的换届选举，市里要求实行书记主任"一肩挑"的新政策，"一肩挑"比例要求不低于 60%。延庆县将这个比例提到 80%，不达标的，当地乡镇领导的年度工作将被"一票否决"。为此，乡镇领导就出台了这样的政策：已当选的村支书必须竞选村主任，且对于没竞选上村主任的村支书，将免去其支书一职。新政策的初衷是为了加强党的领导，防止原来书记主任相互扯皮、工作瘫痪的现象大量出现，但新政策产生的一个直接副效应就是女干部比例大量下降。同时，也有乡镇干部反映，村级选举"一肩挑"政策，常常导致书记、主任两派人马争执不下，双方都拉选票，在村里人为地制造了很多矛盾，邻里之间也不和谐了。

客观地说，上述基层选举中的种种情况，不是新农村建设带来的，但新农村建设巨大的资金投入，的确刺激了许多基层干部要在其中捞取一定的个人利益。

3. 农民增收

新农村建设极大地改变了农村的面貌。在新农村建设的直接推动下，某些地方农民通过组建"合作社"，实现了增收致富。例如在延庆，北京绿菜园蔬菜专业合作社 2009 年带动小丰营蔬菜市场共销售各类蔬菜 3.05 亿公斤，交易额达 3.18 亿元，带动农户 3600 余户，成员平均户收入 3 万余元，比非成员农户高 10%，比非菜农收入高 20%。又如，北京大柏老聚八方奶牛合作社，2008 年率先在全县农民专业合作社中实现了盈余返还，共分配盈余 59585 元，其中按投资股分配 29792 元，按交易量返还分配 29793 元，成员全年户均纯收入 26000 元，比非合作社社员的户均纯收入 22000 元增加了 4000 元，增长了 18%。不过，在农村经济发展的同时，延庆也有不少地区农民的收入状况、就业结构等没有根本改变，解决农民脱贫致富的迫切性依然存在，农民收入不均的情况有着多方面表现。

一是地区不平衡，山区农民收入低。按照干部的说法，延庆县农民的年人均收入已经达到约 1 万元。但在调研中发现，农民的收入普遍比较低。靠近城区的地方依靠副业还好一些，偏远山区的农民，其年平均收入在 5000 元以下的占大多数。新农村建设中巨大的建设投入使农村变漂亮了，但没能切实有效地增加当地农民的收入。农民享受、使用了新建的基础设施，但难能享受建设中带来的收益。因此，如何利用新农村建设的契机千方百计增加农民的收入，是当前新农村建设中需要细致考虑的问题。

二是村与村之间的人均收入差距继续增大。2009 年，376 个行政村中，农民收入水平在平均线以下的村有 246 个，占总数的 65.4%。收入最高的村（八达岭镇石佛寺村）与最低的村（大庄科乡景而沟村）之间的差距达到 27643 元，差距十分明显。这一收入差距，较往年数据又增大了。

三是在农民收入普遍还较低的同时，同一个村农民的贫富分化也变得越来越严重。根据全县的统计数据，2009 年农民人均收入在平均线以下的农户有 65392 户，占农户总数的 91%，与上一年相比，所占比重增加了 3.2%。可见，若要实现农民人均收入较快增长，很大程度上取决于人均收入平均线以上的农户更高幅度的增长。在调研中，像柳沟这样的民俗村，民俗接待户大概占全村户数的 20%。民俗户的收入，最好的可以到 80 万~100 万元/年，好的可以到 50 万~60 万元/年，差的也有 5 万~8 万元/年。其余 80% 的农户收入，主要来源是帮工和种地收入，那些单纯种地的农户，根据调查其年人均收入大概在 4000 元左右。

新农村建设既要改变农村面貌，也要让农民致富。目前的情况是农业、农村面貌改了，但农民还没有真正致富。而农民没有致富，意味着这是在农村经济基础比较弱、农业生产力比较低的情况下，试图推进农民生活方式（包括基层政治生活、农民消费方式等）的变化，其结果可能就是事倍功半。

4. 农民就业

延庆的工业经济不发达，农民的非农收入主要依靠外出就业。就业类型有打建筑零工、市区开出租、县城开"黑"车等。劳动力转移方式主要是家庭自谋出路，非农化趋势明显。据统计，2009 年农户收入来源上，来自农业的收入仅占 19.4%，非农产业收入占到 80.6%，比重比上年提高 2.9%。不过，农民在非农收入增加的同时，其收入的不稳定性风险也很明显。当前延庆农村的剩余劳动力总体上还比较多，青壮年几乎都不在村里，平日很多村都见不到 20~40 岁的年轻人。因此，农村发展的一个现实要求就是如何培育产业，能让剩余劳动力充分就业，从而进一步提高农民的收入。

在延庆，还存在一支由政府出资组建的"生态就业"农民队伍。"生态就业"的农民绝大多数是"40、50"人员①，分布在看山护林、护路、保洁等岗位上。目前，生态就业的补贴平均为每人 500 元/月。目前，生态就业岗位在很多村实行各户轮流当，生态就业在农户间的"平均主义"很明显，但也因为分配岗位中具体工作的原因，农户之间、农户和村委会之间的矛盾也不少。总体上，"生态就业"是财政花钱，并不是产业发展带来的就业，不是"造血"，所以一旦政府资金不到位，农民收入就受影响。

5. 农村精英和村官

农村精英是带领村民致富的重要力量，能起到"领头羊"的作用。但在现实中，延庆县农村精英的流失情况比较普遍。据乡镇干部反映：农村人口中，一类人考大学出去了；二类人外出就业、出去干自己的事；三类人留在村里。人才、精英流失后，农村管理人才的现状是：二类人、三类人在农村当家当政。

大学生村官是农村管理的新生力量，其本身在农村基层实践中也将得到锻炼。目前的现实是，村官三年任期满后需要重新找工作，未来预期不稳使多数村官难以安心工作，都在考虑、谋划三年后的现实出路。本来，村官任期满后进入乡镇政府工作是一个好"出口"，这也是从基层发现、培养未来干部的一个有效途径。但现实是延庆每个乡镇目前只有 2 个面向村官的专项事业编制，全县总共才 30 多个这样的编制，而村官则有 700 多人，编制供求很不平衡。调研中某乡镇干部反映，"村官能安心工作的不到 20%，大部分都是敷衍了事，能对付工作就对付过去。写份报告也不好好写，到网上随便下载的情况很多"。当然，该干部也反映有一些村官能认真对待工作，这部分村官往往在能力上锻炼很大。

---

① 指户口在本村，女性 40~50 岁，男性 50~60 岁的村民。

农村现实生活条件不如城里、镇里，大部分大学生村官都难以适应村里的生活条件。对此，很多乡镇都抽调大量的村官到乡镇政府"帮忙"。一方面，乡镇政府能解决大学生村官们平时生活上的困难，如吃饭、住宿等；另一方面，村官也帮乡镇干部承担了许多具体工作，缓解了基层政府工作人手不够的现实困境。当然，村官也会下村帮村委会做工作，只是不常住村里。

可见，如何用好大学生村官，从编制、"出口"（工作出路）等方面稳定其工作预期，调动其工作积极性，将直接关系到农村地区管理队伍的稳定，以及管理机制的长效改革。

6. 农村集体产权制度改革

为维护农村社会稳定，强化农村集体资产规范管理，实现农村集体资产的保值增值，在2008年、2009年试点之后，延庆已经开始全面推开农村集体产权制度改革。延庆县376个行政村中，2009年村民人均占有村级净资产在10000元以上的村有57个，占总数的15.1%。八达岭镇的程家窑村最高，达到162801元，最低的是旧县镇的白羊峪村，为负1878元。2009年，全县资不抵债的村有9个，资不抵债额110.2万元。这9个村分布在5个乡镇，其中千家店镇5个、延庆镇1个、沈家营镇1个、旧县镇1个、珍珠泉乡1个。

确权是产权制度改革的核心。有些改革成功的村，例如井庄镇的北地村、西山岔村，农民都实实在在得到了实惠，每年都有相应的集体收入分红。这些村多以"劳龄"①为切入点，进行集体经济的分配。而在有些村，尤其是地处城乡接合部（如延庆镇）的村，由于牵涉巨大的土地出让利益，集体产权制度的改革进展缓慢，而且是举步维艰。如延庆镇某镇干部就说，"产权改革牵一发动全身，只能慢慢来，甚至只能等老一辈人都不在了，在新一辈人手里的时候再改革"。可见，推进集体产权制度改革是否顺利，是农村社会、农民利益矛盾的聚焦点，是影响农村社会稳定的重要方面。

---

　① 在所在村居住年限或者户口年限。

（五）延庆新农村建设的启示

延庆新农村建设已经取得了丰富的经验和突出的成绩，并带给我们五点深刻的启示。

一要坚持统筹城乡发展的原则，突出规划的先导地位。延庆县在抓新农村建设工作之初，就明确了统筹城乡发展、促进城乡一体化的工作思路，积极探索"工业反哺农业、城镇支持农村"的新机制，严格按照"特色鲜明、内涵全面、设施配套、环境优美"的要求，实行城乡统一规划，因地制宜，适度超前。高度重视城镇化进程、城乡发展布局、农村自然和文化发展脉络需要，做到人与自然和谐。与此同时，区别城中、城郊、山区等不同类型，合理确定村庄新农村建设的切入点，先易后难，稳步推进，一年迈上一个新台阶。

二要坚持致富农民的原则，加快发展农村支柱产业。生产发展是新农村建设的根本任务，是实现生活富裕、乡风文明、村容整洁、管理民主的物质基础。只有产业发展，农民增收致富，新农村建设才有说服力，才能从根本上打破城乡二元结构，促进城乡良性互动发展。只有农民腰包逐渐鼓起来，农民参与建设新农村的积极性才能充分调动起来。在发展中，延庆县根据各乡镇的产业基础、区位特点和市场需求，科学制定产业发展规划，深化农业结构调整，加强农业基础设施建设，加快农业科技推广，提高农业综合生产能力，优化农业产业布局，坚持"一村一品、一乡一业"，大力发展农村块状经济，走规模化、产业化经营路子，进一步壮大设施农业、民俗旅游等主导产业，千方百计增加农民收入，全面激发广大农民建设新农村的巨大热情。

三要开拓改革思路，加快发展村集体经济。新农村建设离不开村级组织的坚强领导和村集体经济的有力支撑。延庆集体经济发展好的村，村村都充分发挥各自优势，采取以集体土地出租、入股、村经济合作社等形式，开拓收入来源，增强农产品的竞争力，这既壮大了村集体经济，又为村民打工、学技术提供了便利，同时村级组织也具备了配套市、县（区）两级加大投入的经济实力。可见，千方百计壮大村集体经济实力，增强村级组织自我造血功能，才能夯实新农村建设的物质基础。

四要坚持因地制宜，突出延庆特色。在推进新农村建设工作中，延庆着眼于农村经济长远发展和农民生活环境改善，把新农村建设作为推进产业结构调整、提升生态农业档次、加速都市农业发展进程的示范工程，努力把示范村建成特色产业发展的基地、新农村建设的样板、生态环境保护的典范、科技普及推广的先导、农民增产增收的园地、精神文明建设的先锋和党员发挥先进性作用的舞台。延庆在指导新农村建设工作中，以发展现代农业为抓手，在突出农业科技示范、农村信息化水平、生态环境建设等方面，各村从不同角度、不同侧面彰显特色，树立典型，促进新农村建设向多元化发展。

五要坚持高端标准，确保新农村建设的实效。在推进新农村建设中，需要集中财力和物力。延庆县根据各个村的情况，高标准规划、高起点建设，通村公路及村内街道均实现了柏油化；给试点村安装太阳能供热水系统和太阳能路灯；结合气候特征，在广大农户中全面推行"吊炕"，冬季房间温度比以前平均提高了4℃~5℃。在沼气池建设上，没有采取单家独户的建设模式，而是村子集中建造大型沼气池，分管道通户安装，基础设施建设的理念超前，既体现了环保意识，又节约了能源，也避免了低层次建设。

三　城镇化与社会建设

现代社会建设是伴随着工业化和城镇化的进程而出现的。正是因为产业和人口向城镇的集中和集聚，从总体上布局城乡一体的社会结构调整、社会事业发展、民生事业完善、整个社会和城乡社区的管理与治理、社会利益格局的合理调节等问题才被提上国家治理的议事日程，国家的经济建设必须与社会建设协同发展才成为全社会的普遍共识。

（一）城镇建设与城镇社会管理

1. 延庆的城镇化进程

1978年的时候，延庆县城区的人口约为2.3万人，发展到2010年，延庆县城区（包含延庆镇和3个街道）常住人口12.6万人，占全县常住人口的39.7%。而延庆、康庄、永宁、张山营、大榆树、旧县6个镇和3个街道集中了 24.9 万人的常住人口①，占全县常住人口的 78.5%。从人口分布看，延庆县常住人口向主要城镇特别是延庆城区高度集中的趋势是延庆县城镇化进程的一个突出表现；同时，从户籍变化来看，延庆县户籍人口中非农业人口占总人口的比重从 1978 年的近 13% 上升到 2010 年的 41.4%②，户籍身份非农化也是延庆县城镇化的一个重要标志。

事实上，随着农村劳动力非农就业比例不断扩大，外出打工的农民越来越多，加上许多具有农村户籍的居民为了就业和孩子上学在城里买房居住，因此人口向城镇聚集的比例大于全县非农业户籍人口的比例。从调研情况来看，县城内的人口组成主要来源于以下三类。一是原来就住在县城的居民。当然，随着城区面积的扩大，有很多郊区的农民转为居民住在县城内。二是流动人口，包括本县白天在北京市区开出租车晚上住在县城的司机，为了方便孩子上学在县城租房或购房的居民，在县城居住的县城企业的本县和外县员工。三是县、乡干部，包括有很多村干部都在县城置业购房，加上这部分干部的家人，该群体也占一定比例。

人口向城镇聚集的根本原因是整个延庆产业结构的变化。到 2010 年，延庆县地区生产总值为 67.7 亿元，其中第一、二、三产业的产值分别为 8.6、19.0、40.1 亿元③，占整个地区生产总值的比重分别为 12.6%、28.1%、59.3%。相应地导致延庆劳动力就业结构也发生了改变，第一、二、三产业就业人员占全部就业人员的比例分别为 23.3%、17.0%、59.7%④。农业产值和从事农业劳动的人员比重都在迅速下降，已经降到了总量的 1/5 和 1/4 以下。

人口向城镇的集聚必然推动城镇建设的发展、城镇社会事业和社区治

---

① 数据来自延庆县统计局、延庆县经济社会调查队《十大特征诠释延庆人口发展——延庆县第六次人口普查主要数据分析》，http://yq.bjstats.gov.cn/tjsj/ztsj/8885.htm。

② 数据来自延庆县统计局、延庆县经济社会调查队《2010 年延庆县总户数、总人口》，2011 年 11 月 23 日，http://yq.bjstats.gov.cn/tjsj/ndsj/20151110092410016298/index.htm。

③ 数据来自延庆县统计局、延庆县经济社会调查队《国民经济和社会发展主要指标历史数据（2005—2015 年）》，http://yq.bjstats.gov.cn/tjsj/ndsj/20161110092410016298_20151216092218-640185/index.htm。

④ 数据来自延庆县统计局、延庆县经济社会调查队《提升城乡就业水平，挖掘人口红利潜能》，延庆统计信息网，http://yq.bjstats.gov.cn/tjsj/ztsj/index.htm。

理的完善。随着延庆城镇社会建设的推进，依托延庆的宜居环境，反过来又会进一步加快人口向城镇的集聚，进一步加快延庆的城镇化进程。

2. 城镇基础设施建设

延庆县城的建设是延庆县城镇化的标志，因为县城集中了全县近40%的人口。伴随着延庆县城镇化的进程，以及在市政管理部门和社会建设工作部门等社会建设和管理体制机制的建立和完善的强力推进下，延庆县城的基础设施和宜居环境的建设也发生了巨大变化。

城镇路网体系趋于完善。20世纪70年代以前，延庆县城四街三关绝大部分为土路面街道。70年代以后，建设部门先后改造、扩建了南街、东外大街、西街、北街等街道，铺设沥青路面，80年代开始在进一步改造和提升老城区街道质量的同时，逐步实施新城街区道路的建设，新改建妫水大街、高塔路、庆园街等主干线，延庆县城以土路为主的道路状况开始根本改观。进入21世纪，延庆城镇道路建设进入快速发展期，先后新建、改扩建了一大批城镇道路，县城道路里程飞速增长，建设等级和档次逐步提高。截至2005年底，县城道路总里程达到68公里，油面113万平方米[①]；2009年，县城道路近70条，总里程达到150公里。道路排水、照明、交通设施相继配套，道路的使用寿命不断增强。如今，延庆县城已经建成了六横五纵、布局合理、交通顺畅的城镇道路网络。

生态园林城镇逐步形成。受经济发展影响，延庆县城的绿化美化工作虽起步较晚，但进步很快。延庆县城的绿化工作始于20世纪80年代，1985年底县城的绿化率不到10%。到2007年底，在新城规划的1300公顷范围内，城镇绿地总面积631公顷，绿化覆盖面积660.92公顷，绿地率为48.58%，覆盖率为50.84%。2006年，延庆县被评为首批国家园林县城[②]。到2007年底，延庆县城共有大型城镇公园9座、广场2座。这其中，宏伟美丽的妫川广场突出反映了延庆城区建设的成就。妫川广场占地

---

① 参见延庆县志编纂委员会编《延庆县志》，北京：北京出版社，2006，第385~386页；中共北京市委党史研究室、北京市延庆县史志办公室编《延庆改革开放30年》，北京：中央文献出版社，2008，第205~216页。

② 参见中共北京市委党史研究室、北京市延庆县史志办公室编《延庆改革开放30年》，北京：中央文献出版社，2008，第36~37、206~207页。

10 万平方米，坐落于县城中心，是京郊首座大型城镇广场，1998 年建成后彻底改变了县中心区域内脏、乱、杂的局面，使县城中心变得异常开阔。妫川广场以草坪为主，绿化总面积超过 4 万平方米，铺装彩色广场砖 1.4 万平方米，广场中心竖起"妫川情"大型雕塑一座，寓意妫川儿女携手并肩、同心同德、团结协作。整个广场凸显了县城向心性、聚集性和特有的妫川文化品位[①]，广场建成以来一直是群众休闲观景和大型庆典活动的重要场所。

环境卫生格局全面推进。20 世纪 50 年代，县卫生防疫站负责管理县城旧城内 4 条主要街道和城外附近公路的街道环境保洁工作。80 年代初改由县市政管理处环境卫生管理所负责城镇环境卫生工作，当时延庆县城的清扫面积为 4451 平方米。此后，为改善城镇面貌和提高居民生活水平，县城环卫基础设施建设与管理力度逐步加大。到 90 年代末，县城清扫面积 106 万平方米。到 2007 年底，县城清扫面积已达 156 万平方米。2004～2006 年，延庆县先后建成小张家口生活垃圾卫生填埋场和永宁生活垃圾卫生填埋场，基本解决了县城及周边川区乡镇的垃圾处理问题，使全县生活垃圾处理能力明显提升。县域内建成大型生活垃圾卫生填埋场 2 座、中转站 3 座、粪便消纳站 1 座。随着各项环卫基础设施的相继建成，县城环境卫生水平明显提升，于 2007 年通过"全国卫生县城"验收，跨入全国卫生县城行列[②]。

3. 城镇社会管理体制建设

20 世纪 70 年代以前，延庆县没有专门的城镇管理机构，城镇管理工作由县农林科代管。1974 年延庆县建立了城镇建设办公室，有了正式的负责城镇建设和管理的机构。1978 年成立县市政管理所，1980 年成立市政管理处，1991 年更名为市政管理局，2001 年更名为市政管理委员会。延庆县的市政管理机构从无到有、从小到大，在延庆县的城镇建设和管理中发挥了

---

① 参见中共北京市委党史研究室、北京市延庆县史志办公室编《延庆改革开放 30 年》，北京：中央文献出版社，2008，第 201、210 页。

② 参见延庆县志编纂委员会编《延庆县志》，北京：北京出版社，2006，第 390～391 页；中共北京市委党史研究室、北京市延庆县史志办公室编《延庆改革开放 30 年》，北京：中央文献出版社，2008，第 36～37、206～216 页。

极其重要的作用①。

2009 年，随着北京市社会建设和管理体制的创新和改革，延庆县社会建设和管理体制也有了一个质的变化。2009 年 10 月延庆县委社会工作委员会（以下简称"社会工委"）、县社会建设工作办公室（以下简称"社会办"）成立，这对进一步推进和完善延庆县社会建设工作有着十分重要的意义。在成立县委社会工委（县社会办）的同时，延庆县还进行了县级以下城镇社会建设和管理体制的改革。延庆县撤销原来的城镇办事处，在县城成立香水园、儒林、百泉三个街道办事处。截至 2010 年 6 月，三个街道办事处管辖城区 26 个社区，另有县城周边 21 个村已纳入规划，将以"成熟一个，发展一个"的原则逐步纳入城区街道办事处管理（截至 2010 年底达到 33 个社区）。一方面，县委社会工委领导和牵头进行延庆的社会建设工作；另一方面，县委社会工委也要统一协调领导县城街道办事处的工作。

县委社会工委、县社会办成立以来，领导街道办事处克服资源不足、体制不顺等困难，在原有城区建设成绩基础上，破题社会建设，重点放在城镇社区建设，工作开展得有声有色。

21 世纪以来，延庆县不断提升城镇建设管理水平，坚持依法科学管理，充分发挥城镇管理部门的职能，建立了齐抓共管的协调运转机制。特别在城镇社区管理方面，近年来，延庆县以邓小平理论和"三个代表"重要思想为指导，深入贯彻落实科学发展观，以提高社区公共服务水平、满足群众公共服务需求为出发点和落脚点，以社区规范化建设为重点，在加强队伍建设、完善服务设施、健全运行机制、整合社区资源、加大经费投入等方面积极探索，努力建设服务功能完善、居住环境舒适、治安秩序良好、文化生活丰富、管理手段科学、人际关系和谐、公众参与广泛的社会主义新型社区。

领导班子建设得到强化。2009 年，依据《中华人民共和国居民委员会组织法》，按照三推一选的方式，延庆县城社区两委班子顺利进行了换届选举，班子的年龄结构、文化结构、性别、性格等搭配更加合理，创造力、

---

① 参见中共北京市委党史研究室、北京市延庆县史志办公室编《延庆改革开放 30 年》，北京：中央文献出版社，2008，第 205～211 页。

凝聚力、战斗力明显增强，团结共事、认真谋事、和谐干事的氛围已逐步形成。目前，延庆县城的主要社区干部都具有大专以上学历，年龄在 40 岁上下，已经改变了原来的城镇社区"老头老太"管理的传统格局。

社区党的建设全面推进。社区党组织从改革初期的一个居民党支部发展到 2005 年的 37 个党支部。社区党员队伍不断壮大，从改革初期的几十名增加到 2007 年底的 2200 多名。广大党员干部在社区各项工作中发挥了先锋模范作用，开展了党员包楼、党员双带、居民联系卡等活动，开展无职党员设岗定职活动，使社区党组织焕发了生机与活力，凝聚力和战斗力不断加强①。

社区居民素质不断提高。近些年来，社区建设中高度重视居民的科学文化知识教育。各社区以市民学校、社区讲座等形式激发居民的学习热情，以文明礼仪知识的普及和多种健康向上的活动进行引导，使社区居民从思想道德、公共意识到行为规范上都有了显著的变化。到 2007 年底，全县有 17 个社区先后获得县级文明社区称号，11 个社区获得首都文明社区称号②。2010 年在 5 个社区开展了规范化建设，同时选聘 150 名大中专学生到社区工作。

社会保障工作扎实开展。关注民生，深化服务，以一站式服务大厅社保所和居委会等服务窗口为依托，社区面向老年人、残疾人、特困户、失业人员、育龄妇女等全方位提供政策咨询、岗前培训、社会保障等服务。其中，仅 2009 年下半年，百泉街道就共为 4400 余名企业退休工人提供社区服务，报销医药费 680 人次，报销药费 160 多万元；为 500 多人办理了一老一小参保手续。

居民生活环境不断改善。延庆县重视发挥城镇基层组织的作用，抓好社区环境整治。街道、社区、居民小组、物业共同参与，整体联动，上下互动，形成相互补充的卫生工作网络，全面提高社区卫生服务质量。街道还专门成立了环保监督员队伍，加强监督落实，每天进行针对性巡查，以

---

① 参见中共北京市委党史研究室、北京市延庆县史志办公室编《延庆改革开放 30 年》，北京：中央文献出版社，2008，第 420 页。

② 参见中共北京市委党史研究室、北京市延庆县史志办公室编《延庆改革开放 30 年》，北京：中央文献出版社，2008，第 421 页。

保证辖区内的环境卫生。多数社区做到"四无、四有",即无违章建筑、无乱堆乱放、无白色污染、无乱涂乱画,有专业清扫队伍、有环境卫生志愿者、有绿地花草、有卫生制度。

社区安定有序。以创建"平安"社区为主题,社区治安依托社区党组织、居委会和社区志愿者队伍,建立街道、社区、楼门三级应急网络。坚持重心下移,靠前摸排,每周对辖区内的不稳定因素进行梳理、排查,积极将各种矛盾纠纷化解在萌芽状态,从源头上预防和减少群体性矛盾的发生,基本实现了"大事不出,小事减少,管理严格,秩序良好"的目标。

群众文体活动繁荣发展。随着社区建设的推进,社区群众的文体活动也从自发零散发展到有组织、成规模;从单纯的娱乐消费提升到有品位、上层次。目前,各个社区都有自己特色的文化项目,有的组织了腰鼓队、龙舟队,有的组织了合唱团,等等。通过社区文体活动的繁荣,居民自身提高了修养,陶冶了情操,同时也激发广大居民参与社区事务的积极性和主动性。

(二)城镇社会管理若干问题的反思

改革开放以来,延庆的城镇社会建设取得了巨大的成就,在基础设施"硬件"和管理体制"软件"上都有了质的提升。回顾过去,延庆的建设成就鼓舞人心、令人欣喜;展望未来,延庆的城区发展必将进一步推进到更高的层次和水准。对此,我们更有必要认真地总结过去、研究现状,为未来铺路。

1. 街道办事处管理问题

2009 年 10 月,延庆县撤销原来的城镇办事处,成立香水园、儒林、百泉三个街道办事处,积极推进城镇社会建设和管理体制改革。与北京市区的街道办事处相比,总体上,延庆的街道办事处职权缺失,其被赋有的职权和所承担的职责不对称。目前延庆的三个街道办事处既没有统筹街道辖区发展的职权,也没有管理街道辖区事务和街道财政收入的职权,其主要的职能是服务社区居民,工作范围局限在社区内。即使在社区范围内,社区的硬件设施建设和改造(比如供暖、路灯、绿化等)也都由建委、市政、园林等部门负责,街道只是做一些辅助性的工作。由于建设投入来自其他政府职能部门，与街道和社区居民无关，造成街道办事处想管也管不到，居民用的也不爱惜。虽然职权缺失，但街道办事处要承担的责任则不亚于乡镇。县级政府机关派给乡镇的任务，同样也派给街道办事处，考核也是街道同样和乡镇一起考核。但在实际工作中，城区的街道办事处由于要管理的人口多、人口密度大，往往比下面乡镇责任更重、事情更多。这就进一步加剧职权和责任的不对称，调研中有街道干部称自己"职权（能）缺胳膊断腿"。这显然影响了街道、社区干部的工作积极性。

2. 社区居委会管理问题

2009 年以前，延庆社区居委会工作很多由退休的大爷大妈在打理。随着管理体制的改革，目前居委会管理中退休人员已经基本退出，社区管理队伍这几年逐渐由转岗教师和大学生组成，队伍显得年轻化，管理人员的专业素质特别是文化素质有了很大的提高，管理人员的年龄、梯队结构等也比以前更为合理。当前，在新的形势下，居委会的工作较以前要繁重得多，居委会年富力强的现任干部相对来说更能胜任各项工作。但同时，社区管理队伍的"年轻化"转型引发了一些意想不到的情况。例如，目前居委会的主要干部，如书记、主任等，在转岗来社区前就拥有"教师"等事业编制身份。所以在组织社区居民选举时，必须要保证他们能被选上，否则还得另外给这些"体制内人员"安排他处就业。这样一来，居委会主要干部"能上不能下"，呈现专职化的趋势。长此以往，就很可能使居委会成为一级准政府机构，难以体现基层居民组织的"自治性"，也造成基层工作干部队伍更为庞大。另外，据社区干部反映，目前居委会最大的问题是房子落实不了，包括居委会办公用房和居民活动场所用房。这既有历史原因，即老旧小区在建设当年没有预留好专门的居委会办公用房，使得现在有些居委会的办公建筑实际上是占地而建的违法建筑；又有新形势下的原因，即在新建设的小区，由于街道办事处现在还没有职权介入小区的验收，所以开发商当初答应的居委会办公用房往往不能兑现，即使预留了房子，很多办公用房也都是挤在小区最角落的地方，面积也不达标，这直接影响社区规范化建设的开展。

3. 小区物业管理问题

延庆过去的小区开发是无序的，谁开发谁管理物业，于是有些由单位开发的小区以前是单位在贴钱搞物业。近几年，随着住房管理体制改革的发展，小区物业逐渐都转给物业公司了。当前，小区物业缺位是调研中居民反映最为强烈的问题。有居民反映物业公司只顾营利，往往节约成本，甚至降低投入，物业管理松散导致居民对物业的满意度下降。物业管理缺位，居民就不肯缴纳物业费；而没有物业费，物业公司管理更加缺位，形成了恶性循环。更进一步，物业管理上不去，生活不便的居民就对政府、对相关部门的"管理不作为"意见很大。对社区居委会来说，由于现在居委会是由居民选举产生的，所以社区干部为物业的事压力也很大。业主、物业公司、居委会三者之间的关系不顺是当前很多城镇社区的共性问题。为了缓解居民的不满情绪，很多原本应该由物业公司承担的工作，现在由居委会在承担。

小区物业管理缺位还突出体现在小区停车带来的安全隐患。延庆大多数老旧小区车位很紧张，随着小区内机动车的增加，停车难导致很多居民将车停在原本就狭窄的小区道路上。这样一来，一旦发生火灾等突发事故，小区的紧急救援就很困难，安全风险很高。

针对小区物业，有街道干部主张走"准公益性服务"，不主张完全市场化，要有过渡期。具体建议是：第一阶段政府将小区物业管理纳入整个县的市政设施管理，将原来政府在路灯、绿化、环卫、巡防等方面的"暗补变成明补"，让居民看到政府在承担物业管理，对居民的收费标准按政府服务制定，而不是像企业那样以营利为目的；第二阶段，等政府"托底"将物业管理搞规范了，再引入一定的物业公司进行市场化运营。

4. 城乡混合的管理体制问题

城镇化进程中，农村社区逐渐向城镇社区转变。这一转变的过渡期间，城镇和农村两套社会管理体制很可能并存在同一社区内部，出现"城乡混合的管理体制"。这在延庆县城区、城乡接合部地区表现得尤为突出。

一是"一城两制"。在城镇化进程中，城区建设扩张带来城镇社区与农村社区（行政村或自然村）混杂的现象。例如，延庆镇辖区内的45个村中，有19个是城中村。村归镇管，社区归街道管，两套不同的管理体制混合，给整个城区区域统一管理带来了困难。产权改制是各地解决城中村问题的共同难点，涉及评估村集体资产、村民分股等关涉老百姓的重大利益的事项，协调难度很大，延庆目前也还没有摸索出令各方都满意的转制方案。

二是"一村两制"。前几年由于农转居等原因，在许多邻近城区的村，不少村民在户口上已转成居民，但仍住在村里。以石河营村为例，村委会和居委会同时存在，前者管理农业户口的村民，后者管理居民户口的村民。

三是"一区两制"。城区拆迁改建的小区中，有一部分房屋归回迁户居住，而回迁户并不是人人都已转成居民。这样在同一小区中，居民和农民也是混居的。同一个楼门内，楼上楼下既有居民又有农民。居民归居委会管理，而村民还是由原来户口所在的村管理，享有村民待遇。

总体来看，相对于新农村建设的突出成绩，延庆的城区建设也取得了巨大进步。新农村建设的项目资金有来自市里的大力支持，而延庆城区建设则主要依赖相对微薄的县级财政投入，仅此一点，就足见延庆城区建设的成就相当来之不易。

当然，在延庆农村快速城镇化进程中，延庆的城区建设也面临不少挑战。

一是延庆目前大量的人口集中在城区，管理的难点和重点是城区。但是当前城区建设的投入受制于财政体制尚难以与新农村建设相比，于是出现投入建设的资源分配城乡不平衡、管理责任城乡不平衡，如此种种造成了一种"新城乡不平衡"体制。

二是延庆在城区管理上也出现了许多不容忽视的情况，这突出表现在管理体制还不顺畅，街道、社区的内部管理可进一步精细化，物业管理可进一步规范化。这些管理上的新情况，需要在实践摸索中尽快总结经验、及时跟进解决。

（三）以改善民生为重点的社会建设

1. 就业

近年来，延庆县全力克服金融危机的不利影响，开拓思路，积极进取，挖掘各种就业渠道，认真落实和细化各项就业政策，推进就业工作在逆境中取得了长足的发展，在统筹城乡就业中结出了丰硕的果实。

（1）促进就业的政策体系基本形成

为促进城乡劳动力就业，延庆县在市级优惠政策的基础上，制定出台了一系列县级促进就业政策。

表 0 - 2 延庆县 2005 ~ 2009 年促进就业主要政策

促进就业政策	主要内容
《用人单位招用城镇就业困难人员岗位补贴办法》	用人单位招用就业困难人员后，在合同期限内给予 1 ~ 5 年的县级岗位补贴，补贴标准为每年 3600 元/人
《用人单位招用农村劳动力社会保险补贴办法》	用人单位招用本县农村劳动力，并按规定为其缴纳社会保险费后，给予用人单位的资金补助，按每年农民工参加大病医疗和工伤保险总额的 50% 进行补助
《农村劳动力县域外就业交通费补贴办法》	签订 6 个月以上的劳动合同或聘用协议、按规定缴纳社会保险，实现县域外就业的本县农村劳动力每人每月给予 30 元交通补贴

延庆县还结合生态涵养发展区域功能定位特点，积极争取相关促进就业的优惠政策，将延庆县属于水源保护地区的农村劳动力全部列入就业困难人员，提高了农村劳动力转移就业的能力和质量。从而基本实现了劳动力学技能政府买单；劳动力稳定就业，政府给予岗位补贴补助社会保险；劳动力创业，政府给予贷款贴息；劳动力外出就业，政府给予交通费补贴。各项政策的实施为开展就业再就业工作提供了强大的政策保障。在上述一系列就业政策的促进下，延庆县在统筹城乡就业方面进步显著，就业局势基本稳定。

表 0 - 3 延庆县 2006 ~ 2008 年促进就业主要成绩

单位:%，人

	2006 年	2008 年
城镇登记失业率	2. 11	1. 67
城镇失业人员就业率	78. 93	84. 79
帮扶城镇就业困难群体就业人数	672	2873
农村劳动力转移就业人数	5819	13428

资料来源：根据 2010 年 4 月 8 日本课题组与延庆县人力资源和社会保障保局座谈的调研资料整理。

（2）就业规模不断扩大，就业结构日趋合理

延庆县第六次全国人口普查结果数据显示：2010 年，延庆县常住人口中劳动力资源（16 ~ 59 周岁居民）总量为 23.3 万人，就业人员总量达

到 16.4 万人，其中农业户就业人员为 10.4 万人，占 63.4%；非农业就业人员为 6.0 万人，占 36.6%。延庆县常住人口中就业人员总量占劳动力资源总量的比重由 2005 年的 68.0% 提高到 2010 年的 70.4%，五年间提高了 2.4 个百分点。如果剔除延庆县两所高校（北科、人文大学分校）在校学生 1.6 万人，延庆县常住人口中就业人员总量占劳动力资源总量的比重由 2005 年的 68.0% 提高到 2010 年的 75.6%，五年间提高了 7.6 个百分点。"十一五"时期，延庆县政府还积极实施农村劳动力绿色生态就业及"40、50"人员公益性就业工程，累计新增约 2.5 万人就业，有效提升了区域整体就业水平。[1]

从就业结构来看，如表 0 - 4 所示，2010 年就业人口比 2005 年增加了 3 万人，劳动参与率提高了 6 个百分点；就业结构虽然还是"三一二"的产业就业格局，但与 2005 年比，2010 年一产就业所占比重降低了 17.7 个百分点，二产就业比重略升了 0.6 个百分点，三产就业所占比重增加了 17.1 个百分点，大量从业人员从一产转向二、三产，就业的产业格局得到优化。

总的来说，就业总量的扩大，就业率的提高，就业格局的优化，是延庆县积极开展统筹城乡就业的结果。

表 0 - 4　延庆县常住人口中就业人员结构

单位：万人，%

指标 产业	就业人员		比重	
	2005 年	2010 年	2005 年	2010 年
第一产业	5.5	3.8	41.0	23.3
第二产业	2.2	2.8	16.4	17.0
第三产业	5.7	9.8	42.6	59.7
合计	13.4	16.4	100	100

资料来源：延庆县统计局、延庆县经济社会调查队《提升城乡就业水平，挖掘人口红利潜能》，延庆统计信息网，http://yq.bjstats.gov.cn/tjsj/ztsj/index.htm。

---

[1] 数据来自延庆县统计局、延庆县经济社会调查队《提升城乡就业水平，挖掘人口红利潜能》，延庆统计信息网，http://yq.bjstats.gov.cn/tjsj/ztsj/index.htm。

（3）就业工作机制不断强化，公共就业服务质量逐步提高

延庆县不断强化就业工作机制，提高公共就业服务质量，为城乡劳动力就业提供"五个送"套餐式公共就业服务。

一是送岗位服务机制，延庆县充分发挥公益性职业介绍服务机构的就业服务职能，广泛开展"城乡手拉手""乡企手拉手""所际手拉手"就业协作、"再就业援助月"和"春风行动"等就业服务活动，提升、拓展、延伸公益性职业介绍服务，把岗位信息送到乡镇、送到农村，三年（2007～2009年）共促进城乡劳动力就业37812人，其中城镇登记失业人员再就业10693人。

二是送技能服务机制。延庆县大力开展职业技能培训，以"农民夜校""田间课堂""流动教室""移动考场"等形式送教上门、送考下乡，将培训班办进企业、办进乡镇、办进社区、办进农村。三年累计职业技能培训32939人，其中失业人员再就业培训3807人，农村劳动力转移培训27201人，创业培训1931人，全面提高了城乡劳动力的职业技能素质。

三是送政策服务机制。延庆县充分运用促进就业政策的扶持，以政策为引力，通过有效的宣传指导，调动用人单位和城乡劳动力的积极性，用足、用透政策，全方位服务就业，促进城乡劳动力平等就业。三年（2007～2009年）累计投入各项促进就业经费17014.53万元，其中包括工资性岗位补贴、社会保险补贴、自谋职业（自主创业）和灵活就业社会保险补贴、公益性就业专项补助、交通费补贴、县级岗位补贴、农村劳动力社会保险补贴、小额贷款、职业介绍补贴、转移就业补贴、职业培训补贴等。

四是送指导服务机制。为促进城乡劳动力稳定就业，延庆县深化就业服务，从加强宣传、强化培训入手，把劳动保障政策法规及时贯彻落实到用人单位和劳动者；从认真指导、积极参与入手，帮助用人单位和劳动者全面做好劳动就业工作；从深入企业、走进乡村入手，全面为用人单位和劳动者服务。同时成立就业服务指导组，为用人单位和劳动者随时提供政策咨询、职业介绍、就业培训、劳动关系、劳动监察、劳动争议仲裁系列就业服务，为用人单位保驾护航，为劳动者维权解难。

五是送援助服务机制。延庆县充分发挥政府促进就业的职能，广泛开展困难群体就业援助工作。通过一对一的就业帮扶，三年来共促进就业困

难群体成员 5978 人实现就业，维护了社会的和谐稳定。

（4）就业服务平台进一步延伸，公共就业服务功能不断强化

随着城乡一体化就业的进一步深入，劳动保障工作越来越受到社会的重视，按照"三级管理、四级服务"的要求，延庆县大力加强县、街道（乡镇）、社区（村）的就业服务体系建设，在原有 21 家职业介绍服务机构，6 家培训机构和 16 个乡镇社保所的基础上，又建立了覆盖全县所有行政村和社区的 398 个就业保障服务站，每年为农村劳动力能提供约 1.5 万个岗位信息。公共就业服务进一步延伸、拓展，为农民享受公益性就业服务创造了条件。

（5）就业制度得到规范和统一，就业管理更加科学

延庆县完善了一系列就业管理制度，保障城乡劳动力享受平等就业服务，提升了管理的科学性和规范性。

一是规范统一就业登记制度。延庆县在全县范围内实行了统一的就业登记制度，凡在劳动年龄段内，有劳动能力和就业愿望的城乡劳动者都要进行求职登记，同时将个人信息录入《失业人员动态管理服务系统》和《农村劳动力就业管理服务系统》进行数据管理和网络监测，打破了只有城镇失业人员才能进行求职登记的城乡分割局面，全面掌控了城乡劳动力数量结构、就业状态、培训需求等资源状况，实现了对城乡劳动力的动态管理。

二是规范统一就业服务制度。在延庆县，城乡劳动者不论身份特征，均可凭身份证到户口所在地劳动保障部门进行求职登记，并享受公益性职业介绍机构提供的免费职业指导、职业介绍、职业培训、岗位推荐、政策咨询等一系列公共就业服务。打破了"城镇劳动者""农村劳动力""外来农民工""大学毕业生""残疾人""低保人员""随军家属"等的身份界限，在就业服务方面都一视同仁，平等对待。公益性就业服务的全面推行受到了城乡劳动者的一致好评。

三是规范统一用工管理制度。城镇职工"签合同、上保险、保工资"的概念在用人单位已基本成型，而对农村劳动力而言，不订合同、不缴纳保险、拖欠工资现象时有发生。延庆县为维护农民工权益，实行了统一的劳动用工管理制度，通过加大政策宣传，加强劳动监察执法，运用政策调

节三个有效手段，使农民工就业权益等得到了保障，用工形式逐步步入正轨，就业状态日趋稳定。

2. 科技

近年来，延庆的科技工作突出"队伍建设、项目管理、科技普及、服务基层"，着力抓好"四个围绕"，推进"四个创新"：围绕生态产业化建设，推进生态科技创新；围绕社会主义新农村建设，推进农业科技创新；围绕全民创新创业，推进科技环境创新；围绕科技系统自身建设，推进科技管理创新。不断提高创新能力，促进产业结构优化升级，为延庆县经济又好又快的发展提供科技支撑。

（1）科技队伍不断发展壮大

2009年，全县各行业中专以上文化程度专业技术人员超过万人。与此同时，根据市"农村科技协调员大会"的精神，围绕延庆县主导产业、特色产业、优势产业，借助延庆农村科技协调员农业技术培训和农业技术推广两个平台，打造培养出一支1284人的科技协调员队伍。这支队伍现已经成为农村上传下达的信息员、把握农民需求的协调员、解决难题的技术员、连接市场的推销员，在延庆县农村经济发展中起到了推动作用。

（2）科技服务体系日益完善

健全服务体系，建立了县、镇（乡）、村三级科技培训网络。通过"资源科委""主题计划""院县联合""涌泉行动"等活动的实施，在农村科技推广主体、推广内容、推广方式、推广模式的创新方面有了很大的改进，逐步解决了农业技术供求脱节、农村科技推广资源分散、农村推广渠道不畅的问题。以市场化、信息化、乡土化、社会化为特征的新型农村科技服务体系逐渐形成，服务质量不断提高，有力地促进了农业产业化进程。到2009年，延庆县共建成"爱农信息驿站"29个，为农民的生产经营提供种植、养殖技术信息，市场行情信息，产品交易信息，对农民进行个性化的农业科技教育，为农民提供网上交费，订购飞机和火车票等服务；建立科技服务组织210多个，人员1180人，初步形成了各专业较健全的科技推广服务体系，这些科技服务组织成为科学技术试验、示范、推广的载体和桥梁。

（3）科技普及工作有声有色

创新科普宣传手段，积极营造大科普氛围。强化科普联席会制度，加强与科普联席会成员单位的协作和交流，组织农业科技、种植养殖等各类科普培训班 50 期，培训 9800 人次；抓好创新型科普社区建设，争取市专项资金 95 万元。

3. 教育

近年来，延庆县的教育发展已经进入促进义务教育均衡发展的新阶段。全县形成了学前教育、特殊教育、义务教育、高中教育、职业教育、成人教育、高等教育各阶段结构合理和以县城为中心，城区、川区、山区协调发展的布局。

（1）布局调整，集中优势资源办学

为使延庆教育适应时代发展步伐，县教委根据延庆教育实际，首先从布局结构调整入手，集中有效教育资源，实施规模办学。"十一五"期间，明确提出了"撤并村小、初中出山、高中进城、三教统筹"的教育布局结构调整总体思路，推出了"山区模式、川区模式和城区模式"三种办学模式。之后，县教委又利用中小学调整后富余资源，强化学前和成人教育，实现中、小、职、成、幼各级各类教育，在不同地域的协调统一、和谐共生。截至 2007 年，高中已全部进城，初中出山、村小撤并的工作也在进行之中。据统计，2002～2007 年，延庆共撤并学校 60 所，其中初级中学 9所，中心小学 2 所，农村小学 49 所①，成立了延庆第一所农村寄宿制中学——第八中学。从撤并搬迁后的效果来看，考虑到小学生住校年龄过小等问题，县教委及时调整政策，采取"山区初中宜搬则搬，小学宜留则留"的方针，不搞一刀切，从延庆的实际出发办好教育。

（2）开放办学，借名校力量促发展

在长期调研和认真思考的基础上，延庆县还以开放式办学作为全县教育发展的主要思路。2005 年，北京市百对城乡学校"手拉手"工程的全面启动，为远郊区县搭建了发展平台，延庆紧紧抓住这一有利契机，在全县开展了城乡学校"手拉手"活动，并且从开始的被动"扶手"变为后来的主动"拉手"。2007 年全县已有 34 所中小学与市区优质校建立了"手拉

---

① 参见中共北京市委党史研究室、北京市延庆县史志办公室编《延庆改革开放 30 年》，北京：中央文献出版社，2008，第 313 页。

手"帮扶关系，县域内 25 所优质校与川山区学校结成"手拉手"关系；347 名市县级学科带头人、骨干教师与城乡 467 位校级骨干教师建立了师徒关系，确定了帮带责任。在"手拉手"活动中，干部之间交流研讨，挂职锻炼，区县校长论坛等活动，使延庆县中小学干部的管理能力和办学水平得到了有效提高。教师之间的交流研讨活动更加丰富，更加务实。广大教师积极参加拉手学校教学科研及听评课活动，两校教师集体备课，同上一节课，"师徒帮带"等措施极大地促进了教师教育教学能力和课堂教学水平的提高。学生之间进行沟通与交流，不仅加深了彼此之间的友谊，还使学生在交往中看到了差距和不足，促进了学生世界观、人生观、价值观的转变。2005 年 12 月，康庄中学与北京 171 中学正式建立了名校办分校关系。2007 年 7 月，人大附中与永宁中学在城乡学校"手拉手"的基础上，正式确立为名校办分校关系。

（3）硬件提升，推进教育教学水平

2009 年，延庆县一小和三小综合教学楼、七中二期及学校危房改造等 82 项教育工程全面竣工，16 所小学达到新颁办学标准，集老年大学、妇女儿童活动中心、退休干部活动中心功能为一体的延庆社区教育中心北校区建成投入使用。义务教育学校教师绩效工资全面落实，教育教学水平进一步提高。小学入学率在 99.98% 以上，毕业率达到 100%；初中入学率达到 100%，中考升学率保持在 95% 以上，高考升学率保持在 65% 以上。2007 年，高考升学率达到 69.01%[①]。2000～2007 年，小学专任教师大专以上学历由 39.7% 提高到 81.0%，其中本科学历由 1.5% 提高到 45.5%；初中专任教师本科学历由 24.2% 提高到 89.6%；高中专任教师本科以上学历由 68.7% 提高到 97.2%，中小学专任教师中具有高级专业技术职务者有 171 人[②]。

4. 文化

近年来，延庆文化事业的发展迈上了快车道，文化基础设施不断完善，文化建设队伍不断扩大，文化活动不断增多，文化品牌逐渐形成，文物保

---

① 参见中共北京市委党史研究室、北京市延庆县史志办公室编《延庆改革开放 30 年》，北京：中央文献出版社，2008，第 316 页。

② 参见中共北京市委党史研究室、北京市延庆县史志办公室编《延庆改革开放 30 年》，北京：中央文献出版社，2008 第 317 页。

护不断加强，文化市场不断发展，在延庆县两个文明建设中发挥着越来越重要的作用。

（1）综合文化中心落成

2008年9月，集博物馆、文化馆、图书馆、档案馆、新华书店于一体的延庆文化中心落成开放，成为延庆文化建设史上的一件盛事。该工程历时3年，投资2亿余元，是目前为止延庆县最大的一项文化建设工程，在设计理念、设施设备和服务功能等各方面都达到了京郊一流水准，极大地提升了本地区公共文化服务的水平与档次，受到了广大群众的热烈欢迎。

（2）农村文化设施不断完善

延庆为全部15个乡镇的文化站发放了灯光、音响、广场演出、共享工程播放等设备，配备了数字电影流动放映车和数字电影放映设备，使乡镇级文化设施基本达标。在各行政村，文委紧紧抓住统筹城乡发展契机，以各类文化益民工程的推进为重点，建设了300余个村级文化大院，配备了音响、民族乐器、演出服装等设施设备；建设了农村数字影厅200余家，年放映电影6000场以上；建设了村级文化信息资源共享站300余个、基层图书室和益民书屋近百家、广播电视"村村通"网络前端200余个，使公共文化信息服务网络不断健全。

（3）群众文化队伍发展壮大

延庆目前有基层优秀文艺团队35支、市级品牌文化团队2支，文化骨干分子逾千人，同时还建设了百支旱船队、长城女子大鼓队、农民唢呐队等以农民为主的品牌文化队伍，受到社会各界的广泛好评。近年来，全县除了开展传统的春节团拜会、元宵节花会展演、"五月的鲜花"群众歌咏比赛、国庆演出等大型群众文化活动外，还陆续推出了夏日文化广场、戏曲艺术节、乡村欢乐节、农民合唱节等系列群众文化活动，同时还开展了星火演出、边少演出、周末剧场演出等公益文化演出活动，以新农村建设、和谐社会建设、生态文明理念、奥运等为主题，每年开展各类文化活动千场以上，不断扩大延庆区域文化的对外影响，宣传生态文明建设成果。

（4）传统文化保护推陈出新

延庆县加大民族传统文化保护与传承力度，策划、组织了端午文化节，开展了划龙舟、包粽子、文艺演出、跳五彩绳、踢五彩毽、打珍珠球、推铁环、端午古诗文咏诵大赛、"走邮驿之路，品古塞风情"汽车集结赛、手写书信大赛、北京市非物质文化遗产保护项目展演、民间手工艺品展示、妫川生态有奖游、乡镇民俗特色展示以及乡镇民俗特色活动，使其成为北京市第一个大型市级传统节日文化品牌，打造一张独具特色的宣传名片与交流平台。目前延庆拥有1处国家级文物保护单位、7处市级文物保护单位、106处县级文物保护单位、145处文物普查登记项目；拥有170余公里的长城、110余处古建筑；拥有非物质文化遗产普查项目188项，具有浓郁的地方文化特色。延庆县设立了文物保护修缮专项资金，同时大力争取市文物部门支持，在全县范围内开展了文物单位抢险修缮工程。近年来，岔道古城、八达岭残长城等市级文物保护单位，柳沟古城、永宁三义庙等20余处县级文物单位先后得到保护修缮，为我县旅游事业和新农村建设注入了深厚的文化内涵，提升了生态旅游和新农村的文化魅力。

5. 卫生

医疗卫生事业的发展关系到全县人民的健康生活水准，是关系民生的重大问题。近几年来，延庆卫生事业不断深化体制改革，加快发展步伐，在缓解人民群众看病难方面取得了可喜的成绩。

（1）公共卫生基础日益牢固

近年来，延庆县通过建立健全疫情报告体系和传染病监测预警体系，不断提高传染病筛查能力，全县传染病发病率逐年降低，连续多年无重大传染病疫情暴发和流行。在2008年抢救食用问题奶粉儿童事件中，全县没有一例住院和死亡儿童。全县还多次组织开展食品卫生安全专项整治工作，对餐饮单位进行量化分级管理，A、B、C级餐饮单位达到100%，全部消除了D级单位，全县餐饮卫生档次明显提高。县卫生部门通过完善急救指挥调度系统、科学合理布置急救站点、开通急诊绿色通道等措施，建立了"以市急诊抢救中心为龙头，县急救中心为主体，乡镇社区服务中心为基础"的高效医疗急救运行机制。

（2）群众就医环境极大改善

延庆充分利用国家出台向农村倾斜优惠政策的有利时机，积极争取建设项目和资金，加快了基本建设步伐，努力改变县卫生基础设施落后的状况。近年来，先后完成了北京急救中心延庆分中心、县医院病房楼、县中医院门诊楼和县医院门急诊楼建设，总计投资 8000 多万元，建筑面积 3.4 万平方米，极大地改善了群众的就医环境。完成了大榆树、永宁、四海等 15 个乡镇社区卫生服务中心的新建和改扩建，共计投资 8938 万元，总建筑面积达 3.1 万平方米。此外，还新建改建社区卫生服务站 61 个、村卫生室 154 个，总投资 1853 万元，总建筑面积 15405 平方米，进一步改善了农村医疗机构的设施和条件，提高了医疗服务水平。目前，县、乡、村三级医疗卫生服务网络遍布全县，群众出行 30 分钟就能到达一个医疗卫生机构。

（3）深化社区卫生体制改革

在充分研究国家政策和准确把握县情的基础上，于 2007 年开展社区卫生体制改革，实行收支两条线管理，社区医疗机构对常用药品零差率销售。经过 2 年的探索和实践，社区卫生改革成绩喜人，群众医疗费用明显下降，群众看病难、看病贵的问题得到了一定缓解。结合实际情况，延庆县在各社区卫生服务中心推出了"包村服务队"的服务团队模式，在全县共建立服务团队 16 支，团队人数 100 余人，深入乡村和家庭，对群众进行上门服务，深受群众欢迎。此外，于 2008 年 3 月组织人员开展全民建档，完成常住人口的健康档案微机录入工作，对疾病进行分类和信息化动态管理，为居民提供综合、连续、人性化的社区卫生服务。2009 年，县、乡、村三级医疗服务体系进一步完善，社区卫生服务水平稳步提高。完成全国计划生育优质服务先进县创建工作，计划生育率达到 96.4%。

（4）农村合作医疗成效显著

为建立农民医疗保障体系，解决农民因病致贫、因病返贫等问题，延庆通过不断总结农村合作医疗工作经验，逐年完善政策，提高报销比例。农民个人筹资水平从每人 90 元提高到 2009 年的 420 元，门诊报销起付线从 2000 元降低至 500 元，报销封顶线从 3 万元提高到 18 万元，参合率从 75.2% 提高到 2010 年的 99%，报销人数和费用逐年提高。全县还实行了降低住院押金和出院即报制度，缩短了农民报销周期，减轻了医疗负担。新农合政策实施以来，大大提高了农民享受医疗服务的水平。2007 年以前，延庆县医院每日门诊量平均为 700～800 人次，2009 年以后提高到平均每日 2000 人次。增加的人主要是享受新农合优惠政策的农民。原来很少有 60 岁以上的农民来看病，现在大量增加了，很多 70 多岁、80 多岁的农民也舍得出来看病了。

6. 体育

体育的本质功能是增强人民体质。随着经济实力的不断增强和人民生活水平的日趋提高，延庆县体育事业在各个领域向纵深发展。全县城乡健身设施得到普及。学校体育、竞技体育也随着改革的步伐走上正规、科学发展的轨道。配合本县旅游产业的发展，体育局还承办了多项国内外重大赛事，为推动本县的经济发展，带动旅游产业起到了十分积极的作用。

（1）群众体育蓬勃开展

近年来，全县体育组织网络不断健全，机关、乡镇、社区100%建立了体育协会，形成了全民健身委员会以及县、乡镇、村三级体育组织网络。现在有11个机关工委体协、50余个晨晚练点以及426名社会体育指导员，遍及全县的各个领域，引领着全民健身逐步走向规范化、科学化。全县陆续建立的12个单项体育协会，6个体育健身俱乐部，也在群众体育活动中发挥着越来越重要的作用。延庆县先后举办了四届全民运动会、三届职工运动会、三届农民运动会、六届"节水杯"乒乓球赛、三届"和谐杯"乒乓球赛、九届"体育彩票杯"桥牌联赛以及"庆六一"家庭运动会、围棋公开赛、象棋大赛、保龄球大奖赛、台球公开赛、妫川篮球联赛、端午节龙舟赛等多项赛事。其中有许多赛事成为本县传统赛事，每年定期举行。如"节水杯"乒乓球赛、"体育彩票杯"桥牌联赛、保龄球大赛、围棋赛、象棋赛、端午节龙舟赛、消夏避暑体育盛会等赛事，都已作为本县传统赛事传承下来，形成特色。为引导全县基层体育活动的开展，从2006年开始，县体育局启动了"基层体育活动引导资金"，鼓励基层组织小型多样的体育活动，每个基层单位每年至少开展4次体育活动，极大地调动了基层组织赛事活动的积极性，使全民健身得到了进一步普及。

（2）学校体育竞技体育成绩喜人

根据近两年测试结果，延庆县中小学生体质健康水平普遍提高，小学及格率为98.6%、良好率为33%、优秀率为28%；中学及格率为97.8%、良好率为34%、优秀率为26%。全县还确定了11所县级体育传统项目学校，包括田径、足球、乒乓球、武术、围棋、独轮车6个项目。全县中小学在体育教学中开展了一系列的改革与创新：开展中小学体育教师基本功大赛、创编操、《学校体育工作条例》评优等各项活动，并取得了骄人的成绩。从 2001 年到 2009 年，本县共有 35 所中小学被评为北京市落实《学校体育工作条例》先进学校。1996~2008 年本县共有 40 所中小学获得北京市课间操优秀学校，共有 40 名中小学体育教师在北京市体育评优课中获奖。2009 年有 3 所学校获得了北京市创编操大奖。竞技体育方面，近年来延庆县体育运动学校除了保持举重优势外，还新增加了游泳、武术、田径等项目。从 2004 到 2009 年 6 年间延庆县在市级以上比赛中共获金牌 64 枚、银牌 71 枚、铜牌 64 枚。

（3）大型赛事突出特色

县政府提出了"体育搭台，旅游唱戏"发展方针，以赛事带动旅游成为延庆县体育发展的特色和亮点。十年来，延庆举办了国际摔跤比赛、国际铁人越野挑战赛、国际铁人三项精英赛、国际沙滩排球赛、国际马球公开赛、北京市石京龙杯高山滑雪赛、全国滑水精英赛、全国竞走冠军赛、全国皮划艇锦标赛、全国滑翔伞锦标赛、北京市第五届农民运动会、京郊农民展示大会、北京市中小学生运动会、北京版图越野挑战赛、北京市冬泳展示大会等 20 余项大型赛事，参加各种赛事的运动员上万人，吸引游客 30 余万人次。体育赛事、休闲旅游也带动了以健身娱乐和体育用品销售为龙头的体育产业的发展。许多企业看好延庆县旅游业及休闲体育发展的美好前景，纷纷投资兴建体育经营场所。近年来社会投入资金 3.5 亿元建成了"石京龙滑雪场""八达岭滑雪场""阳光马术俱乐部"等 18 家体育运动经营场所。

（4）体育设施全面普及

延庆县体育局在十年时间内，争取市体育局引导资金共 998 万元，县政府投资 510 万，村镇级投资 2164 万元，至 2008 年 6 月底，共安装农村健身工程 376 套。截至 2009 年，全县 376 个行政村已 100% 拥有健身工程，并建立了本县第一个"体育生活化社区"——永宁西关。全县共有体育健身场地 317 个（其中标准体育健身场地 145 个、非标准体育健身场地 172 个），体育场地总面积 946351.57 平方米，人均体育场地面积 3.6 平方米。全县共有公园 4 个，装有健身体育器材的公园有 2 个，健身设施使用率为 100%。这些健身场地的建成与开放，有力地推动了延庆县全民健身活动的开展，极大地丰富了民众的精神文化生活，为构建和谐延庆，起到了积极的作用。

7. 社会保障

在社会建设中，社会保障占有十分重要的地位。好的社会保障体系，能解除劳动者的后顾之忧，为他们创造安心工作的心理环境；能弥补市场分配存在的不足，维护社会收入分配的相对公平，对缓解社会矛盾，协调社会关系，维护社会稳定，具有重要意义。在社会保障方面，延庆县基本实现了养老保障城乡一体化，居民医疗保险全覆盖、社会救助全覆盖。积极推进慈善公益事业，全面开展"助老、助学、助残、助困"工作。

（1）养老保险制度实现全覆盖

延庆形成了以企业职工基本养老保险制度、机关事业单位退休制度和城乡居民养老保险制度为主体，城乡无社会保障老年居民福利养老金制度为补充，有机衔接、共同支撑、覆盖城乡全体居民的养老保险制度。一是深化企业职工基本养老保险制度改革，建立了基本养老金正常增长机制。2009年全县共有离退休人员13205人，人均养老金1553元，比上一年平均增长了180.68元。二是建立了城乡统筹的居民养老保险制度，参加社会养老保险的老年人口可以享受到月人均400元左右的养老保险待遇（其中包括每月280元基础养老金）。三是建立了城乡无社会保障老年居民福利养老金制度，城乡无社会保障的老年人口可以享受每人每月200元的福利养老金待遇。城乡共有35066老年人口享受居民养老保险和福利养老金制度。居民养老保险和福利养老金的发放，使原来没有领过养老金的老年人直接享受到养老金的待遇，这大大地改善了他们社会养老保障状况。

（2）社会救助普惠贫困弱势人口

近年来延庆县老年社会救助力度进一步加大，最低生活保障标准不断提高。2009年城镇最低生活保障标准达到每人每月410元，农村的标准为每人每年2040元。延庆县在为生活困难老年人提供基本生存保障的同时，还依托"携手助老送健康——助老慈善医疗卡"项目，自2005年起延庆县对60岁以上农村低保老人实施每人每年500元的慈善医疗救助。2008年，3049名农村低保老人享受了慈善医疗救助。2009年，又投入善款200余万元，全县4000余名60岁以上低保老人享受此项救助，持卡老人在定点卫生院就诊可享受到免挂号费、诊疗费等"三免六减六优先"服务。同时慈善医疗卡持卡老人还可享受定点理发店的免费理发服务。在新型农村五保供养制度上，2009年，延庆县农村五保供养标准从每人每月354元提高到392元。全县农村60岁及以上五保供养对象共有595名，其中包括集中供养229人、分散供养366人。集中供养五保老人由乡镇敬老院统一为老人们提供吃、穿、住、医、葬等相应的日常管理服务，分散供养五保老人由所在村民委员会为他们提供相应服务。2009年，延庆县还完成了优抚社救对象危旧房维修翻建670户，配建限价商品房7600平方米，解决109户中低收入困难家庭的住房问题。残疾人社区康复"达标县"创建工作全面完成，残疾人事业健康发展。

（3）老年服务不断扩展深化

为促进老年人共享经济社会发展成果，延庆县首先落实北京市九养政策，实施了分年龄段享受、适度普惠的老年社会福利制度。一是居家养老（助残）券制度，对全县80周岁及以上的老年人和60~79周岁的重度残疾人，每人每月发放100元养老（助残）券。二是高龄津贴制度，对全县90~99周岁老年人每月发放100元高龄津贴，百岁老人每月发放200元的百岁津贴。加快落实"老年人优待办法"。自2009年1月1日起，按照北京市新的《关于加强老年人优待工作的办法》，在医疗保健、养老扶助、维权服务等方面实施11项内容的优待。到2009年11月底，全县办理老年优待卡2.4万张，65周岁以上老年人免费乘坐县域内地面公交线路达到23条；对65周岁以上老年人免收门票费的县级公园、旅游景区近15个，所有体育、文化公共设施对老年人全面免费开放，惠及老年群众218.5万余人次。三是加强城乡养老机构建设。依托北京市"山区星光计划"，从2006年起，延庆县利用三年时间为12个山区乡镇240个贫困村建设星光老年福利服务设施，总建筑面积达到77000平方米，具有文化活动、医疗保健、学习教育、综合服务功能。该项目惠及山区群众13万人，直接受益的山区老年群众达到2.6万人。截至2009年，延庆县共有养老机构17家，共设养老床位1700张。

（四）延庆社会建设的思考

1. 什么是"社会建设"？

2004年党的十六届四中全会提出"社会建设"这一重要概念已经6年

了，2007 年党的十七大报告将"社会建设"单列一节，使中国社会主义建设的总体布局由原来的经济建设、政治建设、文化建设的"三位一体"，变成了包括社会建设在内的"四位一体"也已经 3 年了。但是，"社会建设"毕竟是个新名词，之前我们在社会主义事业的建设中虽然做了很多社会建设工作，但一直没有用一个好的概念或名词表述出来。也正因为如此，"社会建设"的概念一经提出，就引起了广泛的关注。

在我们看来，在当代中国特色社会主义事业的实践中，"社会建设"是指社会主体根据社会的需要，有目的、有计划、有组织地进行改善民生和推进社会进步的社会行动与过程。社会建设的主体是政府、社会组织与民众等；社会建设的原则是公平与公正；社会建设的目标是实现社会和谐与进步；社会建设的保证是社会安全运行，包括社会安全阀的构建；社会建设的动员机制是建立各阶层利益关系的协调机制，充分动员民众参与社会建设；社会建设的重要手段是社会管理，通过对社会运行的科学管理，保障社会持久、有序的良性运行[①]。

社会建设的内容很广，主要有两大方面：一是实体建设，诸如社区建设，社会组织建设，社会事业建设，社会环境建设等；二是制度建设，如社会结构的调整与构建、社会流动机制建设、社会利益关系协调机制建设、社会保障体制建设、社会安全体制建设、社会管理体制建设等。从大的方面来说，社会建设的内容可以分为三个部分。

一是社会事业。社会事业建设包括科学、教育、文化、卫生、体育、社会保障、社会福利、住房、交通、环保等领域的建设。社会事业要解决的问题大多是与普通百姓利益息息相关的"民生"问题，是党的十七大提出的要重点解决的问题。

二是社会管理。社会管理包括社会组织建设、社区建设、社会工作队伍建设、社会治安、社会规划、社会预测、社会评价与监督等。

三是社会结构。社会结构是指一个国家或地区占有一定资源、机会的

---

① 陆学艺等主编《2010 年北京社会建设分析报告》，北京：社会科学文献出版社，2010，第 3 页。

社会成员的组成方式和关系格局①，主要包括人口结构、家庭结构、城乡结构、区域结构、收入分配结构、消费结构、就业结构、社会阶层结构等②。社会建设要有目的、有计划地实施和推动社会结构的调整和合理构建，以利于和谐社会的实现。

在社会建设的实践中，北京作为"首善之区"走在了全国前列。2007年12月2日，中共北京市委社会工作委员会、北京市社会建设工作办公室宣布成立。市委"社会工委"与市"社会办"合署办公，下设7个处室：党建工作处、社会工作队伍建设处、社区建设处、社会组织工作处、办公室（人事处）、研究室（政策法规处）、综合处（宣传处），设行政编制58名。这是全国第一家以社会建设为主要职责的党政组织和机构，是北京市贯彻落实十七大精神的一项创造性工作，在一定程度上具有国家试点的性质。其主要职责包括：一是研究提出本市社会建设总体规划、重大方案和重要政策；二是制定并组织实施本市社会管理体制改革、社会公共服务和社会领域社会动员体制机制建设的规划和改革措施；三是宏观指导、统筹协调和督促检查本市社会建设重点任务的落实，主要包括社区建设、社会组织建设、社会工作队伍建设、志愿者工作、社会领域党建工作以及街道管理体制改革等相关工作。两项综合任务、六项具体工作，简称"2＋6"职能。为了统筹全市的社会建设工作，北京市还成立了北京市社会建设工作领导小组及其办公室，包括市委、市政府38个成员单位。建立了领导小组办公室主任工作例会制度，形成协调市级单位的工作机制。各区县也相应成立社会工作机构，并建立健全了区县社会工委书记、社会办主任例会制度，形成了协调区县工作的机制③。

2. 延庆社会建设实践中面临的问题

正是在这样的背景下，延庆县委社会工作委员会、县社会建设工作办公室于2009年10月成立，虽然是北京各个区县中成立最晚的，但其工作却

---

① 陆学艺主编《当代中国社会结构》，北京：社会科学文献出版社，2010，第10页。

② 陆学艺等主编《2010年北京社会建设分析报告》，北京：社会科学文献出版社，2010，第4~5页。

③ 陆学艺等主编《2010年北京社会建设分析报告》，北京：社会科学文献出版社，2010，第6~7页。

扎扎实实，颇见成效。当然，由于成立时间不长，工作处于起步阶段，延庆社会工委在实际工作中也面临着不少困难，这突出反映在领导部门对社会工委的工作定位尚不明晰。目前延庆社会工委的工作定位主要是统筹协调。这项职能在具体操作时并不明确，表现为：第一，在具体工作中，社会工委、社会办在社区建设、社会组织等工作上，与民政部门的相关工作有所交叉；在农村社区工作中，与农工委目前的工作内容也会有所交叉；第二，社会工委、社会办目前对应领导三个城区街道，这种过渡时期的管理体制，在北京具有特殊性，以后的发展趋势还不明确；第三，社会工委、社会办工作的持续开展，还需要建设一支社会工作人才队伍，延庆目前在社工专业人才方面还很缺乏。更进一步，从当前县委社会工委、县社会办统筹协调的工作来看，也是虚的多，实的少。一方面是因为机构刚成立，定位、职能不明确导致缺乏权威；另一方面是县委社会工委、县社会办没有统筹协调必须拥有的资源掌控力，在人事、财力、审批等方面都没有充分的资源。老百姓形象的说法就是，"给你野马（去驯），但不给你鞭子"，"既要让马儿跑，又不给马儿草"。

当前在延庆县委社会工委、县社会办的领导下，延庆的社会建设工作正在积极有效地开展之中。但在调研中我们发现，延庆各级干部对社会建设的理解还存在一些不同的认识：一是认为社会建设就是原来的精神文明建设，即与物质文明建设相对应，因此社会建设中要强调道德、精神文明；二是认为社会建设就是干原来城镇办事处的工作，即在城区进行管理工作；三是认为社会建设就是管那些需要管，又没有人管的事情，比如私营企业的党建等；四是认为社会建设是志愿者的事业，就是发动志愿者做社会服务的一些工作。上述对社会建设的理解，虽然涉及社会建设某些方面的重要内容，但对社会建设的理解还是过于狭窄，应从更全面、更广泛的意义上去理解社会建设，从而更好地协调多个部门，以支持社会工委、社会办等相关部门的工作。

在我们看来，社会建设不能仅仅就社会说事儿，更不能局限在原先社会事业（科教文卫体）的范畴之内，经济文化等都应该是社会建设需要通盘考虑的内容。社会建设的最终目标是构建和谐社会，它是在我国经济和社会发展"一条腿长一条腿短"的背景下提出来的。社会建设离不开经济基础，但社会建设也不是件只花钱的事儿。延庆的社会建设与延庆的经济发展紧密结合，社会建设也要为延庆的经济发展做贡献。简单地说，"社会建设没有投入不行，但光有投入也是不行的"。

社会建设是一项重要的民生事业，需要全社会的共同参与。在延庆的新农村建设、社区建设、各项社会事业的建设中，政府一直都起着关键性的推动作用。例如，政府特别是市县一级的政府，基本支配着建设资金划拨、建设项目的实施等重要事项。不过，也许正是因为政府力量的突出，在调研中我们更多地看到了国家和政府的力量，而较少感受到市场、社会的力量参与到社会建设中来，似乎面对的是一种"只有国家的社会建设"。社会建设是以人为本、以民为本的事业，国家政府的力量、市场的力量、社会的力量，都是社会建设不可或缺的。在社会建设中，唯有各种力量共同积极参与，社会建设才能全方位得到推进。因此，在今后的社会建设实践中，如何调动更多的力量参与到社会建设中来，如何让广大普通民众参与到社会建设中来，如何充分让民众的需求和愿望得到释放和满足，发挥自治组织的作用，都需要进一步认真思考。

四　挑战与展望

近几年，延庆在新农村建设的带动下，经济社会发展取得了突出成绩。社会建设事业的启动和推进，又为延庆的可持续发展注入了新的活力。在肯定延庆发展成就的同时，着眼于延庆未来的进一步发展，我们在调研中也了解到不少延庆发展所面临的挑战。这些发展中面临的挑战，集中反映了延庆人民对家乡发展的思考，激发着全县人民同心同德，迎接挑战的建设激情。

（一）挑战一：功能定位与发展思路问题

生态涵养区是北京市对延庆的区域功能定位，生态是延庆的生命线。延庆宝贵的资源优势是有一片青山绿水，延庆的生态资源不仅造福了延庆，也为改善整个北京市的生态环境（包括水、空气等）做出了巨大贡献。延庆提出"生态立县"，提出三个"国际一流"，这些都是着眼于延庆生态的战略定位。基于功能定位，目前北京市对延庆的考核指标已经不是唯"GDP"论。但是，生态涵养并不意味着不发展，生态涵养如何做发展的文章，这是延庆直接面临的现实挑战。

目前，依靠市政府的财政转移支付，延庆的发展受资金、项目的制约相当明显。全县各个部门不得不将极大的精力放在申请立项上，以获取市里的资源。问题在于很多项目要求县里有相应的匹配经费，因此即便能在市里顺利立项，由于县级财政有限，县政府也难以对市里的资金进行匹配性投入，这导致项目资金常常不能及时到位。可一旦市级财政转移滞后或没有到位，延庆的各项建设就会陷入停滞。例如，基于生态涵养，延庆的工业定位主要是新能源和环保产业，这两类产业对劳动力的素质要求比较高，且不属于劳动密集型产业，在安置延庆劳动力就业方面可能贡献有限。政府出资的"生态就业"，惠及的基本是"40、50"人员，广大青壮年剩余劳动力还是没有很好的出路。此外，在具体操作生态就业岗位时，有些村索性采取抓阄的方式确定生态岗位，这在村中引发矛盾和积怨，影响农村社会的稳定。

（二）挑战二：县域内城乡统筹发展问题

总体上，目前延庆的城镇社区建设落后于农村，建设投入和管理职责相比不对称。通常大家的印象是城镇建设的投入远远大于农村，城镇社区比农村要好，但在延庆，近几年农村建设的要比城镇社区好。

一是对城镇社区建设投入这几年明显少于农村。得益于新农村建设，农村地区每个村不论大小每年有15万元办公经费，这还不包括另外由县里拨付的经费。而在城镇社区，每个居委会每年仅有县里拨付的8万元办公费。相比之下，在需要管理的人数上，农村地区大部分村的村民都在千人以下，有些小的村子甚至不到百人，最小的村才21户44口人；而城镇社区，人数最少的社区也超过千人，大的社区甚至有几千人，管理的压力、难度和复杂性要大大高于农村，办公经费却很少。难怪有街道、社区干部反映："在经费上，现在是城镇农村两重天"，"在城镇建设的投入和它应该承担的职责来讲，显然太不配套"。二是新农村建设以来，农村是山清水秀，村路干净；而城镇社区，特别是那些老旧小区，显得又破又旧。农村和城镇社区形成了鲜明的对照。街道干部反映，上面领导来考察，延庆让客人参观的都是这个村那个村，从来没有领来参观城镇社区。总之，延庆人口越来越往城区集中，城区管理的任务和职责也越来越大于农村，但城区建设投入却相对落后，功能也还不完善。

客观来说，延庆的城镇社区基础薄弱，社区建设起步也较晚。街道和社区干部对社区建设中面临老旧小区改造等问题很是头疼。中央和市里提倡城乡统筹，推进城乡一体化，加大对农村建设的投入，这在街道干部们看来也是应该的，毕竟历史上对农村欠账太多。但延庆有自己的特点，延庆现在的城区还不能和真正的城镇相比，而原来的城镇社区建设更是相对滞后。社区干部反映："延庆的城镇社区处在夹心层，既不像农村也不像城镇。"近几年新农村建设热火朝天，但城镇社区建设却冷冷清清，因此有干部提出延庆"城乡统筹别把城忘了"，农村建设和城镇建设都应该重视。如果城乡建设不平衡，全县也发展不起来，形象的说法就是"在有短板的情况下，一桶水永远装不满"。

（三）挑战三：内外交通的压力

交通是地区发展的核心驱动力，交通条件的好坏，是一个地区兴盛的重要因素。自古以来，很多地区的发展都得益于得天独厚的交通条件。一方面，延庆是北京的远郊县，地处北京的西北角，紧扼北京的北大门，与河北省的怀来、赤城县接壤。北京整个西北方向，通往内蒙古中部与西部、陕西北部、山西北部、宁夏、新疆之路，延庆都是必经之地。另一方面，延庆又是北京唯一地处"关外"的区县，群山相隔。交通，特别是延庆和北京中心城区的交通联系，决定了延庆融入北京的程度，直接影响到延庆未来的进一步发展。因此，延庆交通的发展必须要克服大山的阻隔，才能与首都北京的发展大局紧紧相连。交通是否便捷，将是延庆"以时间缩短空间"而融入北京的关键因素。

延庆境内现有两条主要公路（八达岭高速、110国道）。客运走的都是八达岭高速，遇上节假日，由于八达岭景区车流急剧增加，出入延庆的交通拥堵。同时，八达岭高速的收费，使到延庆旅游的客人出行成本增加，这些都是延庆旅游发展的不利因素。货运方面，目前进京方向4吨以

上货车走 110 国道。110 国道当初的设计流量只有每天 5000 辆车，但
2010 年的实际通行量是每天 13000 辆左右①。车流量大，同时路窄、事故
疏导能力有限，只要一出事故，就拥堵严重，因此延庆的交通受过境交
通，特别是受常年流量很大的货运过境交通的影响很大。过境交通的压力
使得延庆常常面临"想进进不来，想出出不去"的窘境，直接制约了延
庆的发展。

此外，延庆的公路交通受天气的影响比较大，尤其是冬季一遇到大雪，
公路交通基本就瘫痪。因此已经开通的铁路客运 S2 线，具有保障延庆交通
的战略作用。不过，延庆货运的不稳定性仍然存在，其对企业的影响尤其
突出。交通受阻，企业的原材料就进不来，产品出不去，延庆的投资环境
很受交通的影响。

交通问题进一步反映在延庆县域内的公共交通比较混乱，"黑车""五
元车"盛行，仅在城区就有 3000 辆左右的黑车，存在极大的交通安全隐
患。整治交通不能仅靠交通管理部门，还牵涉政府多个相关部门。政府难
以下决心取缔黑车，主要是因为黑车毕竟也是自谋出路，自己解决就业的
方式，如硬性取缔黑车，势必将影响到县域内几千人的收入和就业，带来
的社会后果不容小视。

（四）挑战四：城镇建设中的稳定问题

拆迁和征地是当前延庆城镇建设中的难点问题。随着近几年延庆加快
城区建设步伐，拆迁和征地逐渐成为老百姓与政府矛盾的焦点。根据信访
部门的反映，延庆 80% 以上的上访都与拆迁征地有关。

就拆迁而言，对拆迁中的干群矛盾，干部的反映是少数"刁民"对国
家规定的补偿漫天要价，影响了拆迁进程。他们认为，当一个地方的绝大
多数老百姓已经同意拆迁并签了协议，如果政府向少数"刁民"让步，满
足他们的要求，那么政府的权威和公信力何在？如何向已经签协议的老百
姓交代？而有些老百姓则反映，政府行为不当是引起不满、引发矛盾的主
要原因。表现在：一是地方政府将上级规定的拆迁补偿最低标准拿来做统

---

① 侯莎莎、于丽爽：《西北进京通道堵在何处》，《北京日报》2010 年 6 月 28 日，第 3 版。

一的补偿标准，降低了补偿金；二是地方政府对拆迁前的"突击违法搭建"管理混乱，特别是对村里强势人群的"突击违法搭建"，政府的执法力度薄弱，给老百姓造成"欺软怕硬"的印象。

就征地而言，当前延庆征地的情况主要有两类：一是靠近城区的地方，征地用来开发；二是在延庆山区的水源保护地有因"退稻还林"等政策带来的征地。征地中的矛盾往往和拆迁交织在一起。

当矛盾进一步激化时，出现群众上访现象就不可避免，而平息上访则是考核地方政府的重要指标。信访问责机制使得政府很多部门忙于应付各类上访事件，令地方各级干部颇为头疼。"大闹大解决，小闹小解决，不闹不解决"，其中的闹访、缠访、重复上访成为信访工作的难点。尤其是在重大节日期间，全县公务员队伍几乎被全面动员上阵，一个上访人往往有好几人全程看护，以防出事。针对这类情况，干部和群众都反映，法治建设的薄弱是突出问题。对上访的一味让步只能伤害法律的严肃性，导致"信访不信法"的情况更加严重。

（五）挑战五：行政管理体制有待理顺

理顺行政管理体制能推动延庆更高效的发展。从调研来看，当前延庆各级行政管理体制还存在一些可以进一步改善之处。

首先，"费随事转"落实有限。基层管理部门，尤其是街道、乡镇任务多、压力重，但经费配给问题常常得不到保证，有时甚至影响到工作的开展。有基层工作的同志反映："各部门只是把活派给你了，你爱怎么完成就怎么完成，反正最后各个部门对你有考核。"

其次，"属地管理"加剧基层压力。乡镇、街道干部反映"属地管理"可害苦了基层。区县一级政府有完备的职能和执法权力，属地管理问题不大。但乡镇、街道一级职能有限，属地管理存在很多实际上的困难，令基层工作人员勉为其难。例如，公园失火，责任不是找园林部门，而是归在公园辖区的基层政府头上。政府某"条"部门[①]工作不力引起的上访户，管理责任不在政府的"条"部门，而归在上访户所在的乡镇或街道。"属地管

---

① 指政府的垂直管理部门。

理"用活了之后，责任一级一级追属地，结果是现在各"条"政府部门没责任了，责任都到了属地，到了"块"部门①。每年年初，乡镇或街道都需要签二三十个责任书，工作疲于应付。

第三，人员混岗混编普遍存在。在同一单位，甚至同一部门中，存在不同编制（公务员、参公、事业、合同）的工作人员，同工不同酬，影响了工作人员的积极性。例如在居委会，一般只有书记、主任是事业编制，其他的如协管员等都是合同制。不同编制人员的收入相差几倍，在单位内部就造成了内在的不协调。

（六）挑战六：社会舆论亟须积极引导

从对普通居民、农民的访谈来看，目前干部和群众、政府和群众之间存在沟通不顺、舆情民意表达不畅、信任程度不够的情况。在干群关系上，政府一有点事，老百姓就流言满天，且多是对政府不利的言论。比如，某位干部被调查，老百姓就传言这个领导那个领导有问题，甚至传言整个县干部班子都出了问题。又比如，机关招人，无论怎样强调公开招考、公布各种程序过程，老百姓中间各种招工内定的传言还是纷纷扬扬。即使是平日老百姓的酒席饭桌上，除了聊个人事儿，也常常是社会、对政府的不满情绪多。

出现上述社会舆论的情况，值得引起相关部门的思考：一是宣传要改变思路，舆论导向要多多加以引导。现在媒体负面报道较多，媒体舆论引导存在一定的偏差；二是某些干部在工作中失信于民，与群众脱节，引起群众的不信任和猜疑也是自然。因此，政府需要更加重视自身的建设，更好地贯彻群众路线。

（七）挑战七：人才工作机制亟待创新

观察延庆的发展现状，一个突出的制约是人才。延庆的人才工作面临两大困难。一是人才引进困难。全国的进京人才基本上都集中在北京城区，作为北京的远郊县，延庆的人才引进主要来自西北部地区，如内蒙古、宁

---

① 指政府的辖域管理部门及其派出机构。

夏等。这其中很多人都是冲着延庆可以解决北京户口而来。二是人才难以留住。由于延庆没有自己的特色产业①，大量的专业技术人才最终都流向了北京城区。延庆成了外地人才进京的一个中转驿站，人才的可持续性比较困难。对此，延庆的人才发展有一种思路是：不求所有，但求所用，即需要的时候希望能最大限度地用上人才资源，但不强求将人才留在延庆县域内。这一人才工作思路是在延庆多年的人才工作经验上总结出来的，有其可取之处，也符合延庆人才的现状。但问题在于，这样一种短期输入式的人才发展模式，很可能导致延庆的发展缺乏可持续的人才动力。

（八）"十二五"时期延庆发展的展望

"十一五"以来，延庆县全面推进新农村建设和社会建设，经济社会持续快速发展，并进一步扎实推进建设高端一流的绿色北京示范区。同时，我们也必须清醒地意识到，延庆县和谐社会建设还面临一些亟待解决的矛盾和问题：居民收入水平仍然偏低，城乡、区域收入差距继续扩大，就业、社会保障体系尚不健全，社会事业发展滞后，生态涵养压力较大，资源综合利用水平较低，诚信缺失、思想道德失范的现象并不鲜见，社会管理水平偏低，民主法制建设需要进一步加强。

展望未来，我们也看到延庆县在加强社会主义新农村建设、全面推进社会建设、构建和谐社会方面具备许多有利条件。一是延庆县经济继续保持又好又快发展的态势，经济实力不断增强，为社会建设奠定了较为坚实的物质基础。二是作为首都生态涵养区，北京市高度重视延庆发展，在政策与投入上给予了必要的支持，为社会发展创造了良好的外部支持条件。三是延庆县具有民风淳朴的优良传统，为和谐社会建设创造了良好的人文环境。

"十二五"期间，在党的领导下，相信经过全县人民的共同努力，延庆的经济社会建设定能迈上新的台阶，人与自然、人与社会、人与人的和谐关系进一步形成，实现全面建设惠及全县人民的更高水平的发展目标，最终形成全体人民各尽其能、各得其所、和谐相处的局面。在推进社会主义

---

① 比如，海淀区中关村地区的特色是信息技术等高科技产业。

新农村建设、和谐社会建设上，延庆未来发展的具体展望如下。

人民生活更加殷实。城乡、区域发展差距扩大的趋势逐步扭转，合理有序的收入分配格局基本形成，家庭财产普遍增加，人居环境得到明显改善，人民过上更加富足安康的生活。

就业更加充分。就业环境得到明显改善，社会就业比较充分，就业结构更加合理，第三产业成为就业主渠道，失业率控制在较低的水平。

社会事业更加进步。科学技术推动生产力发展的作用得到彰显，形成完善的现代国民教育体系，全民受教育程度和创新人才培养水平明显提高。覆盖全社会的公共文化服务体系基本建立，适应人民需要的文化产品更加丰富，全民文明素质明显提高。公共卫生医疗体系完善，人人享有医疗卫生服务。群众体育更加普及，人民健康素质进一步提高。

社会保障更加健全。覆盖城乡居民的社会保障体系基本建立，人人享有基本生活保障，实现老有所养、少有所管、贫有所济、困有所助，消除广大人民群众的后顾之忧。

生态环境明显改善。主体功能区的发展格局基本形成，生活空间、生产空间、生态空间得到优化配置，可持续发展能力和生态自然修复能力显著增强。主要污染物排放得到有效控制，生态环境质量明显改善，单位生产总值能耗降到国家要求的标准。

社会管理更加公正。人民权益和社会公平正义得到有效保障，基层民主制度更加完善，公民政治参与有序扩大。法治建设得到进一步加强，法治政府、阳光政府建设取得新成效。社会管理体系更加健全，社会组织良性发展，政府提供公共服务能力显著增强。

社会结构更加合理。人口结构、家庭结构、就业结构、城乡结构、收入分配结构、消费结构、社会阶层结构更加合理，有力地支撑起延庆经济社会迈向更高的发展目标，全面融入北京建设"世界城镇"的历史进程。

分报告1
延庆城镇化发展状况研究

城镇化的发展是现代社会发展的必然趋势。城镇化首先意味着人的城镇化，也就是居住和生活在城镇的人口占总人口比重的提高。当然城镇化同时也必然意味着城镇空间的扩张，城镇基础设施、公共服务体系和社会管理体系的发展，以及整个社会生产生活方式和文化习俗的改变。也就是说，城镇化发展和人口的聚集是与新农村建设和社会建设密切相关的。

城镇化是一个多种因素综合作用的复杂动态过程，城镇化进程一般要经过四个阶段：在城镇化水平不超过10%以前，农业在整个国民经济中占主要地位，城镇化处于准备阶段；城镇化水平在10%～30%，城镇化进程相当缓慢，城镇化处于发生阶段；城镇化水平在30%～75%，城镇化进程加快，城镇化全面展开，城镇化处于发展阶段；在城镇化水平超过75%以后，城镇化速度趋缓，最终接近80%～90%，为成熟阶段。城镇化阶段性规律表明，在发生与发展阶段，城镇化主要表现为城镇规模的扩大和发展水平的提高等特征，是一个量变的过程；到成熟阶段之后，城镇化主要表现在城镇发展质量的提高、城镇的现代化以及整个城镇社会文明的普及等，是城镇化内在质量的提高。

改革开放以来，作为北京市远郊区县的延庆县，城镇化进程不断加快推进。1978年延庆县总人口24.7万人，其中非农业人口3.2万人[1]，全县

---

① 中共北京市委党史研究室、北京市延庆县史志办公室编《延庆改革开放30年》，北京：中央文献出版社，2008，第515页。

的城镇化率为 12.9%^①；2010 年延庆县常住人口达到 31.7 万人，其中城镇人口 15.4 万人^②，全县城镇化率提升到 48.6%^③，32 年间提高了 35.7 个百分点，平均每年以超过 1.1 个百分点的增长率在提升。根据城镇化进程和发展的普遍性规律，延庆县已处于城镇化进程加快、城镇化全面展开的发展阶段。

改革开放以来，延庆城镇化进程的基本思路是"重点进行县城建设，积极发展具有集聚和辐射功能的中心集镇，有序发展中心村"。其中延庆县城的城镇化建设在全县城镇化历程中的核心地位是不容置疑的。早在秦汉时期，延庆城就是居庸县治所。其后，因为朝代更迭、战争祸乱等导致延庆城的辖区和城镇功能多有变动，甚至多次毁弃和重建。但自明永乐十二年（1414 年）设置隆庆州（后改延庆州）之后，直到清末，延庆城作为州治所的地位和地区中心城镇的功能始终未变。民国以来，改延庆州为延庆县，直至今日，虽然其间不同时期延庆镇的建制有所变动，但总体上说，延庆镇作为县政府所在地的地位和延庆县中心城镇的功能并没有根本改变。民国初年，延庆县实行县、区、村制，1913 年设 5 区 2 镇（延庆镇、永宁镇）25 个村公所。1946 年实行大乡制，全县设 3 镇（延庆镇、永宁镇、康庄镇）13 乡。1948 年 5 月延庆解放，设 3 镇（延庆镇、康庄镇、永宁镇）

---

① 通常城镇化率是按地区常住人口中居住在城镇的人口占总人口的比重计算的（即"常住人口城镇化率"）。但是，由于统计口径的不同，21 世纪以前，我们无法得到延庆县按照城乡居住地统计的城镇常住人口占常住总人口的比例数据，故这里只能依据户籍人口中非农业人口占总人口的百分比来计算 1978 年延庆的城镇化率，可以称作"户籍人口的城镇化率"。我们认为，由于 1978 年前后客观上延庆县人口城乡之间以及本地和外地之间的流动规模都比较小，本地城乡户籍人口可以比较真实地反映城乡居住的人口，外来常住很少，因此，按常住人口与按户籍人口统计的城镇化率的差异在此处可以忽略。
② 《延庆县 2010 年第六次全国人口普查主要数据公报》，2011 年 5 月 11 日，http://www.bjyq.gov.cn/zwxx/tjgb/5f560c30_612c_456f_83f0_a563e4c4132f.html。
③ 2010 年的数据是依据延庆县 2010 年全国第六次人口普查常住人口中城镇人口占总人口的百分比计算的（48.6%）。同时，根据延庆统计信息网数据公布的数据，2010 年末延庆户籍总人口是 27.9 万人，其中非农业人口为 11.6 万人。按此数据计算，延庆县 2010 年户籍人口城镇化率应为 41.4%。但是该年延庆常住流动人口已经达到 3.9 万人，占延庆总常住人口的 12.3%，其中绝大部分居住在城里，而且实际上也有很多农业户籍人口长期居住在城里，如果还以户籍人口中非农业人口的比重来计算城镇化率，就与现实情况相差太远了。因此，我们这里采取了常住人口城镇化率。

7 区。1949 年新中国成立以后仍实行县、区、村制，全县 3 镇 7 区合并为 7 个区。1953 年在区下增设乡，全县共设 9 个区 60 个乡。一区下辖 7 个乡共辖 47 个行政村，其中延庆乡（原镇）下辖 8 个行政村。1956 年撤销区级建制，实行县、乡镇、村制。全县设 30 个乡镇，其中包括延庆、康庄、永宁 3 个镇和 27 个乡，共辖 335 个行政村。1958 年 3 月全县调整为 23 个乡镇。1958 年 8 月取消乡镇、村制，改为人民公社体制，全县建立 5 个人民公社（后合并为 4 个公社），原延庆镇撤镇改为城关大队，属灯塔公社（后改延庆公社）。1961 年将 4 个大公社调整为 27 个公社，原城关大队改为城关公社，下辖 39 个行政村。1964 年又重新恢复延庆镇建制。1983 年延庆全县撤销人民公社制，改社为乡（镇），全县设 1 镇 25 乡。从 1964 年开始，直到 1990 年作为县政府所在地的延庆镇始终是全县唯一的镇[1]。后经过 1990、1994、1998、2000、2009 年五次调整区划，延庆县变成了今天 11 镇 4 乡（下辖 376 个行政村）、3 个街道办事处（下辖 33 个社区[2]）的建制。可以说，自古以来，至少明永乐十二年以来，不论其行政建制如何变动，延庆县城作为整个延庆地区最重要的中心城镇的地位和功能是确定无疑的。考虑到延庆县城在整个延庆县的城镇化进程中处于中心城镇的特殊地位，以及在构筑延庆县城镇网络过程中发挥聚集和辐射的特殊作用，可以将延庆县城的城镇化历程和发展作为观察和了解全县城镇化进程逐步推进和城镇化水平不断提升的一个重要窗口。本报告将通过集中展示延庆县城的城镇化建设历程和发展，来反映全县的城镇化不断提升的成就，并分析存在的问题。

一 延庆县城人口集聚状况及其构成

城镇化是一个比较复杂的概念。城镇化至少包括这样几个特征：城镇化是一个动态的、不断发展的过程；城镇化是从农业文明向工业文明转变

---

① 参见延庆县志编纂委员会编《延庆县志》，北京：北京出版社，2006，第 49~59 页。
② 截至 2010 年底，三个街道办事处下辖 33 个居委会，直到 2012 年才增加到 46 个居委会，并稳定下来。参见延庆统计信息网，http://yq.bjstats.gov.cn/tjsj/ndsj/2010n/2010nwjwsty/10159.htm；http://yq.bjstats.gov.cn/tjsj/ndsj/2012n_20131114090139078879/index.htm。

的过程；城镇化是人口不断向城镇集中，农业人口向非农业人口转变、城镇人口不断增加，城镇规模不断扩大的量变过程；城镇化也是城镇性的生产、生活方式以及文化价值观念不断传播的质变过程。延庆县城在城镇建设和发展进程中，同样经历了"人口不断向城镇地区集中，农业人口向非农业人口转变、城镇人口不断增加，城镇规模不断扩大的量变过程"。一方面是人口总量不断增加，另一方面是非农业人口比重大幅上升。县城的人口总量和结构都发生了巨大变化。

（一）县城人口聚集和增长的过程

延庆县城的人口结构的变化显现出非农人口不断增加的趋势。延庆县城1978年总人口仅有2.3万人（其中非农业人口1.7万人），到2009年总人口达到9.3万人，而非农人口已经将近7万人（见表1-1）。延庆县城人口发生如此巨大变化是多种因素共同作用的结果。

表 1-1 延庆县、延庆镇户籍人口（1978~2009）

单位：户、人

年份	延庆县			延庆镇		
	户数	总人数	非农人数	户数	总人数	非农人数
1978	59448	246821	32000	5018	22875	17244
1981	64884	245199	34000	20171	75511	17915
1985	73873	249719	34000	16114	52223	18951
1990	89474	270840	41000	22474	62325	26580
1995	—	271000	48000	25804	68122	34403
2000	102277	272000	62000	30350	76777	44389
2005	121477	277193	97033	37207	88469	62153
2009	132672	280852	114587	39929	92570	69711

数据来源：延庆县志编纂委员会编《延庆县志》，北京：北京出版社，2006，第95页；根据北京市延庆县统计局、北京市延庆县经济社会调查队编《北京市延庆县统计年鉴》，1996、2001、2006年整理；延庆镇人口数据根据历年档案整理。

1. 行政区划调整归并

延庆县城的行政区划经历了多次调整。新中国成立后，作为县政府所在地延庆城的行政建制多次变动，到 1964 年重新恢复延庆镇时仅下辖 39 个行政村。1990 年城关乡并入延庆镇，同时将大榆树乡的司家营和沈家营乡的玉泉营、广积屯、双营、蒋家堡，以及下屯乡的南辛堡、民主村、李四官庄、百眼泉、谷家营 10 个行政村划归延庆镇。1994 年全县设 5 个镇 20 个乡和一个街道办事处（延庆镇街道办事处），延庆镇辖 45 个行政村，延庆镇街道办事处辖 10 个居委会①。其后还经历了若干次行政区划调整。通过上述几次全县行政区划的调整可以看到，延庆镇随着行政区划的调整归并，一方面地域在不断扩大，另一方面人口也随之增加。1978 年延庆镇只有 5018 户，人口 2.3 万人；到 1990 年行政区划调整后达到 22474 户，6.2 万人；1994 年行政区划调整后，1995 年达到 25804 户，6.8 万人；2009 年行政区划最后一次调整后，当年延庆镇人口（指居住在县城的所有居民，包括属于延庆镇下辖和三个街道办事处下辖的居民）已达到 39929 户，9.3 万人。总体来看，行政区划调整是延庆县城人口的不断增加的重要原因之一。

2. 较高的人口自然增长率

1978 年后，延庆县人口自然增长率总体保持在 10‰以下，但在 1986～1990 年这段时期内自然增长率超出 10‰以上，其中 1986 年和 1987 年分别达到了 14.69‰、13.20‰，这两年净增人口分别为 3684 人和 3363 人。1986 年延庆县 20.77‰的高出生率，震动了市委市政府和县委县政府，当年中共北京市委发表了《关于继续控制首都人口增长致共产党员、共青团员的公开信》，县委、县政府加大了计划生育工作力度，但人口仍然继续增加，这一较高增速势头到 1992 年才得到了初步扭转。

延庆镇人口在这个阶段也快速增长，1985 年总人口为 5.2 万人，到 1995 年已经增加到 6.8 万人，增加近 1.6 万人，其中非农人口增加了 1.5 万余人。

3. 小城镇户口政策

21 世纪之交，为了繁荣县城房地产市场，允许和鼓励有经济条件的农村人在县城购买商品房，配套解决"农转非"的小城镇户口。这个政策一方面成为"农转非"的重要渠道，另一方面也加速了县城人口的快速增加。尤其是一些家庭为了孩子在县城接受优质的教育，一部分乡镇家庭在县城

①　参见延庆县志编纂委员会编《延庆县志》，北京：北京出版社，2006，第 57 页。

购买了房屋，解决了户口，并迁移到县城居住生活。这个政策大概实施了六七年，在 2008 年前才被取消。

根据调查，1978 年延庆县城绝大多数居民居住生活在平房里，当时楼房最多也不超过 20 栋，到 2010 年迅速增加到 800 多栋，增加了 40 倍。这个数据充分表明县城人口在迅速增加。2000 年延庆县城非农业人口比 1999 年增加了 3000 多人，2000～2005 年一直保持在每年增加 3000 人左右，2004 年一年就增加了 4800 多人。小城镇户口政策的推行，加速了延庆镇人口的增加，成为县城人口快速增加的重要因素之一。

4. 招商引资配套政策

延庆县与全国其他地方一样为了发展本地经济实施了招商引资政策，为了鼓励和吸引客商来延庆投资，配套了相应的优惠政策，如提供给投资项目的"外来人口"通过购买村集体的住房以配套本地户口的待遇，这就是所谓"蓝印户口"。如东关村 2009 年有 1078 户，其中小城镇蓝印户口就有 57 户 114 人，占该村村民总数的 5.6%。这些年延庆镇通过招商引资配套户口政策登记的人数也有几千人。招商引资配套户口政策也是延庆县城人口增加的因素之一。

5. 外来流动人口

城镇化过程实质上是劳动力、资金、技术等生产要素在农村与城镇之间流动转移的过程，这些要素的流动是城镇化动力机制中的直接动力。当然，在众多的生产要素中，最具有革命性意义的是劳动力要素。劳动力流动是各国工业化和城镇化发展的普遍现象。随着非农产业向城镇集中，大量劳动力流动主要表现为从农村流向城镇，劳动力的流动对于促进城镇化发展发挥至关重要的作用。

延庆县在推动城镇化进程中，外来流动人口主要被吸引并集聚到县城和其他中心城镇从事非农生产。根据第六次全国人口普查数据，2010 年延庆县半年以上外来流动人口总数为 3.93 万人，而延庆县城的外来流动人口有 1.42 万人，占全部外来人口的 36.1%[1]（延庆、康庄、大榆树三镇共聚

---

① 数据来源：延庆县统计局、延庆县经济社会调查队《延庆县外来人口现状及特点》，2011 年 11 月 30 日，延庆统计信息网，http://yq.bjstats.gov.cn/tjsj/ztsj/index.htm。

集了78.9%的外来流动人口）。他们主要从事加工、维修、销售等服务性产业，推动了本地经济的发展，加速了城镇化进程。

延庆县城人口增长除了以上几个方面的因素之外，还有一些因素也使得人口增加，城镇化加快。如一些乡镇的家庭为了获取孩子在县城接受优质教育的资格，通过私人关系，将户口暂时落在县城的某个村。这些获取了户口资格的"挂靠户"后来基本上没有变动，成为"合法"的村民；又如一些经济条件好的农民，在县城买了商品房，他们可以将其户口迁转到房产所在地的延庆镇，当然他们的户口仍为农业户口；再如，由于各种原因，一些村整村集体搬迁到延庆镇，近年来按照这种方式增加的人口也有五六千人。

延庆县城的城镇化建设和发展走过了30余年的不平凡历程，取得了巨大的发展成就，其中1985～2005年这20年是延庆镇人口增长速度较快的时期，21世纪以来是非农人口高速增长时期（见图1-1）。总之，由于多种因素的共同作用，延庆县城常住人口到2010年已集聚达到12.6万人左右①，是1978年的5.5倍。这是全县城镇化过程中人口集聚的结果。

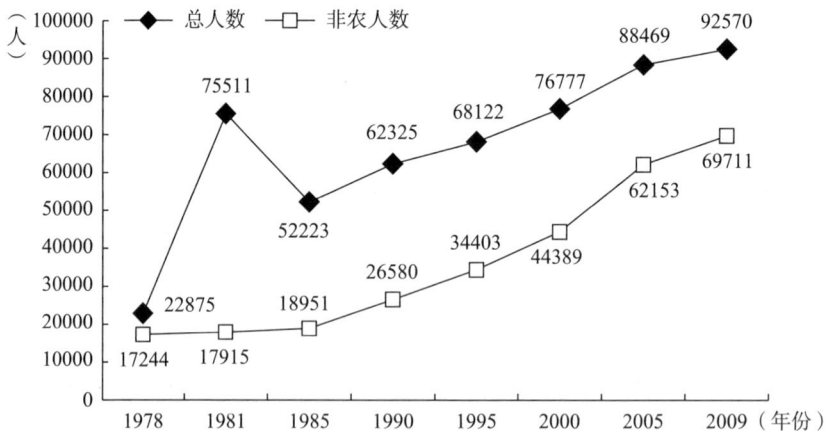

图1-1 延庆县城人口变化（1978～2009）

---

① 《延庆县2010年第六次全国人口普查主要数据公报》，2011年5月11日，http://www.bjyq.gov.cn/zwxx/tjgb/5f560c30_612c_456f_83f0_a563e4c4132f.html。

（二）县城人口构成

延庆镇人口从 1978 年的 2.3 万人左右发展到 2010 年的 12.6 万人，这是县城自身不断发展，以及城镇吸引和辐射功能不断增强的结果。延庆县城人口大约有以下三部分构成。

1. 非农人口构成

2009 年人口数据表明，延庆镇总人口仅占全县总人口的 33%，但延庆镇非农业人口占全县非农人口总数却高达 62%。延庆镇非农业人口比例很高与延庆镇是延庆县党政机关所在地有关。由于延庆镇是延庆县党政机关和事业单位所在地，其工作人员绝大多数为非农业人口。除了普通居民外，占全县总人口 1.9% 的延庆县国家与社会管理者、5.7% 的专业技术人员、7.3% 的办事人员中的很大一部分集中在延庆镇的非农业人口之中。

2. 农业人口构成

根据统计，2009 年延庆镇共有 45 个村委会，农业人口为 22859 人，这部分农业人口主要集中在县城的 19 个 "城中村" 中。如东关村 2009 年共有 1078 户，2031 名 "村民"，他们是在延庆镇之中的村民。其中承包一定的土地、仍然从事农业生产的农业人口有 487 户，957 人，占该村村民总数的 47.1%。其他 "城中村" 情况大体类似。

延庆镇农业人口中部分人员通过生态就业，担当了护林员、保洁员或绿化员，他们的收入为 500 元/月左右；部分农业人口利用地处县城的有利条件从事个体工商经营；部分农业人口外出打工，这部分人中有很多一部分是出租车司机；部分农民利用地处县城的有利条件，出租自己的平房或楼房，他们每户的年收入为 4 万~10 万元。在延庆镇农业人口中，依靠土地维持生计的村民很少，那些从事农业生产的大多数为 60~70 岁的老农，他们利用闲暇时间种地维持生计并打发时间。

3. 外来流动人口构成

延庆县外来流动人口大部分集中在县城。如上所述，2010 年延庆县外来常住人口超过 1/3 住在县城。外来人口的就业主要分布在两大领域：一是在建筑工地务工的农民工；二是从事维修、加工、销售等个体经营的经商人员。

二 延庆县城的市政建设

延庆县城随着人口规模的逐步扩张，原有市政设施远不能满足人口不断增长的需求，不断推进的城镇化进程对市政设施建设提出了新的要求。市政基础设施建设不仅是城镇化的重要标志，而且是城镇化必不可少的内容。延庆县自 20 世纪 70 年代以来，走过了自己的发展历程，在市政基础设施建设方面也取得了巨大的发展成就，为延庆县域的城镇化奠定了坚实的基础。

（一）县城镇政建设的发展历程

自改革开放以来，延庆县委、县政府始终把城镇建设摆在十分重要的位置，尤其是加大了城镇基础设施建设，高品位、高标准、高要求地实施了一大批市政建设工程，极大地提升了城镇功能和服务水平。延庆县城镇政设施建设的整个历程，大体上经历了如下几个阶段。

1. 市政建设起步阶段（1978～1980 年）

20 世纪 70 年代之前，延庆县尚未设立专门的城镇管理机构，直到 1974 年才设立城镇建设办公室，1978 年在城镇建设办公室的基础上成立市政管理所，专门负责市政建设、维修和管理工作。1980 年延庆进一步整合城镇管理功能，正式成立了延庆县市政管理处，下设市政管理所、自来水管理所和环境卫生管理所，负责城镇道路建设、供水和街道清扫工作。1978～1980 年，延庆县城镇政管理从无到有，并经历了由管理所到管理处的机构变革过程，标志着市政建设已进入起步阶段。

2. 市政建设全面展开阶段（1981～1989 年）

随着改革开放的逐步深入和经济社会的进一步发展，延庆市政管理部门的职能日臻完善，全面开展了道路建设、管网建设、供水排水、园林绿化、清扫保洁等多方面的工作。尤其需要指出的是：在这个阶段，延庆县启动了县城绿化工作。1983 年前延庆县城的绿化还处于空白状态，从 1983 年开始绿化工作，到 1985 年，短短三年县城绿化率接近 10%，初步结束了城镇建设无绿化的局面。另外，县城清扫面积由 1980 年的 4451 平方米扩大到 22 万平方米，清扫面积扩大了接近 50 倍，尤其是市政管理部门专门征用县城西南二道洼土地 80.5 亩做垃圾场，从此大大缓解了县城所产生的生活垃圾乱倒的问题。

3. 市政建设快速发展阶段（1990~1997 年）

1991 年，经县政府有关部门的批准，"延庆县市政管理处"更名为"延庆县市政管理局"。在此后的 10 年里，市政管理局在城镇建设与管理工作中发挥了极为重要的作用。这个阶段延庆县加大了城镇建设的力度，标志性的建设工程有妫水街、庆园街、香水苑公园等一大批市政工程的陆续完工，延庆县城已初具规模，城镇化水平进一步提高。

4. 市政建设发展的新时期（1998~2010 年）

1998 年以后，延庆县经济社会发展进入转型期。这个阶段延庆县提出了"三动"战略和生态文明发展战略，丰富了延庆的发展内涵，极大地提升了城镇化水平。这一阶段标志性的市政建设为 1998 年在拆迁东关旧村的基础上建设妫水广场，这是京郊首座大型城镇广场，也是延庆城镇大发展的标志性建筑。

2000 年北京申办奥运成功，延庆充分利用这一难得的历史性机遇，以为奥运提供保障和服务为契机，加大了城镇市政建设，进一步提升了城镇化水平，展示了城镇建设的新风貌。

2001 年，市政管理局由事业单位改为行政单位，更名为"市政管理委员会"。2002 年延庆按照首都现代化国际旅游卫星城的定位，实施了一系列生态环境改造工程，如相继建成的妫水公园、三里河湿地公园等工程。

这个阶段更加重要的是将县城城镇建设与周边乡镇建设统筹规划，如 2006 年为解决永宁镇周边乡镇农村的生活垃圾处理问题，延庆县筹划建设了永宁垃圾填埋场，增强了延庆县的生活垃圾无害化处理能力，提升了县域城镇化水平。

（二）县城镇政建设的主要成就

改革开放以来，延庆县市政建设发生了翻天覆地的变化，基础设施不断完善、服务功能不断增强，城镇化水平不断提升。城镇道路网络体系日趋完善；生态园林城镇逐步形成，2006 年，延庆县获得"国家园林县城"

称号。到 2007 年底，延庆县城大型城镇公园总数达到了 9 处，广场 2 处。在新城规划的 1300 公顷范围内，城镇绿地总面积 631 公顷，绿化覆盖面积 660.92 公顷，人均绿地 69.1 平方米，人均公园绿地 48.59 平方米，绿地率为 48.58%。覆盖率为 50.84%。

环境卫生基础设施建设得到了加强。到 2007 年底，延庆县已经建设大型垃圾卫生填埋场 2 座，服务县城及县内十多个乡镇；城镇管护范围扩大，环卫清扫面积扩大到 156 万平方米，是 1980 年的 350 倍。县城周边 26 平方公里及妫河走廊沿线实现了生活垃圾统一清运，城镇道路管护达到 95.04 公里，管理各类排水管线 118.2 公里，管理服务能力逐步提高。

延庆县市政建设在推动县城发展方面发挥了不可替代的作用，促进了延庆县域经济社会整体发展，同时在改善民生方面以及在生态涵养方面发挥了重大作用，为延庆县城镇化水平的极大提升奠定了坚实基础。

三　延庆县城镇管理体制的改革和完善

一个地区城镇化水平的提升，不仅表现在城镇硬件建设方面，同时还体现在城镇管理体制的软件方面。一个好的城镇管理体制不仅有助于提升城镇化水平，更重要的是在于能够完善城镇管理、提高服务质量，推动经济社会协调发展。延庆县城镇管理体制的改革和完善集中主要表现在社区建设和管理方面。党的十六届六中全会指出要健全新型社区管理和服务体制，把社区建设成为管理有序、服务完善、文明祥和的社会生活共同体。延庆县社区建设和管理正是沿着这一目标进行不断改革和完善，推动了城镇化进程。

（一）城镇管理体制改革进程

1. 社区管理组织的初步建立（1978～1994 年）

1978 年的改革开放，促进了经济社会的全面转型和发展速度的逐步加快，城镇化进程同样以前所未有的规模和速度得到发展。为了适应新形势，延庆县加强对城镇居民工作的重视和领导，在胜利街、解放街、民主街、自由街等四个较大的居民区设立居民委员会。到 1990 年全县居委会的数量达到 9 个。居民文化、学习、体育、环境卫生、社会治安等活动也随之开展起来。

20 世纪 90 年代初，随着改革开放的不断深入和本县城镇规模的不断发展扩大，延庆镇非农业人口超过 2 万人。1990 年 5 月 21 日，撤销城关乡，将原来乡的行政区域划入延庆镇管辖。在延庆镇下设延庆和城关两个管理区和一个街道办事处。从此延庆镇的居民管理机构从居民办公室的科级机构升格为副处级的街道办事机构，居委会的数量也从 9 个增加到 10 个。

2. 社区管理工作的加强（1995～2000 年）

为适应现代化建设事业和社会主义市场经济的发展需要，1995 年 3 月，县委县政府决定组建中共延庆县城镇工作委员会、延庆县城镇办事处，作为县委县政府的派出机构，对县城地区进行有效管理。两个机构的成立标志着延庆社区管理工作进入一个新的发展阶段。

这一阶段调整健全了居民委员会，将县城地区的 10 个居委会调整增加为 24 个居（家）委会，调整充实了居委会干部队伍。加强了居民区党组织的建设，探索了实施居民区建设和管理的新模式，对居民区环境进行了有效的治理，同时开展了社会治安综合治理和社会主义精神文明教育活动。

这个阶段是延庆县社区建设和管理中期发展阶段和承前启后阶段，其主要特点是城镇管理机构得到加强，居民组织的建设和运作开始走向法治轨道。

3. 社区建设的规范和发展（2000～2010 年）

2000 年后，随着延庆城镇建设快速发展，县城非农业人口也从 2 万多人增加到 7 万余人，这对城镇管理和社区建设及管理提出了新的要求。为了适应这个新要求，延庆县贯彻北京市关于城市管理会议精神，加强了对社区工作的领导力度，增加了人力、物力、财力投入力度，使得城镇管理和社区建设进入一个新阶段。

2002 年，按照北京市第四次城市管理工作会议的要求，延庆县将原来的 7 个家委会全部并入社区居委会，把原来的 24 个居（家）委会调整为 16 个社区居委会。2003 年和 2005 年，又先后增加了 6 个社区居委会。由此，县城地区共建立了 22 个社区居委会，逐步填补了居委会空白点，基本实现了社区工作的全覆盖。当然，这个阶段还开展了大量的社区工作，如以

"迎奥运、讲文明、树新风"为主题，提升社区精神文明建设水平；坚持以人为本，努力拓展社区服务等。

2009 年对于延庆县城镇管理体制改革是具有非常重要意义的一年。为了适应城镇化进程的需要，该年 10 月，延庆县撤销了运作近 15 年的中共延庆县城镇工作委员会和县城镇办事处，设立了香水园、儒林、百泉三个街道办事处。三个街道办事处本着"成熟一个，发展一个"的原则将县城周边的一些村逐步纳入城区街道办事处管理，截至 2010 年底，城区街道办事处管辖的社区由原来的 22 个增加到 33 个。城镇管理体制的变革一方面通过实施扁平化管理，将城镇管理中心下移，更好地服务群众，更好地加强新城的城镇管理；另一方面使得延庆县城镇管理与整个北京城镇管理形成对接，体制更加顺畅，进一步提升了城镇管理水平和服务质量。

（二）城镇管理体制改革成就

随着人口的不断增加、地域的逐步扩大，管理事务日益剧增，居民的需求也逐渐多样化、复杂化。为了适应城镇化的进程，延庆县城的城镇管理体制改革也在不断推进，并取得了如下成就。

第一，社区居民委员会的建设从无到有、从少到多、从探索到规范，标志着城镇管理进入一个新阶段，适应了时代发展和城镇建设的要求。

第二，城镇管理体制改革不断推进，适应了城镇管理的新要求，更好地管理城镇、服务居民。

总之，随着城镇管理体制改革的不断推进、深化，延庆县城建设和发展进入全面提升阶段，社区各项工作达到了空前繁荣的程度。社区党建得到了极大加强，社区环境不断改善，群众文化繁荣发展。尤其是随着国家社会保障体系的逐步健全，延庆县社区居民的社会保障也实现了制度规范、全面覆盖。多渠道开发就业岗位，城镇就业率逐年提高。社区居民的就业、医疗、养老等基本民生得到了基本保障，城镇居民最低生活保障制度得到了较好的贯彻落实，实现了应保尽保。居民充分享受了改革开放的成果，有力地促进了社会的稳定和谐。

县城所在地延庆镇是延庆城镇化的窗口，随着城镇化水平全面提升，其辐射带动作用在不断增强、显现。与此同时，我们必须看到，尽管延庆县城镇化水平取得了巨大成就，但延庆城镇化仍然面临不少问题，如"城中村"问题，又如延庆县功能定位而导致的城镇发展缺乏产业支撑的问题，等等。所有这些问题制约了城镇化水平的进一步提升，也影响着延庆经济社会的协调发展。如何解决这些问题以进一步提升延庆城镇化水平，是对延庆县人民智慧的巨大考验。

分报告2
延庆县社会阶层调查与分析

一　县域社会建设与社会阶层结构

（一）社会建设与社会阶层结构调整

现代社会阶层结构的形成是一个国家或地区现代化的重要维度，因为这能够为经济与社会现代化提供结构性的支撑。概括来看，主要表现在以下两方面。

一方面，能够提供源源不断的人力资源支持。在人类现代化进程中，具有重大历史影响的经济社会变革都伴随着新兴阶级或阶层的成长：资本主义经济的出现和迅速发展源于资本家的成长和产业工人的形成，工业革命的出现则伴随着科技的突破和科学家队伍的壮大。所以，现代社会阶层结构是一个国家工业化与科技发展的支撑力量，没有相当规模的企业家阶层、产业工人阶层、商业服务业员工阶层和办事人员阶层，工业化不可能达到非常发达的水平；没有相当规模的专业技术人员队伍，不可能有先进的科学技术和工业化水平的提高。

另一方面，能够提供稳定和谐的社会基础。社会阶层结构现代化有力推动着政治、文化的发展。政治和文化现代化是社会阶层结构现代化的必然要求——伴随现代社会阶层的成长，公民素质显著提高，这对政府管理提出更高的要求，从而也促使政府提高管理水平，提供更多的优质的公共服务。通常的看法是，中产阶层是现代政治民主的动力和保证，他们对民主有着更强烈的要求，同时他们也有更强的参与能力。另外，现代化的社会阶层结构的一个重要特征是社会流动更多地取决于个人能力，而不是传统家庭背景或其他社会关系网络，这改变着人们的传统观念，推崇竞争，促进文化更加开放和发展，所有这些都促进着社会秩序良性运行。

1978 年以来，中国社会阶层结构经历了深刻的变迁，现代社会阶层结构已经初步形成。然而，在现代社会阶层结构的形成过程中，市场在其中发挥了重要力量——催生了私营企业主、经理人员、个体经营户这些新兴社会阶层，有力地促进了现代社会阶层结构的形成。然而，市场是追求效率的，资本是逐利的，在资源与机会的配置中，市场强调的是效率最大化而非平等，这导致在当前中国社会阶层结构中，资源与机会分配因追求效率而出现了不平等，如贫富差距在阶层中明显存在着日益扩大的趋势。

如果回顾一下工业化国家社会阶层结构变迁的历史，我们不难发现，今天这些工业化国家社会阶层结构的现代化，并非纯自然的工业化结果，社会政策在促进社会阶层结构合理化的过程中，发挥着重要的形塑作用。面对曾经出现的因市场化而导致的社会阶层分化与冲突，这些工业化国家都曾经历了社会领域的变革，以促进资源与机会的合理分配的过程。例如，教育机会向中下层的倾斜，使得他们有着更多的向上流动可能，以此实现社会阶层结构的调整。可以说，以社会进步修正市场的偏差，促进现代社会阶层结构的合理调整，这是现代化国家出现的一条重要轨迹。

因此，站在现代化的历史背景下，我们需要引入社会建设的视角来审视社会阶层结构的调整。虽然市场有利于现代社会阶层的生成，但是市场追求效率的本质特征，也使得社会阶层存在分化与冲突的风险。对此，进一步调整社会阶层结构，造就现代社会应有的合理的社会阶层结构，为经济社会发展提供结构性支撑，这是当前中国开展社会建设面临的基础性问题。

（二）社会阶层结构调整的县域视角

"郡县治，天下安。"自古以来，县域都是中国区域经济社会发展的基本空间。首先，从地位上看，县域是联系城乡的纽带。相对于城镇而言，县域更偏向于农村，且大部分地区属于农村；而相对于小城镇和村庄来说，县域具有足够的规模优势——在一个村庄或者小城镇内难以形成经济竞争优势，但是在一个县域内完全可以形成一定的产业结构与经济竞争力，同时在一个县域内搞城镇化，更具有人口、资源条件，更能够降低城镇化的成本。

其次，从功能上看，县域发展功能更突出。从中国现有的行政体制框架来看，县级政府是具备完整政府功能、职能和权力的基层政府，而乡镇政府实际上职能和权力并不完整。因此，在农村现代化中，只有县级政府才能有效发挥行政资源的优势，组织和动员各种资源进行现代化建设。自古以来，中国就有"郡县治、天下安"之说，2600多年来只有县的行政设置没有大的变动，这表明县级行政对于国家稳定和社会发展具有不可替代的作用。因此，如何在县域层面解决"三农"问题，推进工业化、城镇化与社会事业发展，这是中国现代化事业中需要引起高度重视的问题。

然而，中国是个城乡、地区之间发展很不平衡的大国，这突出表现为中国县域发展水平明显低于地级以上的城镇地区。就国情来看，中国2862个县和县级市，县域面积占国土总面积的94%，占全国总人口的70.41%，但是，只占国内生产总值的56.31%[①]。县域不仅经济发展整体上落后，而且社会发展领域也明显滞后，最突出的就是现代社会阶层结构发育缓慢。当前中国社会阶层结构中占40%的农业劳动者阶层还大量分布于县域，可以说，中国社会阶层结构最不合理的症结就在县域社会阶层结构中。

因此，加强县域经济建设与社会建设，对于改变当前中国经济社会发展不平均，进一步实现经济社会的可持续发展，有着重要性与紧迫性。也正是基于这样的思考，本文基于北京市延庆县的调查，着重探讨县域社会建设中的社会阶层结构调整，以期探索中国广大县域如何实现经济结构与社会结构朝着现代社会方向调整。

二 经济社会发展与延庆社会阶层结构变迁

一般来看，社会阶层结构的变迁受工业化、城镇化以及经济社会体制的影响。延庆社会阶层结构的变迁同样也受这一规律的影响。随着经济发

---

① 参见陆学艺主编《晋江模式新发展——中国县域现代化道路探索》，北京：社会科学文献出版社，2007，第1页。

展、城镇化的推进，延庆社会阶层结构发生着深刻的变化，同时这种变化也明显地受到政策体制的影响。

（一）产业结构变动与就业结构调整

现代社会阶层的分化是以职业为基础的，因此社会阶层结构实质上是社会分工的体现，而这与产业结构和就业结构有着密切的关系，后者的发展和变化直接影响到社会阶层结构的变化。

改革开放以来，随着延庆经济的发展，其经济结构已经初步形成了一个现代产业结构。由于缺乏统计资料，我们无法回溯改革开放之初延庆县的产业结构，但是，从近十年来延庆县的产业结构来看，现代产业结构已经形成（见图2-1）。2009年，延庆县三大产业产值分别为8.37亿元、15.74亿元、37.38亿元，产业结构比为13.6∶25.6∶60.8，产业结构已经呈现典型的"三、二、一"的结构性特征。总体来看，过去十年，延庆县第三产业快速发展，已经成为地区经济的主导产业。相比较而言，第三产业快速发展，第二产业发展稳定，其产值占比一直在20%～30%徘徊，而第一产业则表现出稳中下降的趋势。

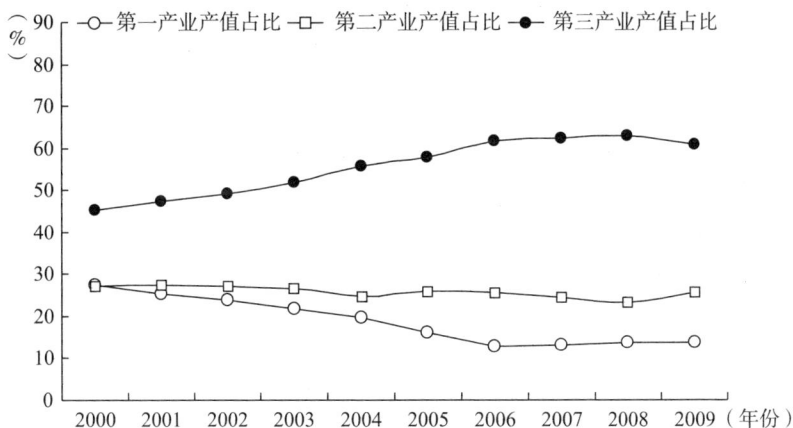

图2-1 2000～2009年延庆县产业结构变化

资料来源：2000～2007年数据来源于中共北京市委党史研究室、北京市延庆县史志办公室编《延庆改革开放30年》，北京：中央文献出版社，2008，第516页。

2008～2009年数据来源于延庆统计信息网，http://yq.bjstats.gov.cn/tjsj/ndsj/2009n/2009nzh/5828.htm。

延庆县的产业结构在相当程度上带动了就业结构的调整。2010 年延庆县第一、二、三产业从业人员分别为 3.8 万人、2.8 万人和 9.8 万人，就业结构比为 23.3∶17.0∶59.7，呈现"三、一、二"的特征。总体来看，就业结构依然滞后于产业结构变化。这主要表现为第二产业在吸纳劳动力方面的贡献并不高，而第一产业中依然存在剩余劳动力。相比较而言，第三产业对于劳动力的吸纳发挥了显著作用。

（二）城镇化与社会阶层结构变化

1978 年以来，延庆县在经济社会发展的大潮中，城镇化也在向前迈进。1978 年，延庆县城镇化率仅为 12.9%，2010 年则达到了 48.6%，32 年提高了 35.7 个百分点。城镇化的推进，有力地推进了农业人口向非农人口的转移，从而使得传统社会阶层结构中的农业劳动者阶层大大减少。2009 年延庆农业劳动者阶层所占比例已经下降到 29.8%。

在延庆县城镇化过程中，小城镇建设是重要的途径。北京市小城镇建设始于 1994 年，经国家建设部批复，北京市确定了 10 个镇作为试点小城镇，其中包括延庆的康庄镇。根据《北京市郊区小城镇建设试点城镇户籍管理试行办法》的规定，符合一定条件的，在北京小城镇购房的外地人可以落户。由于中国城乡存在二元户籍管理体制，以及北京是中国政治文化中心，拥有城镇户籍，尤其是北京户籍，往往意味着得到良好的受教育条件和良好的社会保障与福利。因此，在北京的小城镇建设启动之后，吸引了相当一批外地人在北京 10 个小城镇购房落户。有多少人因此成为北京人，我们无法获知确切的数据，但可以肯定的是，这些成为新北京人的群体规模不会是少数。也正因为这样，小城镇建设给北京人口增长带来了压力，2006 年北京市政府暂停小城镇户口的办理，迄今没有重启这一政策。不可回避的是，小城镇建设吸引相当一批外地人在京购房落户，这对于改变这些小城镇所有县域的社会阶层结构具有重要意义。

一方面，在小城镇建设中，能够在京购房落户的外地人，多为拥有一定经济实力和一定层次的人，他们在京购房落户的目的，要么是为子女将来考大学而迁居北京做打算，要么来北京发展，这在相当程度上为原有的社会阶层结构注入了新的因素。另一方面，这些在京购房落户的外地人，在成为北京居民后，大多从事的是非农职业,在一定程度上加快了小城镇建设的步伐,使得农业劳动者之外的阶层群体在快速扩大。尤其是那些从事投资生产服务经营的私营企业主,他们对于本地经济发展,解决就业又发挥了积极的作用。

(三)政策体制对社会阶层结构的影响

政策体制对于延庆县社会阶层结构的影响主要表现在以下两方面。

一方面,延庆县作为北京市重要的生态涵养区,保持水土涵养与良好的生态环境是北京市对延庆县域功能的定位,由此一切有可能引发环境破坏的工业企业在延庆的发展是受到禁止的,延庆的经济发展有些也受到限制。所以,在延庆的产业结构中,我们不难发现,第二产业产值所占比重明显低于第三产业,长期在25%左右波动。这样的政策对于延庆县社会阶层结构的影响就是:与市场经济关系密切的社会阶层发育不足。这突出表现在两个方面。一是由于第二产业发展受限,企业数量较少。延庆县企业家阶层的规模明显过小,不仅低于北京市平均水平,而且低于全国的平均水平。二是经济管理人员阶层稀缺。延庆县不仅工业企业数量少,而且企业的规模也不大,多为中小企业,企业组织架构与管理层级还没有分化,所有权与经营权没有发生明显的分离,因此一支拥有人力资本、组织资本,推动市场经济发展的经理人员阶层在延庆县还没有壮大起来。

另一方面,小城镇建设的停止对社会阶层结构的影响。长期以来,北京市一直实施的是严格的入京户籍管制措施。外地人要想进入北京很难。延庆县作为远郊县,对于吸引外地人就业的功能本身并不明显。因此,在2006年北京市叫停小城镇建设中的外地人购房落户之后,延庆县社会阶层结构的调整更多地呈现一种"内源"型,而非"外生"型的特征。也就是说,延庆县现代社会阶层的成长更多的是靠原有的社会阶层中分化出来,而不是注入型的生成,这使得延庆现代社会阶层结构的发育和演变趋缓。

三　延庆社会阶层特征

(一)延庆社会阶层结构现状

一般来看,在现代社会中,社会分层是以职业分类为基础,以组织资源、经济资源以及文化资源的占有状况为标准来划分的。根据这种分层原则，社会成员和群体可以划分为国家与社会管理者阶层、经理人员阶层、私营企业主阶层、专业技术人员阶层、办事人员阶层、个体工商户阶层、商业服务业员工阶层、产业工人（以下简称"工人"）阶层、农业劳动者阶层、城乡无业失业半失业者（以下简称"无业失业半失业人员"）阶层等10个社会阶层①。20世纪90年代以来，随着我国社会主义市场经济改革的深化，社会十大阶层的位序略有变化，其中私营企业主阶层上升为第二层，而经理人员阶层降为第三层②。依据上述理论，利用2010年对延庆县社会阶层结构的入户抽样调查（本分报告中的数据如无特殊说明，均来自本课题组2010年4~5月在延庆所做的社会建设问卷调查），以及延庆县经济普查结果，我们推算出延庆县社会阶层结构的状况（见图2-2）。

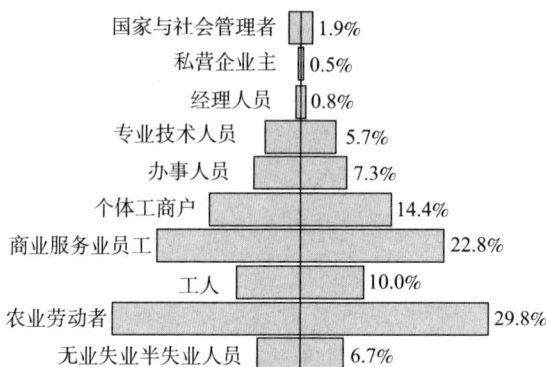

图 2 - 2　延庆县社会阶层结构现状

从图2-2来看，延庆县社会阶层结构呈现以下特征。

1. 不同阶层拥有的经济资源、组织资源以及文化资源存在显著差异

首先，从经济资源的拥有来看，不同社会阶层的差异显著。在现代社会中，社会分层的最主要现象是经济分层，各阶层在经济地位方面存在着清晰的高低差异边界，这种高低秩序是与职业地位的高低相一致的。在经

---

① 参见陆学艺主编《当代中国社会阶层研究报告》，北京：社会科学文献出版社，2002，第8页。

② 参见陆学艺主编《当代中国社会结构》，北京：社会科学文献出版社，2010，第392~397页。

济资源的拥有方面，我们以收入为测量指标，列出各社会阶层的年均收入情况① （见表 2 - 1）。总体来看，延庆县社会各阶层的收入与阶层地位大体一致，呈现从高到低的分布特征。其中收入最高的是私营企业主阶层，而最低的是无业失业半失业人员阶层。

表 2 - 1 延庆县各社会阶层的年均收入情况

单位：元

社会阶层	均值	标准差
国家与社会管理者	39662.31	26113.51
私营企业主	57633.51	75116.46
经理人员	41062.50	21831.56
专业技术人员	33588.18	13312.44
办事人员	35342.59	39767.52
个体经营者	22500.00	10376.26
商业服务业员工	20014.85	19348.71
工人	21799.84	28310.69
农业劳动者	10111.10	9201.82
无业失业半失业人员	7857.69	7864.92
平均	22464.50	28416.88

注：$F = 24.816$，$p < 0.000$。

其次，从各社会阶层拥有的组织资源来看，同样存在显著的差异。由于中国特殊的社会政治体制，研究者在中国社会分层研究中，对于组织资源的测量，多以政治面貌为测量指标。表 2 - 2 列出了各社会阶层政治面貌的差异情况。从表 2 - 2 的统计结构来看，国家与社会管理者无疑拥有丰富的组织资源，他们当中政治面貌是中共党员的比例达到 96% 以上。而中共党员比例最低的是无业失业半失业人员，只有 1.4%。需要注意的是，在延

① 需要说明的，表 2 - 1 中列出的延庆县各社会阶层的年均收入情况为本次抽样调查所得到的资料。在调查收入时，普遍存在一个明显的问题是被调查者低报收入的情况。大多数被调查者在填报收入时，只填报了工资性收入，而瞒报了非工资性的收入，如财产性收入。当然，即使如此，我们只以工资性收入来测量各社会阶层的经济地位差异时，依然存在显著的边界差异。

庆县经理人员阶层中，中共党员比例达到87.5%，这个比例偏高①。这是因为在延庆县经理人员阶层大多分布在国有企业部门，因此他们中的大多数拥有中共党员身份。当然这也意味着这样的现实：延庆县的私营经济发展是滞后的，无论是从规模还是数量来看，都没有生长出一个具有相当规模的私营企业经理人员阶层。另外，还有一个现实也需要引起关注，就是延庆工人阶层中的中共党员比例仅高于无业失业半失业人员阶层，排在倒数第二。工人阶层中的党团员比例偏低并呈下降趋势，这在全国有一定的普遍性（特别是大量农民工加入产业工人队伍中之后更是如此），我们在以往的研究中曾经做过分析②，在此不再展开过多的分析。但我们还是想强调这样一个认识，在社会阶层日益分化的情况下，作为执政党，既要精英化，也要公众化，不仅需要吸纳社会精英阶层，还需要注意社会中下阶层基础的巩固，从而使得社会各阶层均有一定的话语权来平衡日益分化的社会中不同利益群体的利益。

表2-2　延庆县各社会阶层的政治面貌

单位：%

社会阶层	群众	共青团员	共产党员	民主党派及无党派人士	合计
国家与社会管理者	3.8	—	96.2	—	100.0
私营企业主	85.7	2.4	11.9	—	100.0
经理人员	6.3	—	87.5	6.3	100.0
专业技术人员	40.9	8.7	50.4		100.0
办事人员	36.6	8.0	55.4		100.0
个体经营者	75.0	—	25.0		100.0
商业服务业员工	82.2	5.8	12.0		100.0
工人	90.9	1.5	7.6	—	100.0
农业劳动者	88.3	0.6	11.1	—	100.0

① 参见陆学艺主编《当代中国社会阶层研究报告》，北京：社会科学文献出版社，2002，第35～36页。

② 参见陆学艺主编《当代中国社会阶层研究报告》，北京：社会科学文献出版社，2002，第36～37页。

社会阶层	群众	共青团员	共产党员	民主党派及无党派人士	合计
无业失业半失业人员	89.9	8.7	1.4	—	100.0
平均	72.5	4.1	23.3	0.1	100.0

注：$\chi^2 = 406.065$，df. $= 27$，$p < 0.000$。

　　最后，从文化资源的拥有来看，我们以各社会阶层受教育年限进行测量，结果表明不同社会阶层之间的受教育年限也存在显著的差异，这表明文化资源的拥有差异作为社会分层的重要机制，在延庆县同样客观存在（见表2-3）。大体来看，从受教育年限的多少，我们可以将延庆县各社会阶层拥有的文化资源分为两大类，一类是平均受教育年限在12年以上的社会阶层群体，他们包括国家与社会管理者阶层、经理人员阶层、专业技术人员和办事人员阶层这四个阶层，这一类阶层大体都属于脑力劳动者群体；另一类则是受教育年限在12年以下的社会阶层群体，他们包括私营企业主阶层、商业服务业员工阶层、工人阶层、农业劳动者阶层和无业失业半失业人员阶层，这一类阶层大多数都属于体力劳动者阶层。但是其中，私营企业主阶层应该属于非体力劳动者阶层，可他们的受教育年限明显偏低。这表明在延庆县，私营企业主阶层的文化素质明显不高，这与延庆县经济发展相对欠发达有关联，与现代市场经济的发展也是不相适应的。

表2-3　延庆县各社会阶层受教育年限

单位：年

社会阶层	均值	标准差
国家与社会管理者	12.9	2.8
私营企业主	10.12	2.9
经理人员	12.3	3.4
专业技术人员	14.1	2.6
办事人员	13.0	3.3
个体经营者	10.8	4.3
商业服务业员工	9.7	3.3
工人	9.0	3.0

续表

社会阶层	均值	标准差
农业劳动者	8.1	3.3
无业失业半失业人员	8.2	4.1
平均	10.0	3.9

注：$F = 50.979$，$p < 0.000$。

2. 推进市场经济发展的主要社会阶层没有充分发育起来

在延庆县社会阶层结构中，我们明显感受到一个突出的特征，就是与市场经济发展密切关联的社会阶层没有充分发育起来，这主要包括私营企业主阶层和经理人员阶层。作为推动现代市场经济发展的最主要的社会阶层，私营企业主阶层与经理人员阶层的成长，是市场经济国家发展过程中一个重要的轨迹。没有这两个社会阶层的成长，就没有现代市场经济的成长。在我们对全国各地区社会阶层结构的调研中也同样验证了这样的规律：凡是经济发达的地区，其社会阶层结构中必然有一支规模庞大、素质较高的私营企业主阶层与经理人员阶层；凡是经济落后欠发达的地区，其社会阶层结构中的私营企业主阶层与经理人员阶层规模相对要小，素质相对不高。因此，一个地区的经济发展，不能仅仅停留在物的层面，而要更注重人的阶层，即要壮大造就一支与现代市场经济发展相关的私营企业主阶层与经理人员阶层，相关的政策制定应紧紧围绕这一层面来设计安排。

3. 无业失业半失业人员阶层规模相对不大

在我们的调查中，延庆县无业失业半失业人员阶层的规模为 6.7%，这一比值是高于北京市登记失业率平均水平的，但这并不意味着延庆县存在一支规模过大的无业失业半失业人员阶层。因为在客观失业情况的反映方面，存在三个指标：登记失业率，调查失业率和实际失业率。其中，最容易失真的指标是登记失业率，实际失业率则是最真实的反映，调查失业率则居于二者之间。关于延庆县无业失业半失业人员阶层规模的测量，我们根据抽样调查和普查两种方式得出的数据进行推算，接近于实际失业率情况，具有很高的信度。我们根据全国人口普查以及抽样调查的全国失业率水平和北京失业率水平均在9%以上。相比较而言，延庆县的无业失业半失业人员阶层的规模相对则小多了。造成这一情况的原因主要有：一是延庆县高度重视就业问题，通过政府购买公共服务，有力地解决了相当部分劳动力的就业问题，如在农村设立保洁员、护林员等公共服务岗位，解决了相当一批"40、50"人员的就业问题；二是延庆县依托北京这一中心城镇所提供的充分就业机会，许多劳动者在北京城区实现了就业；三是作为北京郊区，延庆县旅游资源丰富，吸引许多城区居民前来度假，相应带动了第三产业的发展，从而创造了大量的就业岗位，因此，延庆县的就业率相应较高。

4. 专业技术人员阶层发展滞后

在延庆县社会阶层结构中，专业技术人员阶层规模为 5.7%。这一规模明显低于北京市平均水平。造成这一阶层发展滞后的原因主要有两方面：一方面，专业技术人员阶层主要分布于科教文卫部门以及企业中，而延庆县主导产业规模较小，产业层次不高，而且未形成产、供、销等环节的有效链接和相互配合的产业集群，因此对人才特别是对高层次人才缺少足够的吸纳和承载力；另一方面，由于延庆县经济发展相对较慢，为各类人才提供的生活、工作条件相对较差，对人才的吸引力不大，较高层次的人才引进工作较难实施，已经引进的人才也存在较严重的流失问题。

总体来看，延庆县社会阶层结构已经初具现代社会的特征，但是这样的社会阶层结构仍然不够合理。一方面，一些应该壮大的社会阶层，如专业技术人员阶层，规模还相对较小；另一方面，各阶层所拥有的资源（主要是经济资源、文化资源）相对而言也较少。这本身受延庆经济社会发展的制约，但反过来也制约着延庆经济社会的进一步发展。

（二）延庆社会阶层结构存在的问题

1. 收入差距不合理

根据调查来看，延庆县各社会阶层所拥有的资源存在明显的差距，这主要表现在对经济资源的拥有方面存在不合理现象。一般说来，所处的社会阶层位置越靠前，其个人和家庭拥有的经济资源就越多。然而在延庆县社会阶层结构中，不同社会阶层间存在明显的收入差距，在同一阶层内也存在着内部的收入差距。虽然收入差距过大是普遍存在的社会现象，但是在延庆这样一个相对较小的县域内，收入差距过大更容易被人感知到。在调查中，有81.8%的被调查者认为延庆县的收入差距大（见表2-4）。那么哪些人在收入差距的扩大过程中受益了呢？对此，有62.4%的被调查者认为在延庆最容易获得高收入的三类人分别是党政干部、有经营能力的人和有文化/有学历的人（见表2-5）。然而在最应该获得高收入人群的调查中，公众选择的前四类依次为：有文化/有学历的人、有技术专长的人、吃苦耐劳的人和有经营能力的人（见表2-6）。可见，认为应该按照个人能力和付出获得相应收入、多劳多得还是得到普遍认可的。但是在现实中，实际获得高收入的人和应该获得的人并不一致，还需要完善收入和分配机制，在降低收入差距的同时，提高个人劳动的积极性。

表2-4　对延庆县收入差距的看法

单位：%

选项	占比	累积占比
差距小	1.4	1.4
差距适中	12.2	13.7
差距大	81.8	95.5
不适用	0.1	95.6
不清楚	4.3	99.9
不回答	0.1	100.0
合计	100.0	—

表2-5　延庆县最容易获得高收入的人群

单位:%

最容易获得高收入的人群	占比
当官的人	62.4
有经营能力的人	9.4
有文化/有学历	9.1
有资产的人	6.0
有社会关系的人	3.2
家庭背景硬的人	2.3
有技术专长的人	1.9
胆大敢干的人	1.0

最容易获得高收入的人群	占比
吃苦耐劳的人	1.0
不清楚	3.3
其他	0.5
合计	100.0

表 2 - 6　认为应该获得高收入的人群

单位：%

应该获得高收入人群	占比
有文化/有学历	40.5
有技术专长的人	14.9
吃苦耐劳的人	15.8
有经营能力的人	10.8
当官的人	7.4
有资产的人	2.1
胆大敢干的人	1.5
有社会关系的人	0.8
家庭背景硬的人	0.2
其他	0.7
不清楚	5.3
合计	100.0

2. 权益保障不平等

不同社会阶层间的权益保障是延庆县社会结构中存在的另一问题。享有社会保险是公民应有的基本权益。在调查中，我们选择各社会阶层享受社会保险的情况来测量其权益保障的情况（见表 2 - 7）。调查中涉及住房公积金、养老保险、医疗保险、失业保险、工伤保险、生育保险共五项。除了农业劳动者阶层外，这些保险适用于其他大多数阶层。然而，从调查来看，延庆县各社会阶层在社会福利保障方面存在着显著差异。总体来看，经理人员、专业技术人员、办事人员和国家与社会管理者享受各类社会保险的比例最高。其中，国家与社会管理者享有社会保险的比例要低一些，主要是因为延庆县是郊区县，国家与社会管理者中的相当部分属于乡村干部。总体来看，这些享有社会保险的阶层大多就业于党政机关、国有企业及事业单位等体制内的部门，拥有良好的社会保险使得这些阶层没有太多的后顾之忧。

与此同时，私营企业主、个体工商户、商业服务业员工、工人、无业失业半失业人员享有社会保险的比例都相当低。尤其是无业失业半失业人员阶层中，只有14.3%享有失业保险。这表明，在延庆县社会阶层间的权益存在着明显的不平等。当然这种情况并非延庆特有，在全国也普遍存在。如何改变这种局面，是社会建设中应该着力解决的问题。

表2-7 延庆县各社会阶层社会福利保障情况

单位：%

社会阶层	住房公积金	退休金或养老保险	公费医疗或医疗保险	生育保险	失业保险	工伤保险
国家与社会管理者	54.2	69.2	73.1	34.8	52.2	47.8
私营企业主	10.0	23.3	26.7	13.3	20.0	13.3
经理人员	63.6	100.0	100.0	83.3	92.3	84.6
专业技术人员	77.1	81.1	91.1	40.9	56.4	56.5
办事人员	65.1	81.0	79.3	46.2	53.2	54.3
个体经营者	—	25.0	25.0	—	25.0	25.0
商业服务业员工	17.2	46.1	48.4	23.0	28.9	32.5
工人	18.5	56.4	62.5	23.1	31.4	34.0
农业劳动者	3.5	16.2	22.7	5.8	7.1	13.5
无业失业半失业人员	—	28.6	28.6	—	14.3	14.3
平均	34.1	52.7	57.4	26.1	33.7	35.7
χ^2	240.541***	177.348***	179.080***	87.404***	110.790***	85.729***

注：$p < 0.000$。

3. 机会获得的不平等

社会阶层结构的合理，有赖于通畅开放的社会流动，从而赋予人们向上流动的机会。表2-8列出了延庆县居民职业代际流动的情况。从人们当前职业地位的获得与父辈职业的交互分析来看，延庆县社会流动呈现出一定的代际流动情况。也就是说，社会流动呈现先赋性而非后致性的特征。从优势职业的代际流动来看，在父辈职业为党政机关企事业单位负责人的群体中，其子女有一半是专业技术人员、办事人员（在调查中，没有子女成为党政机关企事业单位负责人，可能是因为调查中遇到的样本过少，因此可能会存在偏误）。在父辈职业为专业技术人员的群体中，其子女有近六成为专业技术人员和办事人员。在父辈职业为办事人员的群体中，其子女有四成以上为党政机关与企事业单位负责人、专业技术人员以及办事人员。另外，在社会流动中，农业劳动者阶层通常是向外流出的阶层，其成员不断地向上流进其他社会阶层，从而使得农业劳动者阶层规模不断缩小，这也是工业社会以来社会流动的普遍规律。但在延庆县社会流动中，我们看到父辈职业为农业劳动者的群体中，其子女还有一半依然是农业劳动者，表现出较为明显的代际内流动的特征。总体来看，社会流动的机会获得表现出一定的代际传承的特征。当然这也是当前中国社会日益明显的一个社会现象，"富二代""贫二代""官二代""×二代"等社会现象表明了社会流动越来越呈现先赋性的特征。延庆县社会流动中的代际内流动不过是这种现象的一个缩影而已。然而社会流动日益呈现代际内流动，意味着社会流动中的机会越来越不平等，因为人们向上流动越来越不取决于个人的努力，而是受父辈社会位置的影响。一个社会流动不平等的社会，往往也是一个社会矛盾与冲突显生的社会，对此需要引起注意。

表 2-8　延庆县居民的职业代际流动情况

单位：%

		子女职业分类							合计
		1	2	3	4	5	6	7	
父亲职业分类	1	—	21.7	30.4	8.7	17.4	—	21.7	100.0
			7.7	18.9	4.3	6.7	—	4.0	4.4
	2	—	36.8	21.1	5.3	5.3	5.3	26.3	100.0
		—	10.8	10.8	2.1	1.7	0.6	4.0	3.7
	3	4.0	12.0	28.0	20.0	8.0	8.0	20.0	100.0
		10.0	4.6	18.9	10.6	3.3	1.1	4.0	4.8

续表

		子女职业分类							合计
		1	2	3	4	5	6	7	
4		—	5.9	11.8	29.4	17.6	23.5	11.8	100.0
		—	1.5	5.4	10.6	5.0	2.3	1.6	3.3
5		—	21.4	—	35.7	21.4	—	21.4	100.0
		—	4.6	—	10.6	5.0	—	2.4	2.7
6		2.3	10.9	4.3	6.6	10.9	41.8	23.3	100.0
		90.0	66.2	45.9	55.3	71.7	94.8	74.2	76.4
7		—	12.5	—	12.5	16.7	8.3	50.0	100.0
		—	4.6	—	6.4	6.7	1.1	9.7	4.6
合计		1.9	12.6	7.2	9.1	11.6	33.7	24.0	100.0
		100.0	100.0	100.0	100.0	100.0	100.0	100.0	100.0

注：职业代码：1＝党政机关企事业单位负责人，2＝专业技术人员，3＝办事人员，4＝商业人员，5＝服务业人员，6＝生产工人，7＝农业劳动者。$\chi^2 = 133.109$, df. $= 36$, $p < 0.000$。

四　社会建设中的社会阶层结构调整

经济社会发展不平衡，社会建设滞后于经济建设，这是当前中国经济社会发展中面临的突出问题。我们以一个县域为研究对象，分析了北京市延庆县社会阶层结构的现状，可以看出社会阶层结构的滞后以及社会阶层结构内部所存在的问题对经济增长以及社会发展所造成的影响。正如我们在前文中所指出的，社会阶层结构调整不仅是市场化的结果，而且是社会建设的产物。如何推进社会建设，促进社会阶层结构的合理化，为经济社会发展提供结构性的支撑，这就是社会建设中需要回答的基础性问题。总体来看，相关的政策取向主要有三个方面：第一，资源配置合理；第二，机会获得开放；第三，权益注重公平。

（一）资源配置合理

社会阶层结构是资源在社会成员间配置的结果。如何使得资源配置更加合理，这直接影响着社会阶层结构是否合理。这些资源主要包括经济资源、文化资源和组织资源（权力资源）。根据延庆县的调查，当前，最易引发人们不满意的是经济资源的配置不合理问题，日益扩大的贫富差距成为时下最突出的社会问题之一。当然对此也要一分为二地看。一方面，从调查结果来看，大多数人认为一个社会应该存在收入差距，社会存在一定的差距是正常现象，因为鼓励多劳多得是符合人们的价值判断的（见表2－9）。其中，还有43.6%的人认为让少数人先富起来对社会是有好处的（见表2－10）；但另一方面，大部分人也表示先富起来的那部分有能力的人要带动其他人共同富裕，不能使收入差距过大。因此，有75.4%的人认为应该从有钱人那里征收更多的税来帮助穷人，以减少贫富差距。

表 2－9　延庆县居民关于社会是否应该存在收入差距的判断

单位：%

选项	占比
完全应该	9.0
应该	52.7
不太应该	28.1
完全不应该	10.2
合计	100.0

表 2－10　延庆县居民关于让少数人先富起来对社会有好处的判断

单位：%

选项	占比
同意	43.6
不好说	22.1
不同意	34.3
合计	100.0

在合理资源配置方面，国家是市场与社会无法取代的重要力量，主要的途径是通过二次分配来控制日益扩大的贫富差距。近些年来，虽然政府提出一些对于缩小二次分配有着重要意义的政策，但是在实践层面并不理想。如党的十七大提出了要增加居民的财产性收入。居民财产性收入，尤其是中下阶层群体的财产性收入的增加，对于抑制贫富差距具有重要意义。

但是，从实践来看，如何增加居民财产性收入，迄今没有清晰的思路。在延庆县的调查中，我们看到北京市政府连续多年每年对延庆县的财政转移支付达到数十亿元，但是这些财政转移款项多用于基础建设，以至于出现了"农村变得奢侈，农民依然贫困"的格局。对此，进一步优化资源配置，对于促进社会阶层结构的合理发育是极有必要的。

（二）机会获得开放

没有通畅开放的社会流动机会，就没有合理的社会阶层结构的形成。改革开放以来，中国社会流动日益开放，使得人们可以获得向上流动的机会，通过自己的努力从而改变自身的命运，同时也充分促进了人们"各尽所能"，有力推动了经济社会的发展。然而，自20世纪90年代末以来，在中国社会流动中，社会流动中的先赋性开始显现，社会地位的代际传承开始显化。在延庆的社会调查中，我们也发现了这种代际内流动的存在。当一个社会还处于转型的过程中，社会流动的机会就开始减少，社会地位的获得主要不取决于人们的努力，而是取决于父辈的社会地位，那么这个社会将会面临日益严峻的矛盾与冲突。因此，保证社会流动的机会开放，对于现实社会发展充满活力，促进现代社会阶层结构的形成，是必要的前提。对此，一是要消除体制性的歧视，在一些能够使人们获得流动机会的资源配置上，消除歧视性的不公平，如教育资源在城乡的配置上；二是要规范一些优势职业位置获得的机制，消除不公平的因素。虽然在延庆的调查中，我们并没有发现这些问题的存在，但作为普遍现象的对策，依然有着积极意义。

（三）权益注重公平

在权益面前，人人平等，不存在阶层的差异，不存在群体间的区别对待，这是和谐社会的内在要求，也是社会建设的基本导向。在当前中国社会中，不同阶层群体之间的权益不平等现象，在延庆同样不同程度的存在。我们以不同阶层群体享有社会保险为例进行了延庆社会不平等的测量。总体来看，优势阶层享有社会保险的比例要明显地高出社会中下阶层。实现社会保险"应保尽保""城乡统筹"是中国社会保险政策的基本诉求，而不应存在阶层群体之间的差异。比照现实，我们不难发现，在不同阶层群体之间的权益保障平等方面，还有很长的路需要走。在社会建设中，如何尽快地最大化地消除这种不平等，就是社会建设需要思考回答的问题。

分报告3
延庆县农村劳动力就业状况调查与分析

"三农"问题的核心是农民问题,农民问题的核心是收入问题,收入问题的核心是就业问题。延庆县是北京市生态涵养发展区和国家生态县,主要功能是涵养水源、保护生态,与城镇功能拓展区和城镇发展新区相比,在产业发展上受到一定的限制,特别是第二产业吸纳就业明显不足,限制了农村剩余劳动力向非农产业转移。农村劳动力如果不能及时就业,不仅直接影响农民收入的提高,而且会给社会带来巨大压力和不稳定因素,制约经济和社会的发展。因此为了进一步了解农村劳动力的就业状况,摸清存在的问题,笔者根据本课题组2010年4~5月在延庆所做的访谈和问卷调查得来的数据,对延庆县农村劳动力的就业现状及问题进行了分析和总结,并进一步提出了改善对策。

一 延庆县农村劳动力就业现状

(一)农村劳动力就业规模不断扩大

近年来,延庆县农村就业人数的总量是在不断增加的。2008~2010年,延庆乡村从业人员总数增加了6174人,年均递增2.66%(见表3-1)。

表3-1 2008~2010年延庆县乡村从业人员增长

单位:人,%

	2008年	2009年	2010年
乡村从业人员	114619	117780	120793
环比增长率		2.76	2.56
年均递增率			2.66

数据来源:根据延庆县统计信息网乡村从业人员数据整理,http://yq.bjstats.gov.cn/tjsj/ndsj/index.htm。

（二）农村从业人员呈现出由一产向非农产业转移的发展态势

随着延庆经济不断发展和新农村及生态建设的稳步推进，就业空间得以拓宽，农村劳动力转移就业规模逐年扩大，如图 3 - 1 所示，2006 年全县共转移农村劳动力就业 5819 人，2007 年增加到 8711 人，2008 年因为金融危机影响略有下滑，转移人数为 7685 人，2009 年又增加到 13428 人，近几年已有半数以上农村从业人员转向非农业，就业格局呈现出由一产向非农产业转移的发展态势，其主要特点表现为以下两点。

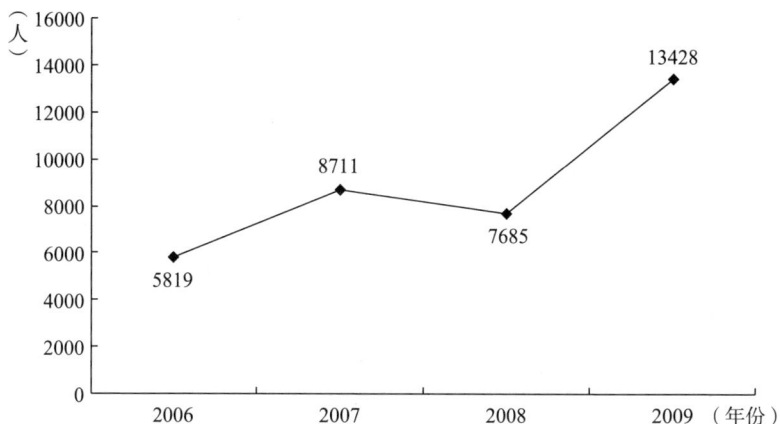

图 3 - 1 延庆县农村劳动力近几年转移就业人数
资料来源：根据 2010 年本课题组调研期间延庆县人力资源和社会保障局提供资料整理。

1. 第一产业就业人数比重下降

延庆县作为北京的农业县，第一产业从业人数所占比重一直居高不下，远远高于第二和第三产业从业人数所占比重，如图 3 - 2 所示，1996 年全县乡村第一产业从业人数 79671 人，占乡村总从业人数 59.57%；2006 年，全县乡村第一产业从业人数 58391 人，占乡村总从业人数 55.10%，这十年农村劳动力转移就业步伐非常缓慢，第一产业农村劳动力所占比重只下降了4.47 个百分点；2006 年底延庆县被确定为全国统筹城乡就业试点地区之一，采取了一系列措施，加大了农村劳动力转移就业的步伐，到 2007 年已有一半以上农村从业人员转向非农业，全县乡村第一产业从业人数所占比重为46.32%，比 2006 年下降了 8.78 个百分点，到 2009 年，全县乡村第一产业从业人数占乡村总从业人数的比重下降为42.40%，第三产业从业人数所占比重首次高于第一产业就业人数所占比重，农村劳动力就业结构变为"三、一、二"型。

2. 非农产业就业人员呈三产增、二产降格局

从2006年到2009年，全县乡村第一产业从业人数所占比重下降了12.7个百分点，农村劳动力向非农产业转移的成效非常显著。但延庆县作为首都的水源涵养区和绿色生态屏障，受区域功能定位限制，第二产业的发展受到制约，农村劳动力向第二产业转移就业的空间逐渐狭窄，由第一产业转移到非农产业的劳动力主要集中到了第三产业，第二产业部分劳动力也转向了第三产业，非农产业就业人员呈三产增、二产降的格局。如图3-2所示，全县从事第二产业的农村劳动力所占比重从1996年的19.62%下降为2006年14.06%，2009年下降到12.60%；而全县从事第三产业的农村劳动力所占比重一直在上升，从1996年的20.41%上升到2006年的30.84%，2006年底全县实行统筹城乡就业的政策以来，全县从事第三产业的农村劳动力迅速增加，到2007年从事三产的农村劳动力所占比重达40.00%，比2006年增加了约10个百分点；随着乡村观光休闲及民俗旅游产业的发展，以及保洁、管水、公路养护、畜牧防疫等政策性公益岗位的增多，从2008年底到2009年第三产就

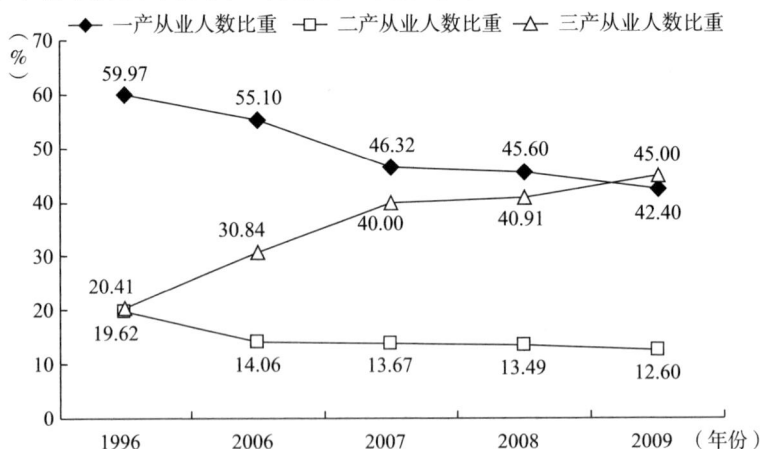

图3-2 延庆县农村劳动力历年就业产业分布

资料来源：根据延庆县历年统计年鉴整理。

业人数所占比重大幅增长，2009 年全县从事第三产业的农村劳动力所占比重达到 45.00%，比 2008 年增加了 4.09 个百分点。

（三）兼业化是农村劳动力从业的主要形式

随着农业机械化程度的提高和农民拥有土地的减少，农村劳动者在完成农业生产之余空闲时间越来越多。据我们调查，在农业投工月数上，如图 3 - 3 所示，73.80% 的农村劳动力的农业投工月数在 0~6 个月，15.60% 的劳动力年农业劳动时间为 7~9 个月，只有一成的农村农业劳动者在农业生产上能干满 10 个月到一年。由此看来，约 90% 的农村劳动者有大量的剩余劳动时间，他们有向非农产业转移的条件和需求，但由于农村劳动力的就业观念、知识技能等各种主客观条件的限制，农村劳动力一方面积极向非农领域转移，另一方面又离不开土地，因此出现了大量的兼业劳动力。

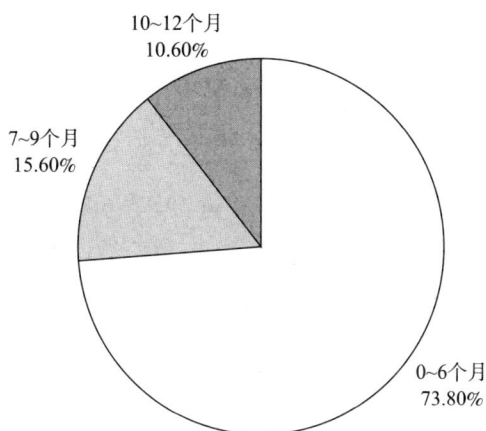

10~12 个月
10.60%

7~9 个月
15.60%

0~6 个月
73.80%

图 3 - 3　农村劳动者农业投工月数统计

资料来源：根据本课题组 2010 年 4~5 月延庆社会建设问卷调查数据整理。

根据我们的问卷调查显示，在被调查的 450 位农村从业人口中，如图 3 - 4 所示，其中 38.67% 的人仅从事农业生产，29.56% 的人完全脱离了农业生产，只从事非农工作，如商品零售、民俗旅游等；有 31.78% 的人兼从农业和非农业，其中 16.67% 的人以农业为主，兼职非农，如保洁员，水管员等，他们在不误农活的同时，在家门口实现转岗就业，增加了收入，有 15.11% 的人以非农业为主，兼职农业，如拥有土地非常少的农民以从事个体或周边打工为主。

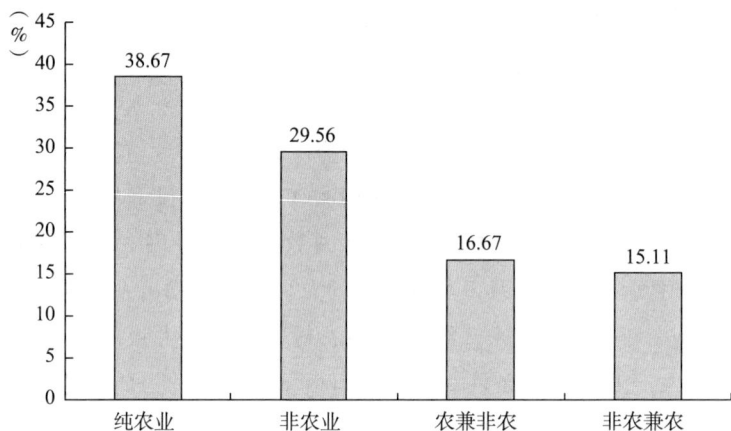

图 3 - 4　农村劳动者从业形式统计

资料来源：根据本课题组 2010 年延庆社会建设问卷调查数据整理。

（四）农村劳动力以本镇就业为主

从就业区域范围来看，如图 3 - 5 所示，在本村从事农业生产和新农村建设的占就业总人数的 53.47%，村外镇内从事镇级项目和生态就业的占

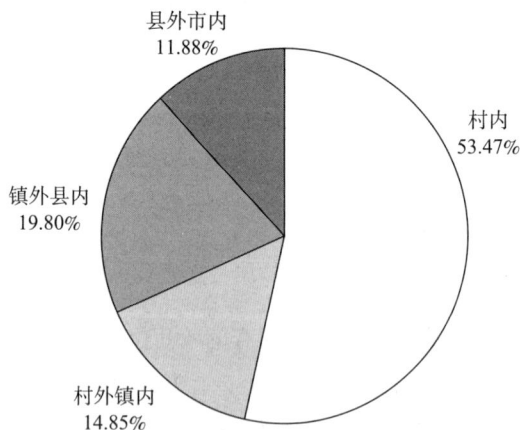

图 3 - 5　延庆县农村劳动力就业地区分布

资料来源：根据 2010 年本课题组调研期间延庆县农村合作经济经营管理站提供的资料整理。

14.85%，镇外县内在商饮业和县经企业就业的占 19.80%，县外就业主要分布在北京市内的约占 11.88%。总体上说，农村劳动力就业区域比较单一，大约有七成的农村劳动者集中在本乡镇就业，约九成的农村劳动者集中在本县内就业，北京市外就业的几乎没有。由此看来，延庆县农村劳动力转移就业规模虽然很大，但转移就业的层次较低，主要集中在乡镇和乡村从事一些低技能、低层次的工种和岗位。

（五）家务劳动对女性就业影响较大

在本次被调查的 595 个农业人口中，有 146 位没有任何工作，占被调查者的 24.5%。在没有工作的被调查者中，又分这么几种情况：①需要照顾家庭和家人而不能或不愿外出就业的 62 人，占 42.50%，这部分人以女性居多；②因为身体疾病不能工作的 21 人，占 14.40%；③因年老而无法工作的 20 人，占 13.70%；④因失地而无业的 16 人，占 11.00%；⑤失业、待业 13 人，占 8.90%；⑥离退休在家 6 人，占 4.10%；⑦在校学生 4 人，占 2.70%；⑧因家庭经济条件好没有生活压力而不愿工作的 4 人，占 2.70%（见图 3-6）。

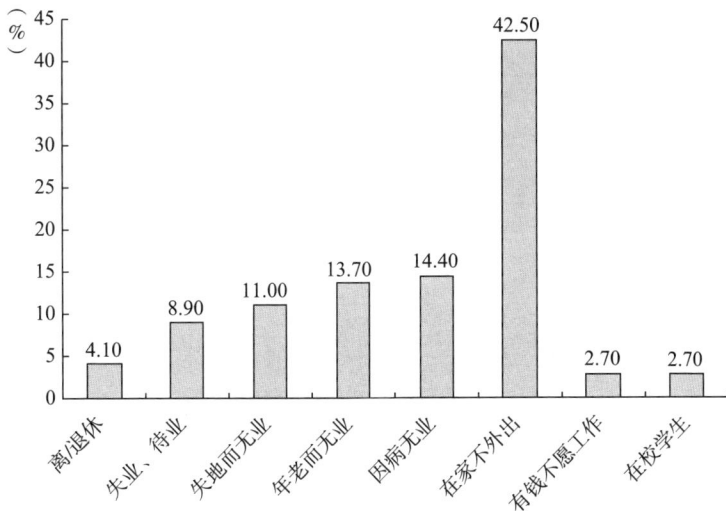

图 3-6　被调查农业人口中无业人员分类情况

数据来源：根据本课题组 2010 年 4~5 月延庆社会建设问卷调查数据整理。

595 名被调查者中因疾病、年老、离退休等因素处于劳动年龄之外或丧失劳动能力者共 47 人，另有 4 名在校学生虽属于劳动年龄之内、有劳动能力者，但实际上暂时无法工作，相当于无劳动能力者。这样，被调查者中属于劳动力资源的共有 95 人，其中因需要照顾家庭和家人而不能或不愿外出就业的人有 62 人，占被调查农村劳动力资源的比例高达 65%，而且其中女性是绝大多数。从表 3-2 中可以看到，本次调研中无任何工作的城乡女性共 288 人，占全体被调查女性的 38.5%，占所有无工作人员的 77.4%；而其中因家务劳动而无法或不愿工作的女性共 104 人，占所有不工作女性的 36.0%，占所有因家务劳动不工作人员的 98.1%。可见，家务劳动的拖累对女性就业产生巨大影响。

表 3-2　分性别不工作情况及原因

单位：人，%

| | | 性别 | | 合计 |
		男	女	
无任何工作	计数	84	288	372
	目前工作情况中的	22.6	77.4	100.0
	性别	23.2	38.5	33.5
不工作原因为在家忙家务或照顾家人	计数	2	104	106
	无工作之情况中的	1.9	98.1	100.0
	性别	2.4	36.0	28.3

数据来源：根据本课题组 2010 年 4~5 月延庆社会建设问卷调查数据整理。

二　延庆县为促进农村劳动力就业所采取的措施和取得的成效

（一）出台了一系列优惠政策

为促进农村劳动力就业，延庆县在市级优惠政策的基础上，制定并出台农村劳动力向第二、三产业转移优惠政策。如《用人单位招用农村劳动力社会保险补贴办法》，即用人单位招用本县农村劳动力，并按规定为其缴纳社会保险费后，按每年农民工参加大病医疗和工伤保险总额的 50% 对用人单位进行补助；《农村劳动力县域外就业交通费补贴办法》，即签订 6 个月以上的劳动合同或聘用协议、按规定缴纳社会保险，实现县域外就业的本县农村劳动力每人每月给予 30 元交通补贴；出台减免行政事业性收费和小额担保贷款政策，鼓励农民自谋职业、自主创业；为农民提供免费培训，培训实行"教师到果园""农民夜校"等人性化方式方便学习。同时结合延庆县生态涵养发展区域功能定位特点，积极争取相关促进就业的优惠政策，将延庆县属于水源保护地区的 9.9 万名农村劳动力全部列入就业困难人员，从而基本实现了劳动力学技能政府买单；劳动力稳定就业，政府给予岗位补贴补助社会保险；劳动力创业，政府给予贷款贴息；劳动力外出就业，政府给予交通费补贴。各项政策的实施为开展就业再就业工作提供了强大的政策保障。

（二）创新了就业模式，强化就业协作

1. 城乡手拉手，开发就业岗位

延庆县为获取更多的岗位信息，创新工作机制，与西城区和朝阳区的保障部门"攀亲"结成对子，借助城区岗位信息资源优势，发挥延庆县劳动力资源优势，两地互助合作，共促转移。2008 年共联合举办专场招聘洽谈会 7 场，引入西城区企业 77 家，提供就业岗位 3706 个，向西城区输出稳定就业农村劳动力 653 人。2009 年又与朝阳区开展了"手拉手"促就业的协作活动，全年共举行了"城乡手拉手促就业"招聘洽谈会 2 次，开发就业岗位 3000 个，成功推荐就业 310 人。

2. 局企手拉手，帮扶困难群体

2008 年延庆县交通局充分发挥行业优势，以"局企手拉手"的模式，通过交通局搭桥、企业招聘、个人传带的方式，推进全县农村劳动力向城区出租运输行业转移就业。出租运输打工已成为全县农村劳动力北京就业的主渠道，目前出租运输业已具备一定规模，据不完全统计，全县在北京出租运输业就业的农村劳动力已达到 3000 人，出租运输行业转移就业已逐渐成为延庆县北京转移就业的标志与品牌。2009 年人力资源和社会保障局通过"局企手拉手"的模式，在全县开展"开发就业岗位、拓展就业困难

人员就业渠道"活动，全年举办多次就业困难人员专场招聘洽谈会，2009年共促进 1578 名就业困难失业人员实现就业。

3. 镇企手拉手，促进农村劳动力转移就业

为促进农村劳动力有组织输出，规模化转移，稳定就业，延庆县千家店镇把农村劳动力转移就业作为一项产业来抓，创新机制，探索出一条"镇企手拉手"定点输出、订单培训、承包就业、规模输出、跟踪服务的新转移就业模式。该镇积极成立了劳务派遣组织，由镇政府主导，把农村劳动力组织起来，统一管理，统一派遣，经多方努力与丰台区环卫管理中心建立了"镇企手拉手"就业协作关系，承包了丰台南苑和东铁营的环卫工作。截至目前（2009 年），共输出农村劳动力 216 名，取得了较好效果，形成了独具特色的"镇企手拉手"就业协作新模式。

（三）突出了区域特点，强化生态优势

十七大报告首次提出了建设"生态文明"的概念，延庆县结合"生态发展涵养区"的城镇功能定位，充分发挥生态经济优势，把就业再就业工作与实施生态文明发展战略紧密结合，将生态环境保护与农民就业相结合，将提升环境保护质量与农民增收相结合，突出区域优势，打造独具生态文明特色的"生态型就业"模式。

1. 立足生态农业，推动生态就业

近几年，延庆县大力发展循环农业、有机农业、设施农业，还有一批休闲观光农业，如四海花卉、沈家营菊园、井庄玫瑰等，吸纳了部分农民成为农业产业工人。据笔者到井庄镇实际调研了解到，很多农民以每亩 500 元左右的价格将自己的土地转包给农业龙头企业或镇政府，企业或镇政府再雇用这些农民在自己的土地上实现就业，目前全县共有 5000 多名农民在自己的土地上为别人打工。2009 年新建成各类温室、设施农业大棚 6220 亩，实现了"百村万户一户一棚"的目标，带动更多的农民走向生态就业岗位。

2. 立足生态创业，拉动生态就业

以生态为依托，自主创业、生态创业已在延庆蔚然成风。城乡劳动力结合生态优势，在特种种植、养殖、手工艺产品制作、民俗旅游、便民服

务、批发零售和餐饮服务业实现自主创业。拿延庆民俗旅游来说，据笔者调研了解到，在以"火盆锅豆腐宴"享誉京城的柳沟村，5号院村民闫和花每年都有上百万元的收入，除一家直接就业外，还长期雇用了10多个村民，旺季达到25人，一年支付给其他村民的工资就有十几万元，民俗户大小不等，但平均每户能带动5位村民就业，而且在"火盆锅豆腐宴"的带动下，全村形成了果品采摘、豆腐加工、交通运输、养殖等生态就业产业链，间接带动相关就业数千人。全县共有1400余户民俗户，直接从业人员达7000余人，间接从业人员上万人。

3. 立足生态补偿机制，促动生态就业

为解决更多的人就业，近几年延庆县充分发挥生态补偿机制政策的独特优势，围绕生态建设和保护不断开发新的就业岗位。2007年延庆县启动妫河生态休闲走廊、官厅水库生态库滨带、北山生态休闲观光带、龙庆峡下游森林走廊建设，近百公里长的四大生态走廊就是一个生态就业基地。这里雇用着近1万名附近村庄的农民和下岗失业人员，主要负责浇水、栽种树木花草、沿河道巡逻等，他们都变成了月月领工资的上班族。2009年年初，全县15个乡镇分别成立了生态种植专业合作社，下面还管辖着由全县近300个村为单位组成的合作社分社，主要从事林木看护、花草种植、村庄及道路清洁服务工作。市政部门按照每4000~8000平方米一个人，林地每百亩左右一个人进行岗位设置，全县共开发出1.7万个岗位。2009年投资7200万元，先有1.2万农民走上了生态管护岗位，每位生态管护员在不误农活的同时每月可增收500元。截至2009年年底，全县在公益生态岗位就业的农村劳动力共有22329名，占全县乡村劳动力总量的17.41%，如表3-3所示，其中包括生态护林员8949名、生态水管员1000名、生态绿化保洁员12000名、生态公路养护员380名，他们开创了一条保护生态环境，降低能源消耗的生态就业新路，城乡劳动力不出家门就能就业，解决了阶段性务农人员的充分就业问题，促进了农民增收。据农村住户抽样调查资料显示：2009年延庆农村居民人均纯收入达到10470元，与2004年的6345元相比人均增加4125元，增长65.0%，其中工资性收入成为农民增收的主要来源，2009年农村居民人均工资性收入为5829元，占纯收入比重为55.7%；与2004年的3033元相比人均增加2796元，增长92.2%，所占比重比2004年提高 7.9 个百分点。

表 3 - 3　2009 年延庆县农村劳动力公益生态就业分布

单位：人

公益生态就业分布	劳动力数量
生态护林员	8949
生态水管员	1000
生态公路养护员	380
生态绿化保洁员	12000
合计	22329

资料来源：根据 2010 年本课题组调研期间延庆县人力资源和社会保障局提供的资料整理。

三　延庆县农村劳动力就业过程中存在的问题

（一）农村劳动力就业结构性矛盾突出

近年来，延庆县虽然就业规模比较稳定，但随着经济的快速发展，工业化、城镇化进程的加快和产业结构的升级优化，对劳动者就业工作提出了更高的要求，就业形势依然严峻，结构性矛盾已经成为劳动力就业的瓶颈。主要表现在三个方面。

1. 文化素质偏低

由于农村教育长期严重落后，他们中相当一部分人没能完成九年基础教育，据问卷调查资料显示，如图 3 - 7 所示，延庆县农村中有 9.24% 的农村劳动力没有读过书，23.53% 的劳动力只有小学文化，43.87% 的劳动力具有初中文化。由此看来，农村劳动力仍以初中及初中以下文化程度为主，占 76% 以上。其次是高中、职高、中专、中师等文化程度，占农村劳动力总数的 21.34%；大专及以上文化程度的仅占 2.02%。在工业部门和服务业部门，由于市场结构不同，对劳动力的素质要求较高，所以素质不高的农村劳动力滞留在农业部门进行谋生的可能性更大。劳动力文化程度偏低，加大了向二、三产业转移就业的困难，已转移的农村劳动者也主要是从事低技能、低层次的工种和岗位。

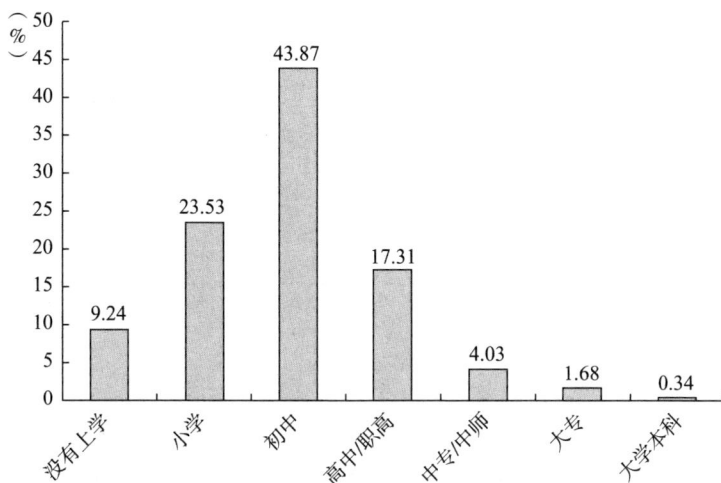

图3-7　延庆县农村劳动力文化素质状况

资料来源：根据本课题组2010年4~5月延庆社会建设问卷调查数据整理。

2. 技能水平偏低

近年来，虽然延庆县政府及有关部门对劳动力开展了免费技能培训，但相对于巨大的劳动力市场的培训需求而言，现有的技能培训规模和覆盖范围有限，如表3-4所示，截至2009年，全县农村劳动力持有技能职业资格证书的共26678人，占农村劳动力资源数的20.80%。在持有职业资格证书的农村劳动力中，持有初级职业资格证书的有25483人，所占比重为95.5%；持有中级证书的有1085人，所占比重为4.1%；持有高级以上证书的有110人，所占比重为0.4%。与城镇劳动力相比，农村劳动力持有职业资格证书的人数不但偏少，而且等级偏低，持有中级和高级以上证书人数所占比重比城镇劳动力低了近60个百分点。总体上看，大量农村劳动力没有打工所必需的一技之长，与劳动力市场对高技能人才需求增加的形势不相符合，这就导致一方面用工单位招不到人，而另一方面农村劳动力又找不到合适的工作，加剧了就业结构性矛盾。

表 3 - 4   2009 年城乡劳动力职业资格证书持有情况

单位：人，%

职业资格证书	城镇劳动力		农村劳动力	
	持证人数	所占比例	持证人数	所占比例
初级职业资格证书	15556	35.2	25483	95.5
中级职业资格证书	21974	49.7	1085	4.1
高级以上证书	6218	14.1	110	0.4
总计	44228	100	26678	100

资料来源：根据 2010 年本课题组调研期间延庆县人力资源和社会保障局提供的资料整理。

3. 就业观念落后

大部分农村劳动力思想观念滞后，安于现状，择业观念陈旧，市场意识淡薄，他们一方面缺乏学技能的意识，没有认识到学技能的重要性，不愿意参加必要的技能培训；另一方面他们就业期望过高，只愿从事工作轻松、工资待遇高的岗位，而高技术活又没能力干，过度依赖政府，据有关资料显示，超过 1/3 的农村劳动力希望政府部门出面统一组织就业，缺乏市场竞争意识和能力。就业观念落后、技能水平较低均导致"许多事没人干，许多人没事干"的就业结构性矛盾。

（二）基层公共就业服务机构未能真正发挥作用

乡镇（街道）社保所和村级就业保障服务站是基层就业服务组织，是就业服务向基层延伸、拓展，确保城乡劳动力享受公共就业服务的基础。虽然延庆县 16 个乡镇均成立了社保所，376 个行政村和 22 个社区均建立了就业保障服务站，但是据我们在延庆农村的调研了解到，就业保障服务站仅仅是挂了一个牌子而已，由于经费和人员的限制，基层就业服务的能力还显薄弱，促进就业的作用还没有发挥。一些就业信息很难到乡、入村，更不用说入户，现在农村剩余劳动力的转移仍以自发性为主，主要通过"亲帮亲、邻带邻、老乡带老乡"的渠道出去。而且基层公共就业服务机构负责人一般由村委或大学生村官兼任，他们虽然熟悉情况，但缺乏应有的专业知识，很难以市场为导向提供全方位的就业服务和引导劳动力有序就业，反而会给劳动力造成"政府包打天下"的错觉，强化其"等、靠、要"

的思想和等待政府安置就业的倾向①。

（三）劳动者合法权益未能得到全面保障

2008 年延庆县第二次全国经济普查数据资料显示，个体户和私营企业
已成为吸纳就业人员的主体。但部分个体户和私营企业在执行国家劳动法
规、政策等方面不规范，没有与农村劳动者签订规范的劳动合同，也未按
政策要求提供社会保险待遇。我们对延庆县民俗户和采摘园的调查就印证
了这一点，劳动者只有每月 800 元左右的工资收入，有的一年才发一次，没
有签订劳动合同，没有保险，且受季节和社会经济发展变化的影响较大，
"半年忙，半年闲"，忙时就上岗，闲时就下岗，他们就业非常不稳定。公
益生态就业也是人多岗位少，有的村定期轮流上岗，有的村抓阄上岗，就
业稳定性较差，劳动者合法权益未能得到全面保障。

四　促进延庆县农村劳动力就业的对策

（一）大力发展生态产业，拓展生态就业空间

北京市每年向生态涵养发展区转移支付的数额巨大，财政负担沉重。
而且单纯靠财政转移支付还会带来许多负面影响，如助长地方的"等、靠、
要"思想，容易发生"养懒汉"甚至寻租腐败现象，不利于生态涵养区的
可持续发展。"授人以鱼不如授人以渔"，如果能够因地制宜，扶持生态涵
养区发展生态产业，将资源和环境优势转化为发展优势，增强生态涵养区
自身的发展能力，带动劳动力就业，则是实现首都区域、城乡协调发展，
促进生态涵养区可持续发展的最佳途径。目前，延庆的农业经济基本上是
以原料和粗加工产品为主，而解决劳动力就业矛盾的突破口是农业产业化
经营。大力发展畜牧业、林果业、高档蔬菜等并对其进行加工增值，在广
大农民中进一步树立社会分工和商品意识，开拓和发展农业产品的商品化

---

① 武晋、何美丽：《统筹城乡就业背景下劳动力就业实证分析》，《中国农业大学学报》2010
年第 3 期，第 166 ~ 170 页。

发展。政府要通过投资政策、税收政策和金融政策扶持，以及加强各方面的服务，进一步扶持区域性农产品加工龙头企业发展，建立健全"龙头企业＋合作组织＋农户"的组织体系，扩大农村劳动力的就业规模；加快发展环境友好型都市工业；突出生态旅游业及配套服务产业，加强农村社会化服务体系的建设，使产前、产中、产后的各项服务专业化、规模化[①]。充分发挥延庆地区良好的生态资源优势，大力发展休闲观光生态游、民俗旅游，以旅游业带动当地基础设施和餐饮、住宿、休闲等服务业的发展，进一步增大就业容量。同时还要结合生态发展涵养区的城镇功能定位，在生态护林、村庄保洁、绿化、社会综合治理、管水、公路养护等方面扩大就业规模，为农村就业困难人员提供更多的就业岗位和机会。

（二）强化劳动者技能培训，提高他们的就业能力

发展经济学家舒尔茨说过，改善穷人福利的决定性要素不是空间、能源和耕地，决定性要素是人口质量的改善和知识的增进。所以说要改善农民生活，必须努力提高农民素质，农村劳动力素质越高，就业机会越多，而提高农民素质的途径就是强化技能培训。对于年龄偏大、以从事第一产业为主的劳动力，要进行生态农业实用技术培训；对于年龄较小、以从事第一产业为主的劳动力，要开展现代高新农业技术培训；对于年龄在45岁以下、不是以第一产业为主的劳动力，要开展多种类、不同层次的科技知识、多种技能培训，循序渐进增强农民的职业技能素质；对准备自谋职业，特别是有创业意向的失地农民，要开展创业能力培训，使他们熟悉市场经济法律、法规，了解创办企业的必备知识和程序，掌握经营管理方法，提高适应市场的能力，指导他们制订切实可行的创业方案，帮助他们解决创业中的实际问题，并做好创业的后续服务工作。

（三）扩大劳动力的社会保险与权益保障，提高就业质量

扩大农村劳动力的社会保险覆盖面，加大农村劳动者的维权力度，积

[①] 农民就业与增收调查小分队：《农村劳动力的就业现状及其影响因素分析》，《湖北经济学院学报》2006年第1期，第48~50页。

极为进城劳动者在劳动保护、工资发放等方面，保障他们的合法权益；强化劳动监督，督促用工企业与农村劳动力签订劳动合同，提高他们就业的稳定性。对于护林员、水管员、保洁员等农村公共就业人员，市县各部门要统筹资金，并给予就业再就业资金扶持，提高其工资标准和社会保险待遇，同时指导农村建立农村公益性就业组织或劳务派遣组织，负责管理农村公共就业，使农村公共就业正规化。

（四）加大经费投入，充分发挥基层就业保障服务站的作用

加大经费和人员投入，充分发挥已建成的基层就业保障服务站的作用，利用计算机网络信息平台，及时为农村劳动力提供招工、培训信息，并进行职业指导，为农村劳动者求职铺设绿色通道。适时举办各类农村劳动力招聘洽谈活动，为农村劳动力提供机会均等的公共就业服务。

（五）做好农村劳动力的职业指导，更新就业观念

政府和有关单位要高度重视农村劳动力的就业观念，采取切实有效的措施，广泛开展思想教育工作，积极引导他们转变就业观念，鼓励和提倡他们在本地或进城自谋职业、自主创业，以灵活多样的方式实现就业。

（六）健全自主创业政策，加大扶持力度

十七大报告中明确提出要完善支持自主创业政策，大力扶持自主创业。目前创业政策虽多，有社会保险补贴，有税费减免，有小额贷款，但执行起来却不特别顺畅。建议扩大减免税的范围，除了减免所得税、营业税等四个地方税种外，还应减免增值税；降低贷款门槛，个体工商户小额贷款由乡镇向地方财政担保公司申请，而担保公司考虑到偿还问题，甚至连5万元也保证不了；同时还应出台创业扶持资金、创业奖励资金项目，扩大贴息范围，对新创业人员给予一定的扶持资金，对创业成功的给予一定的奖励资金；针对目前创业服务机构不健全的现状，要全面支持创业，还要在创业服务机构上加大扶持力度，在机构、人员、场地、经费上给予扶持。

分报告4
延庆县农村居民消费状况调查与分析

延庆县是北京的生态涵养区，工业和部分农业发展受到限制。一部分农民退耕还林，不再种田。按照北京市的生态就业政策，部分农业居民成为护林员，保洁员等，生活有了新的收入来源。近几年，随着北京市对新农村建设投入不断增加，农民的劳动就业方式有了很大变化，农民生活水平有了较快提高。

2010 年 3 ~ 7 月，本课题组对延庆县进行了全面的调研，除了进行部门访谈，还进行了入户问卷调查，调查涉及延庆县各阶层。在农村调查了 534 户人家。本报告所涉及的数据除特别说明的之外，均源自此次问卷调查。本报告基于本次调查的农村数据作为分析样本，较为全面地反映了延庆县农村居民消费状况。

一 数据整体情况

课题组对于此次调查中延庆县农村居民的基本情况进行了入户问卷调查，被访的农村居民一共 543 人，其中被访者以女性居多，达到 69.2%；被访者的婚姻状况大多为已婚（89.0%）；此外被访的农村居民中 87.8% 为农业户口，12.0% 为非农业户口（基本情况见表 4 - 1）。

表 4 - 1 调查样本的基本情况

单位：人，%

项目		农村居民	
		人数	占比
性别	男	167	30.8
	女	376	69.2
	总计	543	100.0

项目		农村居民	
		人数	占比
婚姻	未婚	27	5.0
	已婚	483	89.0
	离异、丧偶	29	5.3
	其他	4	0.7
	总计	543	100.0
户口	农业户口	477	87.8
	非农业户口	65	12.0
	其他	1	0.2
	总计	543	100.0

以下将从延庆县农村居民的就业方式、收入变化、消费变化及对未来生活的预期四个方面的分析，了解延庆县农村居民的基本生活状况。

二　延庆县农村居民就业方式的变化

（一）农村居民的职业分化

农村居民简称为农民，而农民过去被认为是"长期从事农业生产的劳动者"。伴随户籍制度的实施，农民则被认为是"农业户口持有者"。改革开放以来，许许多多的农民早已离开故土，进入城镇谋生，现今已成为城镇建设的主力军。所以现在更多的是按照居住地来划分城镇居民与农村居民，本报告中所称农民意指"长期居住在农村的劳动者。"

延庆县农村居民的职业已经出现了非常显著的分化（见表 4-2），务农的农业生产人员，即农业劳动者的比例大大降低，占农村就业人口的比重只有 39.2%。非农就业的比重大大增加，非农就业中商业服务人员的比重达到了 30.7%，这主要是近些年来延庆县作为生态涵养区，大量农田退耕还林，政府设置和安排了很多非农就业岗位。其他如产业工人（5.4%），无业、失业或不就业（5.4%），办事人员（3.5%）、专业技术人员（3.3%）

的比重也比全国的水平要高一些。另外还有一定比例的机关及事业单位负责人（1.8%）、企业单位负责人（0.3%）、自由职业和其他职业（0.7%）存在。总体来看，延庆县农村居民的职业分布还是比较多元的，非农业化的水平比较高，非农就业成为农民就业的主要方式之一。

表4－2 延庆县农村居民职业分化

单位：人，%

项目	农村居民	
	人数	占比
机关及事业单位负责人	10	1.8
企业单位负责人	2	0.3
专业技术人员	18	3.3
办事人员	19	3.5
商业服务业人员	167	30.7
产业工人	29	5.4
农业劳动者	212	39.2
自由职业和其他职业	4	0.7
无业、失业或不就业	29	5.4
缺失项	53	9.7
总计	543	100

（二）农村居民的就业单位类别分布

退耕还林后，政府开辟了大量公益岗位和非农就业岗位，成为吸纳农村劳动力的重要渠道。从单位的类别来看，在延庆县农村居民单位类型分布中，党政机关的人数最多，共有120人（22.1%）；其次是个体、家庭经营，人数达到89人（16.4%）；私营企业35人（6.4%）；此外，工作于事业单位、社会团体、国有企业及集体企业的人数相当，分别为3%左右；还有少数在外资企业和军队工作（见表4－3）。

表 4 – 3　延庆县农村居民就业单位类别

单位：人，%

项目	农村居民	
	人数	占比
党政机关	120	22.1
事业单位	20	3.7
军队	1	0.2
社会团体	18	3.3
国有企业	18	3.3
集体企业	16	2.9
私营企业	35	6.4
外资企业	3	0.6
个体、家庭经营	89	16.4
不适用	223	41.1
总计	543	100

三　延庆县农村居民收入和消费的变化

（一）收入状况

收入包括个人从各种途径所获得的收入的总和，包括工资、租金收入、股利股息及社会福利等。总体来看，农村的非农收入高于务农收入。非农工作者人均月收入是 1967 元，年均合计 23604 元，农业劳动者的平均年收入是 10631 元，家庭人均收入是 9628.7 元。虽然其农村人均收入水平大大低于北京城镇居民人均收入水平，但是高于全国的平均水平。

表 4 – 4　延庆县农村居民被调查者个人收入状况

	平均收入	N	Std. Deviation
农村居民中非农工作者月平均收入	1967	269	5569
农村居民个人平均年收入	10631	503	16471
家庭人均收入	9628.7	515	12449.4

延庆县农村居民的收入差距较大。人均收入和家庭总收入两项的最小值和最大值差距大，最大值分别是最小值的 520 倍和 379 倍。最低收入者一年的总收入仅有 240 元，而最高收入者一年的总收入达到 125000 元，这一收入水平即使在城镇也已算比较高的收入了。

（二）消费状况

近年来，在各种惠农政策支持下，农村居民的消费水平提高很快，消费结构日益合理化。

1. 农村居民的消费水平

北京市统计局公布的北京农村住户调查支出情况[①]显示，2010 年 1～10月，京郊农村居民人均生活消费现金支出达到 8214 元，比上年同期增长9.9%。其中，城镇功能拓展区人均生活消费现金支出 11729 元，增长13.1%；城镇发展新区人均生活消费现金支出 7903 元，增长 12.1%；生态涵养区人均生活消费支出 6535 元，增长 3.2%。从本次调查的情况看，作为生态涵养区，延庆县农村居民的人均年消费支出水平为 8454.7 元，，延庆县 2009 年的人均消费支出水平高于这个平均水平。

2. 农村居民的消费结构

消费水平只能从整体上反映家庭的消费情况，消费结构则从构成上反映了不同支出项目的相对水平，是衡量生活质量的重要指标。从饮食支出、服装支出、教育支出、住房支出、通信支出、情感支出、医疗支出以及其他支出等八大类消费支出看，其支出结构还是比较均衡的。延庆县农村居民八大消费种类的平均值及比例结构见表 4-5。

表 4-5　延庆县农村居民消费均值

支出项目	数量	平均值（元）	标准差	比例（%）
饮食	543	1954.5	1869.3	31.5
穿着	543	322.2	554.8	1.6

---

① 参见北京统计信息网，http://www.bjstats.gov.cn/tjsj/yjdsj/jmsz/2010/201511/t20151124_328172.htm。

支出项目	数量	平均值（元）	标准差	比例（%）
教育	543	1106.8	2124.5	12.5
住房	543	165.1	1420.6	11.4
通信	543	521.5	1277.1	10.0
情感	543	219.5	836.9	14.6
医疗	543	1400.7	3400.9	15.5
其他	543	312.2	1266.5	3.2
总消费	543	5456.5	8651.6	100

从表 4 - 5 可以看出，延庆县农民的饮食支出的比重并不大，只占
31.5%。这个值就是所谓恩格尔系数。恩格尔系数是国际上衡量一个家庭消费
水平的一个指标，指饮食支出占总支出的比例，若恩格尔系数在 30% 以
下属于最富裕型，30% ~40% 属于富裕型，40% ~50% 属于小康型，50% ~
60% 属于温饱型，60% 以上属于温饱不足型。当前，延庆县农村居民的恩格
尔系数为 31.5%。从这一个指标看，延庆县农村居民的生活水平已经属于
较为富裕的水平；但是从消费支出的绝对水平看，其人均总支出才 8400 多
元，还远低于城镇居民的生活水平，并没有达到富裕水平。造成消费结构
超前变化的原因与整个农村的公共物品和公共服务供应有关。

从农村居民消费支出的其他各类项目看，农民的第二大支出是医疗，
医疗支出占总支出的 15.5%。虽然新型农村合作医疗使得农民的医疗有了
基本的保障，农民看病也能报销了，但是应该看到，这些年随着农村合作
医疗补偿提高的同时，医疗服务的价格也在上涨，农民的医疗负担仍然比
较重。排除情感性支出，物质方面第三大支出是教育，延庆县农村居民的
教育消费达到了 12.5%。近些年，国家在教育方面的投入很大，农村推行
了免费义务教育。但是对于农民来说，教育仍然是导致家庭贫困的一个重
要原因。在农村调查时，经常可以听到这样的话："在农村，只要不生病，
没有孩子上学，日子还可以，但是如果有病人，或者有孩子在上学，那就
比较困难了。"由此可见，对于农村居民来说，义务教育的免费推行，并没
有从根本上缓解因教育致贫的问题。在延庆县农村居民的消费结构中，教
育占了很大的比例，这一方面反映出农村居民对于教育的重视，另一方面

也说明农民的教育负担重的问题还非常突出。

伴随着通信业务的扩展，交通便利，农村居民在通信（通信消费主要包含电话费和交通费）上的消费水平支出比例也比较大，达到了10%。此外，农民居民的情感消费也是很大的一块，占消费总支出的14.6%，这与农民居民的熟人社会特点是密切相关的。对农民来说，在满足了基本温饱之后，这些社会性需求的满足是非常重要的，关系到面子和社会融入问题。

3. 农村居民的耐用品消费

耐用品是指使用时间较长，至少在1年以上的物品，如电冰箱、汽车、电视机、机械设备等，由于其单位价值较高，故购买率较低。在本次调查中涉及液晶电视、冰箱、洗衣机等14项。表4-6是本次调查的耐用品每百户拥有量。

从调查来看，农村百户拥有量最高的耐用品为住房、冰箱、洗衣机，电磁炉、电脑和微波炉的拥有率也较高，其他各项耐用品百户拥有率都在20%以下。虽然电视机在农村早已普及，但是从更新换代的角度看，农村居民液晶电视的普及率还非常低，每百户只有20台。北京已经进入汽车社会，在农村地区，汽车的普及速度也很快，农村居民的小轿车拥有率已经达到了15%。但从整体上看，农村耐用品的普及率还远不及城镇，其消费提升的空间还很大。

表4-6 延庆县农村居民耐用品百户拥有量

项目	农村居民				
	数量	最小值	最大值	百户拥有量	标准差
液晶电视	543	0	5	20	0.473
冰箱	543	0	5	87	0.489
洗衣机	543	0	2	82	0.414
小轿车	543	0	4	15	0.415
组合音响	543	0	2	19	0.412
电脑	543	0	3	35	0.523
货车	543	0	2	9	0.333

项目	农村居民				
	数量	最小值	最大值	百户拥有量	标准差
摄像机	543	0	2	6	0.292
健身器材	543	0	2	4	0.258
钢琴	543	0	2	3	0.226
微波炉	543	0	2	34	0.495
电磁炉	543	0	2	68	0.482
空调	543	0	5	9	0.437
数码相机	543	0	5	14	0.431
住房拥有量	543	1	3	116	0.458

四 延庆县农村居民对未来生活的预期

2005 年，中国社会科学院对中国 8 个大中城镇、7 个小城镇及 8 个农村地区进行了入户调查，结果显示 73.7% 的城乡居民对未来生活持乐观预期的态度，认为未来生活会"变得很好"或"变得比较好"，仅有 3.5% 的居民对未来生活持悲观预期。

此次针对延庆县居民的调查也包含对未来生活的预期，其中涉及两个题目：一个是现在相较于五年前的生活态度；另一个是预期五年后的生活态度。图 4 - 1 和 4 - 2 是此次调查分析结果。

（一）相较于五年前的生活态度

延庆县农村居民对于五年来的生活变化总体来说还是非常满意的，其中 59% 的居民认为与五年前相比生活"好很多"，且有 30% 的居民认为"好一点"。总体而言，约有近 90% 认为自己的生活相对于五年前有很大改善。但有 10% 多一点的农村居民认为，相较于五年前的生活没有太大变化或者变差了。

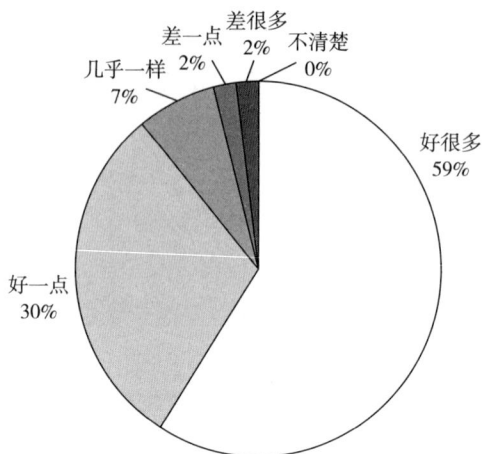

差一点 2%
差很多 2%
不清楚 0%
几乎一样 7%
好很多 59%
好一点 30%

图 4－1　延庆县农民相较于五年前的生活态度

（二）预期五年后的生活态度

相比较对五年前的生活评价，在展望之后五年的生活预期时，农村居民的满意度却有所降低，认为会"好很多"的选项降低为42%，"好一点"提高至34%，但总体认为未来生活会更好的比例有所下降，只有76%，低于相较前五年认为生活改善的90%的比例。总体上说，延庆县农村居民对于过去五年的生活非常满意；但预期未来五年的生活预期更好的比例有所降低，这是一个明显的变化，是对未来不确定性增加的表现。

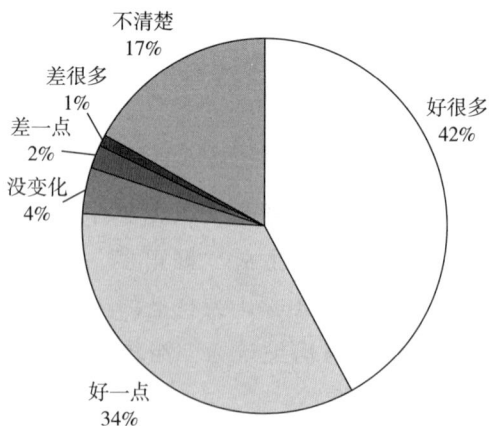

不清楚 17%
差很多 1%
差一点 2%
没变化 4%
好很多 42%
好一点 34%

图 4－2　延庆县农民预期五年后的生活态度

分报告5
延庆县义务教育
均衡发展情况调查与分析

当前，义务教育的均衡发展已经成为缩小教育差距、推进教育公平发展的重要手段。延庆县地处北京远郊区，是典型的农业县，义务教育面临的现实状况是农业人口基数大，山区面积大，教育资源分散、分布不均衡。在这样一个山区面积大、农业人口为主的县域如何推进义务教育的均衡发展，缩小教育差距，保证人人平等共享教育资源，这是笔者最为关心的问题。延庆县近些年的做法是以"推进均衡、促进公平、提升质量"为重点，全面提高教师队伍的业务素质、加强县域内教育资源的整合与均衡配置，并通过"开放式"办学引入优质教育资源，多方入手提高义务教育的质量，在义务教育的均衡发展方面取得了突出的成绩。

一 义务教育发展的基础条件和现状

延庆是北京市西北部的郊区县，面积 1993.75 平方公里，其中山区面积占 72.8%。全县下辖 11 镇 4 乡，3 个街道，376 个行政村。截至 2009 年底，全县总人口 28.1 万人，农业人口 16.6 万人，非农业人口 11.5 万人，农业人口占总人口的 59.1%①。这是一个典型的农业县，义务教育面临的现实条件是农业人口基数大，山区面积大，教育资源分散。在这样一个山区面积大、农业人口为主的县域如何推进义务教育的均衡发展，保证人人平等共享教育资源，这是笔者最为关心的问题。

---

① 延庆县统计局、延庆县经济社会调查队：《2009 年延庆县总户数、总人口》，2010 年 8 月 18 日，http://yq.bjstats.gov.cn/tjsj/ndsj/2009n/2009nzh/5827.htm。

2009 年延庆县在校学生总数为 35565 人（中学 13272 人、小学 13990 人、幼儿园 5437 人、特教 243 人、职高 2623 人），在校教职工 5191 人（中学 2402 人、小学 1953 人、幼儿园 550 人、特教 27 人、职高 259 人），在校专任教师 3341 人（中学 1391 人、小学 1427 人、幼儿园 377 人、特教 14 人、职高 132 人）。有中学 22 所，包括初中 15 所、完中 3 所、纯高中 2 所、九年一贯制学校 2 所。小学 45 所，包括中心小学 32 所、完小 11 所、村小 2 所。托幼机构 41 所，包括市立园 4 所、中心园和校办园 18 所、民办园 19 所。另外还有职业高中 1 所，特教中心 1 所，打工子弟学校 1 所①。

延庆县教育总量规模偏小，但延庆县教育普及水平提高较快。"十一五"时期延庆县学前三年毛入园率达到 83%；义务教育毛入学率保持 100%，完成率达到 99% 以上；高中阶段教育毛入学率达到 98% 以上；高考录取率自 2008 年开始连续三年超过北京市平均水平；中等职业教育毕业生的"双证率"达到 90% 以上，就业率达到 98% 以上。这些指标均已达到北京市的平均水平②。

应该说，延庆县义务教育的发展较好地满足了延庆人民对接受人人均等教育机会的需求，延庆居民对教育发展的社会满意度较高。根据访谈资料，在延庆县社会满意度调查中，延庆县教委连续四年的社会满意度都排在前几位。2009 年底，北京市督导室对北京市 18 个区县的教育满意度进行了 23 个指标的调查，结果延庆县排在第一位。

二 义务教育均衡发展的举措与成绩

义务教育的均衡发展就是缩小地区差距，坚持区域之间、学校之间的均衡发展。通过深入调研与访谈，笔者发现近些年延庆县在义务教育的均衡发展方面获得了长足进步，本文通过师资队伍建设、布局结构调整、办学方式改革、课程体系建设等几方面来考察延庆县义务教育均衡发展的变化。

①　延庆县教委办公室：《2009－2010 学年度延庆县教育事业统计资料》，内部资料。
②　根据本课题组 2010 年 4 月在与延庆县教委座谈时取得的访谈资料整理。

（一）提高教师队伍素质，均衡优质师资队伍

人才是推进义务教育均衡发展的关键，师资力量薄弱一直是农村教育发展的瓶颈。延庆县现有中小学 67 所，其中城区 12 所，川区 35 所，山区 20 所[①]。教职工人数城区占 30%，川区占 60%，山区占 10%，川山区教师比例占了 70%。山区待遇不高、条件艰苦、交通不便，教师流动率、流失率高，2004～2006 年共有 218 人调离川山区，平均每年向外流动 72 人。而且山区极度缺乏骨干教师，骨干优秀教师主要集中在县城。2006 年延庆县中学共有县级以上骨干教师 164 名，县城占 89.0%，川区占 11.0%，山区为 0。小学县级以上骨干教师 126 名，县城占 78.6%，川区占 19.8%，山区为 1.6%。

1. 加大对川山区教师的政策扶持

为稳定农村中小学教师队伍，延庆县采取了一系列倾斜政策。从 2005 年开始，提高山区教师补贴标准。其中浅山区中小学教师补贴标准提高到 1500 元／人·年，辅助教师 1000 元／人·年；深山区专任教师 2000 元／人·年，辅助教师 1600 元／人·年。在义务教育绩效工资改革中，地区补贴川区、浅山区、深山区分别高于县城 100 元、300 元、500 元。同时为鼓励优秀教师在农村学校长期从教，延庆县在职称、晋级、评先、休养等方面加大对川山区教师的倾斜力度，规定教师晋升职称必须有农村工作经历。还通过特岗教师招聘等优惠政策吸纳优秀大学生来延庆工作，充实农村中小学师资队伍。

2. 发挥骨干教师的引领辐射作用

自 2002 年始，延庆县每年下拨 50 万元的骨干教师科研经费，建立促进优秀人才成长的有效机制。2007 年设立专项资金，启动"延庆名师"培养工程，骨干教师队伍成长很快。2000 年延庆县有特级教师 1 名、市级学科带头人 1 名、市级骨干 26 名、县级骨干 298 名；2010 年有特级教师 6 名，市级学科带头人 5 名、市级骨干 71 名、县级骨干 393 名（见表 5-1）。骨干教师打破校际界限，在全县范围内承担带徒弟、指导教学科研和支教任务。2005 年延庆教委开始选派县城学校教师到本县农村支教，2007 年实施

---

① 延庆县教委办公室：《2009-2010 学年度延庆县教育事业统计资料》，内部资料。

了"百名教师支援农村教育工程",既解决了骨干教师总量不足、分布不均衡的矛盾,又促进了优质教师资源的均衡配置。

3. 加强教师专业培训和学历教育

延庆县利用寒暑假每年开展课改年级的滚动培训。与教科院和首都师范大学等科研院所、高校合作,开展每半年为1期的在职组班培训,先后开展了教科院主持的初中语、数、外、理、化五科全员培训,首师大主持的初中13科,小学语、数、外3科全员培训,以及小学、初中、高中学科系列专题培训。还与高校合作开展脱产组班培训和学历教育培训,包括本科班15个,研究生课程班6个,研究生学历班3个。另外延庆县还着重培训英语教师,给教师创造出国培训的条件。自2005年县财政总计投入45万元,组织中学英语骨干教师赴加拿大培训,连续四年,共有80名英语教师接受出国培训。为加强素质教育,延庆县还对音乐、体育教师统一进行培训,提高全县教师的专业知识能力、教育教学能力。教师学历层次显著提高。2000年和2010年相比,中小学专任教师中研究生学历者从0提高到20人,变化最大的是拥有本科学历的教师比例,由2000年的17.4%提高到74.1%,提高了56.7个百分点。而拥有大专以下学历的教师比例由原来的82.6%减少到25.3%。从专任教师职称结构看,2010年中高级职称的比例达到54.3%,超过教师总数的一半(见表5-1)。目前,延庆小学、初中、高中专任教师学历合格率分别达到100%、99.8%、97.9%。

表5-1 2000~2010年师资队伍发展情况

单位:人,%

项目		2000年		2010年		发展变化
专人教师总数		5541		3341		
专任教师学历结构比例	研究生	0	0	20	0.6	+0.6
	本科	962	17.4	2475	74.1	+56.7
	大专	2353	42.4	581	17.4	-25.0
	中专高中及以下	2226	40.2	265	7.9	-32.3
专业教师职称结构	高级职称构比例	183	3.3	237	7.1	+3.8
	中级职称	2013	36.3	1577	47.2	+10.9
	初级职称	3345	60.4	1527	45.4	-11.1

续表

项目		2000 年	2010 年	发展变化
骨干教师人数	特级教师	1	6	+5
	市级学科带头人	1	5	+4
	市级骨干	26	71	+45
	县级骨干	298	393	+95

资料来源：根据 2010 年 4 月本课题组与延庆县教委座谈时取得的访谈资料整理。

（二）调整学校布局，统筹全县教育资源

1. 加快布局结构调整

1999 年延庆县共有办学点 248 处，包括托幼儿园所 53 所（市立园 3 所、单位办园 5 所、乡村办园 45 所），小学附设学前班 33 个，小学办学点 161 处（中心小学 37 所、完小 21 所、村小 103 所），中学 31 所（初中 25 所、完全中学 6 所）。由于办学点较多，财政对教育的支持力度有限，各学校普遍存在教育资源匮乏的问题。

"十五"期间，延庆县为整合资源，提出适度扩充县城教育资源，合理进行布局结构调整。全县由 2000 年 33 所中学、130 所小学，调整为 2005 年 30 所中学，72 所小学，撤并学校 61 所。一些办学规模小、办学条件差、办学质量低的学校被整合，优质教育资源得到扩充。

"十一五"时期，延庆县教委提出教育公平、布局调整新思路，确定"撤并村小、初中出山、高中进城、三教统筹"的基本思路，按照"山区模式、川区模式、城区模式"三种模式实施。2006、2007 两年先后撤并了 6 所中学，1 所中心小学，13 所村小。2006 年在县城附近新建了一所寄宿制中学——第八中学，将撤并的 5 所川山区中学的 1000 多名学生集中到县城就学，山区的孩子享受到县城的优质教育。2008 年在县城又建立了第二所寄宿制学校——第七中学，来自山区 4 所中学的 500 多名学生进入县城学习。"十一五"时期，共撤并村小 22 所，撤并川山区初中 10 所，撤销了康庄中学高中部，学生到县城高中就读，实现了"初中出山、高中进城"的布局结构调整目标。

2. 加强城乡教育基础设施建设

2002 年，延庆县实施了小学优质校建设工程，2005 年又实施了初中优质校建设工程。在建设过程中，由认定程序转向控制程序，具体通过方案论证、问题研究、理念提升、整体推进、答辩验收等步骤，使各学校明确办学方向，找准定位。2005 年北京市教委提出初中学校建设工程，2007 年提出小学规范化建设工程，颁发了《北京市中小学校办学条件标准细则》。据此延庆县确立在"十一五"时期实施中小学办学条件达标工程，明确了"城乡统筹、校际统筹，分项目、分步骤实施"的思路。

"十一五"期间，全县用于学校办学条件改善的资金累计达到 8 亿多元，完成了康庄中学改造、体育运动学校搬迁等 15 项大型基建工程。55 所中小学校在专室、仪器、设备、图书配备和信息化建设等主要项目上达到了北京市新颁办学条件标准，占全县列入达标计划的中小学总数的 90% 以上。2009 年 4 月，全县初中建设工程顺利通过了北京市教委和市政府督导室的联合验收，三年初中建设工程圆满落下帷幕，全县初中学校的教学条件和办学水平都得到了大幅提高。2009 年，按照上级统一部署，延庆县启动了校舍安全工程，计划在三年时间内将所有抗震设计不达标的中小学校舍进行加固或拆建，使所有中小学校在"十二五"初期全部达到国家规定的抗震标准，目前此项工程已经完成 50%。

3. 支持农民工子弟校办学

2001 年 7 月，延庆县唯一一所农民工子弟学校——北京市延庆县庆源学校成立。学校最初办学条件极差，庆源学校的校址曾经 7 年三次迁移，由最初的百眼泉村到唐家堡村，再到现在的原沈家营中心小学，经历了民办学校的艰辛和困苦。2006 年庆源学校在延庆教委注册后得到极大支持，2007 年政府提供校址，2008 年、2009 年又解决了学校的设施问题。仅 2008 年延庆教委就投资 100 余万元帮助改善学校的办学条件，2009 年开始发放教学补贴。目前该校占地面积 10000 平方米，校舍建筑面积约 2000 平方米。现有学生 352 名，教职员工 31 名。同时延庆教委将该校的管理纳入延庆教育的总体框架之中，干部教师培训、督导评价、总结表彰等活动均与公办学校统一标准、同时进行。学校成立近 9 年来，已经使外省市在延庆县务工经商的 2000 多名农民工子女接受了正规的九年义务教育，该校教师都具备教师从业资格。

（三）坚持开放式办学，吸收优质教育资源

2005 年为缩小延庆县和北京市以及其他区县的教育差距，延庆县教委提出"开放式"办学的思路，主张延庆教育必须融入首都教育的大环境之中，充分依托首都教育优势，打破时空和地域界限，使延庆的孩子和北京市的孩子一样，追求优质教育资源的最大化。

1. 名校办分校

2007 年 7 月，延庆县永宁中学与人大附中实现了联合办学。9 月，"人大附中延庆分校"正式落户延庆县永宁中学，招收了两个班 80 名延庆本地学生。这两个班的管理、教育教学完全由人大附中全权负责，人大附中 20 多位教师来到分校进行教育教学工作。这一举措使远郊学生享受到北京市最优质的教育。另外康庄中学也与北京 171 中学实现了名校办分校，第四中学与首都师范大学合作建设附中，填补了延庆在附中建设项目上的空白。

2. "手拉手"学校

2007 年延庆县已有 34 所中小学与市区优质校建立了"手拉手"帮扶关系，县域内 25 所优质校与川山区学校结成"手拉手"关系；347 名城镇地区的市县级学科带头人、骨干教师分别与城乡 467 位校级骨干教师确立了师徒关系，确认帮带责任。目前全县所有中小学、幼儿园和职业学校都分别与北京城区优质学校建立了"手拉手"帮带关系。

3. "1+1"捆绑式发展

延庆县在县城内实施"1+1"捆绑式发展，将四个深山区学校和县城内的四所优质学校进行帮带发展，以县城学校的教育资源、教育教学方法带动、帮助深山区学校的发展。

开放式办学方式使教育资源配置方式发生了变化，促进了教育资源在全县范围内的合理分配，使得延庆县义务教育均衡发展获得了很好的成效。

（四）推进课程改革，提高育人质量

延庆县是北京市课改实验区。2002 年小学进入课改，2003 年中学进入

课改，2007年高中进入课改。延庆县以课改为抓手，推进全县教育质量的飞跃。

1. 以联片教研为主，加强课改教研工作

根据教育发展的实际，延庆县确定了"县－片－校"三级互动模式，以校本教研为基础、联片教研为重点、县级教研为引领的思路。全县中小学各划分为5个课改实验片，每片由城、川、山区5~6所学校组成，并设"样本校"为课改实验基地。几年来，以联片教研为特点，全县教师把课程标准的学习、课改教材的知识点能力点、课堂教学目标表述、环节设置、方式方法选用、工具的选择、作业设置与处理、质量检测与评价等教学基本要素等作为教学研究工作的基本内容，结合实践深入研究，促进了课改由通识层面向操作层面的深化。

2. 以课改科研为先导，解决教学实际问题

为推动课改建设，县教委把教学中的实际问题作为科研课题，组织教师进行实践研究。2006年10月，全县中学启动了"以项目推进方式开展教学环节研究与实践"课题研究工作，制定了《实施方案》和《开题报告》，组织全县教师紧紧围绕教学过程的8个基本环节开展研究与实践活动。教科研中心成立了16个核心项目组，全体教师全员参与，每所学校成立8个项目组，教委予以资金保障。"十五"时期市级立项14个，县级立项300个。"十一五"时期市级立项28个，县级立项106个，教师参与率达到70%以上。延庆县教学成绩有了明显提高。2010年，中考高分段（全科481分以上）学生人数比例比"十一五"初（2006年）增加18.91个百分点，低分段（全科300分以下）学生人数比例下降了10.96个百分点。高考录取率自2008年起连续三年达到或超过全市平均水平，2010年达到87.62%，总体录取率比"十一五"初（2006年）提高了24.23个百分点。

3. 加强校本课程建设，创新校本教研形式

2004年延庆县正式申请为全国校本教研基地建设实验县。为规范"校本教研"活动，延庆县一方面注重加强校本教研制度建设，与首都师范大学合作制定出台了《延庆县县、片、校三级校本教研制度建设指导意见》，对学校层面、实验片层面、全县层面的教研工作组织机构、职责、活动内容、活动形式、考核评价办法等做出了相应的规定。一方面积极开展校本课程建设，相继开发了《妫川文化》（旅游篇、历史篇、地理篇）3 册。根据延庆"生态涵养区"的定位，开发了《延庆县中小学生生态教育读本》（中学分册、小学分册）。各个学校结合开设文化课和本地实际情况积极开发校本课程，包括艺术、科技、体育、思维、环保、国学等十几个类别，目前各中小学均有较为成熟的校本课程。

三　延庆教育发展中的问题与思考

（一）优质教育资源相对短缺

在访谈中，延庆教委马主任指出，教育资源的短缺，主要分为满足基本教育机会的资源短缺、扩大和增加教育机会的资源短缺、接受高水平和高质量教育的资源短缺三个方面。从延庆教育的情况看，基础教育的资源短缺主要表现在优质教育资源的短缺方面。

很多研究表明，随着学生人数的减少和学校布局的调整，我国城镇和农村的生师比都在下降，每个老师负担的学生数减少。而且农村的中小学生师比小于等于城镇，这说明农村老师相对数量并不少于城镇，或者说在教师数量上，农村和城镇并不存在差距[①]。但从教师质量上看，远郊中小学教师的受教育年限低于城区和近郊，而且也低于全市平均值，中小学教师的学历合格率也呈现城区、近郊和远郊的梯度下降，而且远郊区县的教师学历合格率低于全市平均水平。而在骨干教师的比例上，城区和近郊区都在 60% 以上，而远郊区县只稍高于 30%，差距 30 个百分点以上，在特级教师的分配方面，城区比例最高为 31%，近郊区为 23%，而远郊区县却只有1.6%，与城区相差近 30 个百分点，这样的差距足以反映出两地教师在质量方面存在的差距[②]。延庆地处北京远郊区，优质教师资源很难进入"北京的毛细血管"，而师资解决不了，教育均衡也就解决不了。

---

① 唐忠、崔国胜：《北京义务教育非均衡发展的实证分析》，《北京社会科学》2006 年第 2 期。
② 季明明主编《北京教育发展研究报告（2003 年卷）》，北京：民族出版社，2004，第 67～78 页。

（二）教育布局结构调整带来的新问题

教育布局调整的目的是实现区域内优质教育资源的共享，促进教育公平，但结构调整也带来一系列新的问题。

如交通问题。布局调整后，办学点向乡镇和县城集中，打破了原有就近入学的空间概念，很多中小学生上学距离较远或者需要到县城、乡镇寄宿。教师也有上下班的交通问题。目前的状况是：有的未开通公交线路，有的是交通运力不足，有的是不具备运输资质，等等。尤其延庆县川山区面积较大，交通运力问题比较严重，教师上下班交通不便也影响了农村教师队伍的稳定，这是目前延庆县教育事业发展中存在的突出问题。

如寄宿制带来的问题。住宿生的课余时间安排、安全保障、生活和心理状况等原本由家长承担的责任全部转移到学校，转移到教师身上，而且学校缺乏生活管理老师和负责餐饮的职工，学校责任无限扩大，教师压力很大。还有一个重要的问题是寄宿制学生的德育问题。很多住宿学生年龄偏小，一些山区学生4~6岁就出来住宿，大量的时间生活在学校，在一定程度上牺牲了父母和孩子朝夕相处的时间，导致"亲情上的不公平"。从小亲情缺失容易造成孩子成人后的性格缺陷，因此需要更新德育内容、加强学生的道德养成。

（三）教育投入难以满足发展需求

近几年来，北京市、县两级财政不断加大对教育的转移支付力度，"三个增长、两个提高"虽能实现，但由于北京市中小学校办学条件达标工程、校舍安全工程等项目的相继实施，各级政府拨付的教育资金大部分用于改善学校办学条件，限制了教育工作其他各方面的发展需求。延庆原有教育资源匮乏，历史欠债多，如全县50万平方米的建筑，有40万平方米不合格，没有达到抗震8级的标准。在教育投入中，县级投入比例高。2009年延庆教育支出6亿元，其中市级财政支出3亿元，县级财政支出3亿元，而2009年延庆全县财政收入只有6亿元。作为北京的远郊区县，在县级财政能力有限的情况下，义务教育的均衡发展更需要市级财政的大力支持。

21世纪以来，我国基础教育管理体制发生了重大转变，义务教育的管

理重心，转向"以县为主"。《中华人民共和国国民经济和社会发展第十个
五年计划纲要》指出，要"加强县级人民政府对基础教育的统筹"。《国务
院关于基础教育改革与发展的决定》提出，要建立"以县为主"的基础教
育管理体制。因此，研究县域教育，做好县域教育的大文章，已是摆在县
级人民政府和县级教育行政部门面前的一项重要且亟待解决的课题。应该
说，延庆县义务教育发展的措施与思路可以为其他县域教育的发展提供借
鉴。但我们在看到成绩的同时，需要思考的问题是：教育的主体是谁？是
政府还是受教育者？从国家现行的政策实施看，政府成为教育发展的唯一
主体，受教育者成为教育的客体，教育的最终目的是提高人的素质和能力。
在这个过程中，受教育者的需求是不可忽视的。

分报告6
延庆县医疗卫生事业发展问题研究

改革开放以来，延庆县的医疗卫生事业发展取得了巨大进步。特别是2003年"非典"过后，各级政府愈加重视卫生工作，卫生工作迎来了前所未有的发展机遇，全县的卫生事业发生了巨大变化，人民健康水平不断提高，越来越多的群众感受到了卫生事业发展带来的好处。2004年以来，延庆县以新型农村合作医疗制度建设为重点，解决了大多数农民看不起病的问题。2007年又以社区卫生建设为重点，完善了三级医疗卫生服务体系建设，解决了多数群众看病难的问题。我们也看到，由于延庆县地理位置偏远、经济发展相对落后，医疗卫生事业发展中还面临一些难题，需要引起相关部门的关注。

一 卫生资源相对贫乏的状况仍然存在

延庆县在北京属于相对偏远的县，与北京市的"交流"相对较少，因此延庆县的卫生体系也相对独立。2009年，延庆县共有卫生机构86个，医疗机构80个，住院床位1043张，在北京所有区县中是最少的。千人口住院床位3.62张，低于全市的平均水平5.13张，在10个远郊区县中排名第8位（见表6-1）。延庆县有规模较大的县级医院3家，县医院是综合性的二级甲等医院，也是延庆县的区域医疗服务中心，不但服务延庆县30万人口，还为周边的河北省张家口等地的居民提供医疗服务，实际服务人口60万。县中医院是一所以中医为主的二级综合医院，此外还有一所二级甲等的妇幼保健院。

由于延庆县地理位置比较偏，经济发展相对落后，医疗消费市场相对较小，因此不像其他区县有国家部委、部队和社会力量办的医疗机构，医疗资源相对比较单一。上述 3 所规模相对较大的医疗机构在解决百姓一般性疾病上能够发挥作用。但当出现突发性危急重症病人时，很难满足百姓的需求。特别是近几年延庆县到北京市区公路堵车非常严重，一旦遇到堵车或者冬季大雪封山等不利因素，北京城区的优质医疗资源延庆县借助不了，只能靠自己解决。

延庆县在进行乡村合并后，目前有 15 个乡镇，376 个行政村，443 个自然村。2007 年以前，每个乡镇有 1 家卫生院。改革后，15 家乡镇卫生院改成了社区卫生服务中心。此外，还有 61 个社区卫生服务站，属于社区卫生服务中心的派出机构，有 184 个村集体办的村医疗室。截至 2009 年，还有100 多个村庄没有任何医疗机构，也没有乡村医生。特别是一些山区，由于人口数量比较少，位置比较偏、交通不便，还没有解决群众看病难的问题。尽管延庆县采取每个月派医生定期巡回 1 次的办法为这些地方的百姓提供医疗服务，但老百姓一般病、常见病得不到有效的治疗，一些需要紧急处理的疾病不能得到及时的救治。

北京市推行新型农村合作医疗制度以来，2010 年的统筹资金已经达到了人均 520 元，有效地减轻了农民的看病负担。但是由于某些农村地区卫生资源的相对缺乏，特别是在偏远的山区，农民看病难的问题并没有得到有效解决。当地农民并没有享受到新农合带来的好处。

表 6 - 1　2009 年北京市远郊区县卫生机构和床位数比较

地区	常住人口（万人）	卫生机构（个）	医疗机构（个）	实有床位（张）	千人口床位数（张）
门头沟区	28.0	126	117	2534	9.05
房山区	91.2	516	504	5587	6.13
通州区	109.3	243	237	2527	2.31
顺义区	73.2	233	225	3144	4.30
昌平区	102.1	570	565	7147	7.0
大兴区	115.9	484	475	4281	3.69
平谷区	42.7	109	106	1907	4.47
怀柔区	38.0	159	156	1401	3.69
密云县	45.8	208	202	1207	2.63

地区	常住人口 （万人）	卫生机构 （个）	医疗机构 （个）	实有床位 （张）	千人口床 位数（张）
延庆县	28.8	86	80	1043	3.62
全市	1755.0	6603	6450	90100	5.13

资料来源：根据北京市公共卫生信息中心网站相关信息整理。

二 卫生人员数量不足、人才短缺的现象仍然严重

延庆县 2009 年有卫生人员 2064 人，卫生技术人员 1757 人，执业医师 774 人，注册护士 571 人。在绝对数量上是北京市所有区县中最少的。延庆县常住人口数量和门头沟区相当，但卫生人员总数只有门头沟的 60%。从平均数上来看，延庆县千人口医生数和注册护士数都低于全市的平均水平，千人口医生数在 10 个远郊区县中排名第 5 位，千人口注册护士数排在第 7 位（见表 6 - 2）。这个水平按道理在北京不算太低，但考虑到延庆县 2000 平方公里的面积，人口稀少，再加上山区面积占 72.8%，人均卫生人员在数量上应该高一些。而其他一些区县如通州、大兴等虽然人均卫生人员也不多，但这些区县离北京市区较近，交通便利，可以利用北京市区的卫生资源为本辖区的居民服务。

从调查的情况看，人才的匮乏问题无论在县级医院还是在社区卫生服务中心都比较严重。从延庆县每年医疗卫生人员的变化看，其中每年正常退休 40 多人，每年正常调动减员 50 多人。受编制的限制，2008 年延庆县只引进了 34 人，2009 年引进了 80 人，2010 年引进了 80 人，减员多引进的少，总数在不断减少。从 2009 年开始，北京市要求本科以上研究生做临床医生要进行规范化培训，延庆县每年差不多有 30 人次要进行规范化培训；另外，每名医生少则 3 年多则 5 年要进修一次，每年还要有 50 人左右到北京三级医院进修。这样延庆县的医疗卫生事业要正常发展需要每年引进 150 人左右。但受到延庆县自身财力的限制，每年只能招收 80 人，每年有 70 人左右的缺口。从发展的眼光来看，延庆县目前的卫生人员现状不能满足当地医疗卫生事业发展的需要。

表 6 – 2　2009 年北京市远郊区县人均卫生人员数量的比较

单位：人

地区	常住人口	执业医师	注册护士	执业医师/千人	注册护士/千人
通州区	109.3	2132	1942	1.95	1.78
房山区	91.2	2310	1938	2.53	2.13
顺义区	73.2	2022	1664	2.76	2.27
昌平区	102.1	2927	2861	2.87	2.80
大兴区	115.9	2683	2131	2.31	1.84
门头沟区	28.0	986	1009	3.52	3.6
怀柔区	38.0	1044	796	2.75	2.1
平谷区	42.7	1224	1000	2.87	2.34
密云县	45.8	1163	863	2.54	1.88
延庆县	28.8	774	571	2.69	1.98
全市	1755.0	62348	61604	3.55	3.51

资料来源：根据北京市公共卫生信息中心网站相关信息整理。

另外，延庆县卫生从业人员业务素质偏低，医疗技术水平相对落后，专业技术人员知识更新缓慢，后备力量薄弱。从引进人才的情况来看，延庆县本地毕业的大学生很少回到延庆县工作。2004 年，延庆县所有的乡镇卫生院，没有一个学医的本科生，延庆县所有的卫生系统没有一个研究生。延庆县目前的骨干人员大都是从外地的山东、河北、内蒙古等地聘请过来的。

人才匮乏已经严重阻碍了延庆县卫生事业的发展。从延庆县医院和中医院的调查来看，都存在人才不足的问题。例如 1 个医生正常的门诊量 1 天不超过 30 个，而延庆县医院每个医生现在平均每天要接待 70 多个门诊病人。农村的社区卫生服务中心和社区卫生服务站人才更是缺乏。按照规定，社区卫生服务站要有人 24 小时值班，同时按照医师执业法规定，需要专门的内科医生和外科医生才能为病人开展相应的治疗。这样 1 个社区卫生服务站要正常运转至少需要 3 ~ 4 人。但现在很多社区卫生服务站只能保证 1 个人。其他人员要么是聘请的临时工，要么是找乡村医生来代替。由于没有编制、工资少等原因，很多乡村医生不愿意到社区卫生服务站工作。大多数社区卫生服务站只能白天开、晚上关。很多医生也是不分专业有什么病人就看什么病，一旦出现医疗纠纷就会给医生带来很大的风险。

三 药品的零差价制度并没有降低
老百姓的购药成本

从 2007 年开始，为了降低百姓的负担，延庆县在社区卫生服务中心和社区卫生服务站中推行药品零差价制度和收支两条线管理。一方面通过政府集中采购的方式降低药品的购买成本，另一方面取消了社区医疗机构卖药时收取 15% 的提成。按照预先设计的目标，通过这两个环节可以把药品的价格降低 30%。目前延庆县推出了 312 个品种、923 个规格的药品，主要为治疗头疼脑热、拉肚子等常见病和高血压、糖尿病、冠心病等慢性病药品，占社区全部用药的 80% 左右。但在调查的过程中，我们发现现实效果与制度设计的初衷出现了很大反差，药品的零差价制度并没有降低老百姓的看病成本。

其主要原因是进入药品零差价范围的药品有限，限制了低价药的进入。目前社区卫生服务中心和社区卫生服务站卖的药 80% 是药品零差价制度后推出的 312 种药品，但农民的常用药品有上千种。由于卫生部门要求医疗机构零差价药品必须达到一定的比例，导致很多药品，特别是便宜的药没有进入药品零差价的采购范围。比如治疗咳嗽的甘草片很便宜，农民也很喜欢用，但没有进入药品零差价的采购范围。还有很多特别便宜的、老百姓习惯用的药品也没有进入采购范围。

另外，药品集中招标采购在一定程度上扭曲了药品的市场价格，使便宜药品受到市场排斥，退出了生产和流通领域。药品生产企业和流通企业是追求利润的市场主体，赢利多少是其生产和销售某种药品的主要驱动力。在国家对一些药品进行限价后，一些价格比较便宜、利润低的药品，生产企业会减产甚至不再生产。其结果是便宜的药品被逐渐淘汰出市场。在调研中，一些医生反映，在延庆县没有实行药品零差价制度以前，2 元钱能买到的药，现在买不到了。同样厂家生产的药品换了包装以后或者成分稍加变化后，采购价变成了 4 元，药品的价格上涨了 1 倍。因此，从一定程度上讲反而提高了总体药品的价格，实际上并没有降低老百姓的购药成本。

四 城乡卫生体制不协调、不平衡状况仍然突出

城镇和乡村实现基本公共医疗卫生服务均等化是社会建设的目标之一。然而当下城乡卫生体制仍然存在不协调、不平衡的状况。比如应急系统在北京市有两个体制。在城六区由北京市直接管理，站点的设置、建设、设备的配备、人员经费的管理，都是市局统一管理。十个远郊区县自己管，财政比较好的区县自己能够解决，而财政不好的县，比如像延庆县只能凑合，遇到突发医疗事件时就会存在很大的问题。比如延庆县的急救系统，一个急救中心，七个急救站，现在一共16个编制，而要维持这8个机构的正常运转，至少需要80人。延庆县是京郊第一旅游大县，年均接待游客数量多，加之地处京西北交通要道，几条国道省道穿境而过，每天过境车辆有万辆以上，每年发生交通事故几千起。如果仅仅依靠现有的条件，应对突发公共卫生事件的能力根本满足不了实际需求。

有些公共卫生资源应该向落后地区倾斜的政策没有很好落实，"一刀切"成为分配卫生资源经常使用的手段，增加了落后地区的困难。比如2009年北京市财政体制改革，加大区县的财力投入力度。这件事本身对区县是个好事，但在医疗设备的购置专项经费上明显不合理、不平衡。近年来延庆县开始重视卫生事业的投入，每年差不多有2000万元左右的医疗设备投入。这次财政体制改革，医疗设备的购置专项经费按人头分配，根据延庆县的户籍人口只有20多万人测算，人均20元，全年只有500多万元，只有原来的一个零头。表面上看这样是公平的，你有多少人给你多少资源，但没有考虑到延庆县的实际情况。延庆县本来就是医疗资源比较落后的地区，从城乡统筹的角度看，应该增加对延庆县卫生的财政投入。采取一刀切的政策将导致延庆县公共卫生资源更加短缺，卫生事业发展更加滞后，越来越无法满足人民看病的实际需求。

卫生人才的培养模式与农村卫生事业的发展存在矛盾。目前我国的《执业医师法》规定，外科医生不能从事内科的工作，医生不能干护理的工作。但对于农村地区而言，一个社区卫生服务站往往只有1个人，遇到不同情况的病人很难处理。不治疗会耽误病人的病情，治疗就违犯了《执业医

师法》，基层的医生面临此类问题时很为难。我国医生的培养制度基本上是根据大医院的需要培养的，比如大医院特别是专科医院现在越来越专业，某个医生研究身体的某一部位或者某一种疾病，他一生就专干这个。但基层不同，基层医疗人员比较少，大量需要能处理各种疾病的全科医生。目前我国卫生人才的培养模式实际上是主要服务于城镇，不能满足广大农村地区的需求。

五 政府卫生事业投入总量不足，结构不合理

目前，我国政府对医疗机构的投入普遍不足，拿延庆县医院来说，政府每年的投入只有700万元，700万元仅仅能负担退休人员1年的工资，或者在职人员2个月的工资，而其他支出需要靠医院自己解决。目前医院的收入主要有两块，医疗收入和药品收入，在延庆县这两项的收入比例大概是4∶6。延庆县医院一年的营业收入大概是2亿元。药品的营业收入是1.2亿元。按照国家药品收入中医疗机构可以提成15%的规定，延庆县医院可以从药品中获得的收入是1800万元。如果今后国家进行医疗体制改革，实现医药分家，要维持目前的收支平衡，政府就需要至少投入1800万。如果政府不增加投入，而是靠提高医疗服务收费来解决，仍然会把费用转嫁到病人身上。另外，目前医疗机构承担了很多公共服务的职能，比如疾病的预防保健工作，需要设施、设备、人员等，政府都没有投入资金。

政府的投入结构中，重视物轻视人的现象比较严重，政府花了很多钱用在硬件上，但不愿培养人。例如近几年，延庆县先后完成了北京急救中心延庆县分中心、县医院病房楼、县中医院门诊楼和县医院门急诊楼建设，总计投资8000多万元。完成了大榆树、永宁、四海等15个乡镇社区卫生服务中心的新建和改扩建，共计投资8938万元。新建改建社区卫生服务站61个、村卫生室154个，总投资1853万元，改善了农村医疗机构的设施和条件。但由于不愿意扩大编制引进人员，硬件的改善并没有同步带来医疗卫生服务水平的提高。对医疗人员的培训投入也比较少。以延庆县医院为例，每年有30多人到上级医疗机构进行培训，需要支出150万元左右，对医院来说负担比较重，而政府也没有补贴。

对人才的投入不足限制了延庆县基层卫生事业的建设。延庆县 2007 年社区卫生服务中心和社区卫生服务站建立后，城区社区医生大多是大学毕业以后进入的，由于没有工作的实践经验，得不到当地居民的信任。国家要求社区卫生服务机构负责基本医疗、健康教育、慢性病的干预、双向转诊病人的后期治疗等工作。但由于社区医生的水平有限，社区医疗机构没有发挥应有的作用。比如双向转诊的病人，在医院治疗后应该转到社区医疗机构进行康复治疗，但病人对社区医生不信任，不愿意转到社区医疗机构，这样就占用了大医院的床位，造成大医院住院难的问题。农村也是一样，北京市政府投入很多资金在农村建立了社区卫生服务机构，但这些机构中人员严重缺少，而且工资较低，不能吸引优秀人才到农村社区工作，只能由原来的乡村医生来承担。很多新设备如心电图、B 超，农村的医疗人员不会使用，出现闲置和造成浪费。

延庆县医疗卫生事业建设中取得的成绩是有目共睹的，我们之所以没有总结成绩而是以分析问题为主，是想通过对问题现状的分析，引起政府和相关部门的关注，在今后医疗体制改革中，考虑如何解决这些问题，进而促进延庆县卫生事业建设取得更大进步。

分报告7
延庆县居民住房状况
与住房政策调查与分析

住房是人的基本生活条件，随着社会的发展与进步，住房的条件也在逐步改善。改革开放以来，延庆县城乡居民住房状况有了很大的改善。特别是实行生态移民政策、农宅改造政策以及城镇居民廉租房、经济适用房、两限房等一系列住房政策之后，部分中低收入的城镇居民以及生态环境恶劣的山区农民、部分农村住房困难群体的住房条件得到了极大的改善，享受到了政策的实惠。

下面我们根据文献资料、访谈及问卷调查数据对延庆城乡居民的住房状况和政策进行描述和分析。数据的主要来源是历年北京房地产年鉴、第二次农业普查资料和延庆调研课题组 2010 年 3 ~ 7 月的问卷调查和访谈资料。

一　延庆县城乡居民住房状况

（一）城镇居民住房状况

1. 城镇住房建设与住房市场

根据延庆县住建委提供的数据，2008 年延庆县非农业居民有 59377 户，而成套住宅只有 41511 套，按一户一套计算，非农业户和成套住宅之间的缺口是 17866 套。由于部分非农业人口居住农宅，全县实际的住房缺口在 8000 ~ 10000 套①。2009 年商品房均价 5000 元/平方米，2010 年涨到 8000

---

① 数据来自本课题组 2010 年 4 月与延庆县住房和城乡建设委员会座谈会的会议记录。

多元/平方米，好的地块超过 10000 元/平方米。

房地产业的发展为创建和谐宜居的新延庆提供助力，使延庆县人民生活水平不断提高。2000 年以后，新型住宅小区的开发为延庆县人民提供了更多优质的选择。颖泽洲、尚书苑、格兰山水、舜泽园、妫河丽景等县城内知名小区都是近些年延庆县房地产企业开发的住宅项目。此外，物业管理的发展和完善使居民的居住环境逐步改善，全县物业管理企业从 2004 年的 16 家发展到 2008 年的 25 家，物业公司管理的房屋建筑面积也从 2004 年的 102 万平方米增加到 2008 年的 244 万平方米。

2003～2006 年，延庆县批准预售住宅面积为 0，直到 2007 年，延庆有 11.4 万平方米住宅批准预售，2008 年预售面积又减少到 7.1 万平方米（见表 7－1）。相比其他区县，延庆的商品住宅开发比较滞后，开发的数量也较少。这也说明了一个问题，延庆房地产市场不够活跃，在北京房地产火爆的局面中，延庆由于地处一隅，受到的冲击相对较小。房地产市场在最近几年逐步扩大，但是和其他区县比起来，市场还是比较小的。

表 7－1 2003～2009 年北京部分区县批准预售商品住宅面积

单位：万平方米

区县	2003	2004	2005	2006	2007	2008	2009
延庆	0	0	0	0	11.4	7.1	6.0
东城	34.4	20.4	10.4	8.5	6.9	8.6	4.1
朝阳	687.4	1019.1	841.7	630.7	481.6	447.9	221.4
大兴	42.3	93.9	82.4	69.7	57	45.6	82.9
怀柔	3.6	14	19.4	10.5	26.2	14.0	13.1
密云	0	0	10.5	16.2	29.1	22.7	14.1
平谷	0	0	23.2	10.8	7.3	12.2	20.1
全市	2721.5	2862.9	2205	1706	1329.6	1477	1111.3

资料来源：北京市住房和城乡建设委员会：《2010 北京房地产年鉴》，北京：中国计量出版社，2010。

从商品房成交量来看，2008 年延庆的商品住房成交量低于大多数区县，商品房市场规模较小。这和延庆城镇人口数量较少有关，也和自建房比例大有关系。直到 2008 年，延庆县还没有经济适用房和两限房上市交易，

2009 的数量也很少（见表 7 - 2）。

表 7 - 2 2009 年北京部分区县商品住房成交情况

单位：万平方米

	住宅	普通住房	公寓别墅	经济适用房	两限房
延庆	**6.3**	**5.5**	**0**	**0**	**0.8**
东城	2.7	2.7	0.1	0	0
朝阳	436.1	364.6	22.8	16.4	32.2
昌平	106.6	78.1	0.1	1.3	27.2
大兴	75.5	75.5	0	0	0
怀柔	14.0	14.0	0.3	0	0
密云	24.0	23.6	0.5	0	0
平谷	24.0	24.0	0	0	0
全市	1584.2	1366.2	43.6	53.3	121.2

资料来源：北京市住房和城乡建设委员会：《2010 北京房地产年鉴》，北京：中国计量出版社，2010。

2. 城镇常住居民住房状况

延庆县统计局的城镇居民调查数据显示，2009 年延庆城镇居民人均住房建筑面积 32.67 平方米，比 2004 年增长 16.4%[①]，而同年北京市城镇居民人均住房建筑面积只有 28.81 平方米[②]，延庆城镇居民人均住房面积高于全市的平均水平。根据本课题组的抽样调查，延庆城镇居民 79.0% 有 1 套住房，11.8% 有 2 套住房，1.6% 有 3 套住房，7.6% 没有住房（见表 7 - 3）。

表 7 - 3 延庆城镇常住居民拥有住房套数

住房套数（套）	频数	百分比（%）
0	39	7.6
1	403	79.0

---

① 延庆县统计局、北京市延庆县经济社会调查队《一百五十五户城镇居民住房、家庭、人口及就业情况》，2010 年 9 月 7 日，http://yq.bjstats.gov.cn/tjsj/ndsj/2009n/2009njmzhtc/5957.htm。

② 北京市统计局、国家统计局北京调查总队：《城镇居民居住水平（2006 - 2009）》，2010 年 9 月 7 日，http://www.bjstats.gov.cn/nj/main/2010_ch/content/mV147_0814.htm。

住房套数（套）	频数	百分比（%）
2	60	11.8
3	8	1.6
合计	510	100.0

数据来源：根据本课题组 2010 年延庆社会建设问卷调查数据整理。

根据城镇常住居民抽样调查，56.2%的延庆城镇居民住房来源是购买商品房，16.6%来源是自建房，16.2%来源是单位福利房，4.3%来源是租赁私房，2.1%来源是租赁公房，1.0%来源是经济适用房，0.8%来源是单位公寓，0.2%来源是廉租房，其他来源为2.3%（见表7-4）。

表 7-4 延庆城镇常住居民住房来源

住房来源	频数	百分比（%）
自建房屋	85	16.6
单位福利房	83	16.2
单位公寓	4	0.8
廉租房	1	0.2
经济适用房	5	1.0
商品房	288	56.2
租赁公房	11	2.1
租赁私房	22	4.3
其他	12	2.3
不清楚	1	0.2
合计	512	100.0

数据来源：根据本课题组 2010 年延庆社会建设问卷调查数据整理。

在产权方面，根据延庆城镇常住居民抽样调查，74.2%的居民家庭住房为完全产权，14.3%的城镇常住居民住房产权为农村住宅，5.7%的城镇居民住房没有产权，3.1%的住宅是小产权，1.6%的城镇居民住房拥有部分产权（见表7-5）。

表 7 - 5　延庆城镇居民的住房产权状况

房屋产权	频数	百分比
没有产权	29	5.7
部分产权	8	1.6
完全产权	380	74.2
小产权	16	3.1
农村住宅	73	14.3
不适用	0	0.4
不清楚	3	0.6
不回答	3	0.6
合计	512	100.0

数据来源：根据本课题组 2010 年延庆社会建设问卷调查数据整理。

（二）延庆农村居民住房状况

1. 居住面积与构成

根据延庆县第二次全国农业普查对 70032 户农村居民的生活条件的调查，2006 年末延庆农村居民平均每户拥有住宅面积 97.10 平方米。96.50%的住户拥有自己的住宅。其中，拥有 1 处住宅的 60705 户，占 86.68%；拥有 2 处住宅的 6535 户，占 9.33%；拥有 3 处及以上住宅的 341 户，占 0.49%。住宅类型主要为平房。其中，居住平房的 67778 户，占 96.78%；居住楼房的 2254 户，占 3.22%。住宅结构主要为砖木和砖混结构。住宅为砖木结构的 50967 户，占 72.78%；砖混结构的 13638 户，占 19.47%；钢筋混凝土结构的 3023 户，占 4.32%；竹草土坯结构的 2404 户，占 3.43%。房屋结构比起改革开放初期有了很大的改变，部分农村居民还住上了楼房，住进了小区。但是还有部分居民居住在竹草土坯房中，居住条件差，设施简陋，御寒能力弱（见表 7 - 6）。

表 7 - 6　延庆县农村居民住房面积与构成

住房类型	户数（户）	比重（%）
户均拥有住房面积（平方米）	97.10	

续表

住房类型	户数（户）	比重（%）
按拥有住房数量分的住户构成		
拥有1处住宅	60705	86.68
拥有2处住宅	6535	9.33
拥有3处及以上住宅	341	0.49
没有住宅	2451	3.50
按住房类型分的住户构成		
楼房	2254	3.22
平房	67778	96.78
按住房结构分的住户构成		
钢筋混凝土	3023	4.32
砖混	13638	19.47
砖木	50967	72.78
竹草土坯	2404	3.43

资料来源：延庆县第二次全国农业普查领导小组办公室、延庆县统计局、北京市延庆县经济社会调查队：《延庆县第二次全国农业普查主要数据公报（第四号）》，2010年6月18日，http://yq. bjstats. gov. cn/tjsj/ztsj/index1. htm。

2. 居住条件

（1）饮用水

根据第二次农业普查，延庆农村居民使用管道水的住户69468户，占99.19%。36833户的饮用水为深井水，占52.59%；29365户的饮用水经过净化处理，占41.93%；3662户的饮用水为浅井水，占5.23%；160户的饮用水为池塘水，占0.23%；12户的饮用水来源于江河湖水，占0.02%。在全县农村住户中，有1493个住户反映获取饮用水存在困难，占2.13%（见表7-7）。总的来说，延庆农村居民用水条件有了很大的改善。但是还有部分居民取水困难，只有不到半数的居民可以用上经过净化处理的干净饮用水，城乡用水条件差距较大。

表 7 - 7 延庆县农村居民饮用水情况

	户数（户）	比重（％）
获取饮用水困难的住户	1493	2.13
使用管道水的住户	69468	99.19
按饮用水水源分的住户	70032	100.00
净化处理过的饮用水	29365	41.93
深井水	36833	52.59
浅井水	3662	5.23
江河湖水	12	0.02
池塘水	160	0.23

资料来源：延庆县第二次全国农业普查领导小组办公室、延庆县统计局、北京市延庆县经济社会调查队：《延庆县第二次全国农业普查主要数据公报（第四号）》，2010年6月18日，http://yq.bjstats.gov.cn/tjsj/ztsj/index1.htm。

（2）炊事能源

农村住户炊事使用的能源主要为柴草。其中，主要使用柴草的46122户，占65.86％；主要使用煤气或天然气的14593户，占20.84％；主要使用煤的8893户，占12.70％；主要使用电的220户，占0.31％；主要使用沼气的204户，占0.29％（见表7-8）。使用柴草作为炊事能源是几千年的传统，砍柴打草都对生态有所破坏，这对于建设生态示范区有一定的影响。随着土地的流转，庄稼秸秆的使用也会受到限制，上山砍柴需求量会加大，破坏性增加。

表 7 - 8 延庆县农村居民炊事能源使用情况

能源种类	户数（户）	比重（％）
柴草	46122	65.86
煤	8893	12.70
煤气或天然气	14593	20.84
沼气	204	0.29
电	220	0.31

资料来源：延庆县第二次全国农业普查领导小组办公室、延庆县统计局、北京市延庆县经济社会调查队：《延庆县第二次全国农业普查主要数据公报（第四号）》，2010年6月18日，http://yq.bjstats.gov.cn/tjsj/ztsj/index1.htm。

（3）卫生设施

使用水冲式厕所的 13092 户，占 18.70%；使用旱厕的 40977 户，占 58.51%；使用简易厕所或无厕所的 15963 户，占 22.79%（见表 7 - 9）。

表 7 - 9　按家庭卫生设施类型分的住户构成

卫生设施类型	数量（户）	比重（%）
水冲式厕所	13092	18.70
旱厕	40977	58.51
简易厕所或无厕所	15963	22.79

资料来源：延庆县第二次全国农业普查领导小组办公室、延庆县统计局、北京市延庆县经济社会调查队：《延庆县第二次全国农业普查主要数据公报（第四号）》，2010 年 6 月 18 日，http://yq.bjstats.gov.cn/tjsj/ztsj/index1.htm。

总的来说，农村居民的住房状况可以概括为三个方面。

第一，住房质量有很大提高，从过去那种草泥房屋，土坯垒墙，纸糊窗户，发展为砖砌墙，玻璃门窗的房屋。近年来，一些富裕起来的乡村出现了别墅式的住宅，新建房屋布局合理，宽敞舒适，充分展示了新农村建设的美好景象。2008 年农村居民钢混结构住房面积占 13.9%，砖木结构住房面积达到 84.4%。

第二，人均居住面积增大，居住条件改善。2009 年延庆农村居民人均居住面积为 30.9 平方米，较上年增长 2.7%。从住房类型看，楼房面积 33.1 平方米，增长 11.2%；砖瓦平房面积 27.3 平方米，较上年增长 1.8%。

第三，居住舒适度提高，逐步趋向城镇化。住房卫生设备改善，卫生环境提高，使用水冲式厕所的每百户为 69 户，增长 64.3%；使用旱厕的每百户为 31 户，下降 45.6%。取暖设备改善，取暖效果明显。使用暖气的每百户为 69 户，增长 9.5%。炊事使用趋向多元化、清洁化，使用电、沼气的户数增加，达到每百户为 12 户；使用煤、柴的户数减少，由每百户 42 户降到每百户 37 户。

改革开放以来，农民住房状况大为改善，然而，还有部分贫困农民住房条件较差。居住在竹草土坯结构房里的农村居民，房屋年代较长，也比较破旧，保温条件也不好。山区居民的生产生活条件就更差一些，泥石流易发区和生态环境恶劣的地区，农民的居住生活条件就更为困难。

二 延庆城乡居民住房政策

从全国来看，城镇居民住房的社会政策已经基本建立起来了，包括经济适用房、廉租房、公租房以及两限房等比较完善的政策体系。而对于农民的住房，除了对自然灾害造成的农民住房问题以及特困农民进行住房救助以外，农村住房政策体系还没有建立起来。延庆是北京的远郊县，相比北京城区，住房政策相对滞后，但是相对全国农村，住房政策又先走一步。

（一）延庆的城镇住房保障

延庆县政策性住房建设起步相对较晚。2008 年"妫河丽景"项目正式开工，延庆县有了第一个配建限价商品房的住宅项目，限价房建筑面积2547 平方米，占整个项目建筑面积的 13.0%，共计 33 套。2009 年 3 月，配建 5100 平方米限价房的"双路小区二期"也正式动工，限价房建筑面积占整个项目的 12.7%，共计 78 套。

随着住房价格的攀升，北京市加大了保障房建设的力度。同样，延庆县也在 2010 年进一步加大政策性住房建设力度。据延庆县住建委提供的数据，2010 年延庆开工建设政策性住房 383 套，其中廉租房 85 套；经济适用房 168 套；限价商品房 130 套；此外，2010 年建设定向安置房 501 套。本年开工建设的政策性住房及定向安置房规模是前所未有的。

虽然延庆县的政策性住房建设起步较晚，但仍给延庆人民带来了很多新的希望。北京市房地产交易网数据显示，从户籍上看延庆县目前有经济适用房申请备案 318 人，廉租房申请备案 150 人，限价商品房申请备案 319人，政策性住房的需求较大，且需求还在不断增加，据 2007 年房屋普查数据显示，延庆县被调查居民五年内有明确购房需求意向的居民户拟购买政策性住房的比重达 42.36%[①]。随着国家及地方政府对加快保障性安居工程建设等政策的进一步落实，延庆县政策性住房建设也将进入快速发展的新

---

① 数据来自本课题组 2010 年 4 月与延庆县住房和城乡建设委员会座谈会的会议记录。

阶段，这对延庆县房地产业的发展也是一个新的机遇。

1. 廉租房

2007 年 5 月 28 日，《延庆县城镇廉租住房管理暂行办法》经延庆县政府审议通过并发布实施，主要对人均租住房使用面积小于 7.5 平方米的城镇低保家庭进行补贴。廉租住房配租标准为人均使用面积 10 平方米，每人每月每平方米补贴人民币 10 元。当年 81 户共 159 人（家庭人均月收入 330 元以下），陆续领到租房补贴。此次延庆县共发放城镇廉租住房补贴 17.45 万元，平均每人每月领到 90 余元。

2008 年，延庆县进一步加大廉租住房保障力度，对全县 5.4 万户城镇居民进行住房情况调查。最终将廉租住房制度保障范围扩大到人均收入低于 580 元的低收入住房困难家庭。到 2008 年年底，延庆县先后为 102 户城镇低保家庭 212 人进行廉租住房租金补贴。

2009 年，延庆县再次扩大廉租住房的补贴范围，将城镇廉租住房准入标准由家庭人均 580 元提高到家庭人均 697 元，再次扩大廉租住房补贴范围。到 2009 年，延庆县共发放廉租住房补贴 45 万余元，已有 121 户低收入住房困难家庭领取廉租住房租金补贴，近 400 人受益。为防止资金他用，县建委直接把补贴金按月存入享受补贴户房东的账号里。延庆县此次扩大廉租住房保障范围后，全县保障范围可扩大到 400 户。

2. 经济适用房和两限房

从住房保障方面来看，延庆县和其他远郊区县一样，直到 2008 年还没有经济适用房和两限房上市。2008 年，延庆出台了两限房申请的标准。比起远郊其他区县，延庆两限房的准入标准是最为严格的。年收入超过 5.8 万元的家庭就失去了申请的资格（见表 7 - 10）。2010 年 9 月 25 日，延庆县第一个保障性住房项目终于正式开工建设，该项目位于延庆第七中学西侧，总建筑规模为 1.46 万平方米，建成后可解决延庆 420 户中低收入家庭的住房问题，其中廉租房 90 套、经济适用住房 200 套、限价商品房 130 套。此次开工的主要房源是廉租房和经济适用房，全部为六层板楼，设计户型主要以一居室和两居室为主，其中廉租房户型面积不超过 50 平方米，经济适用住房户型面积不超过 60 平方米。

表 7 - 10　延庆及其他区县申请限价房家庭收入、住房、资产准入标准

区县	家庭人均住房使用面积（平方米）	家庭年收入和资产状况			
		3 人及以下		4 人及以上	
		年收入	资产	年收入	资产
城八区	15	8.8 万元及以下	57 万元及以下	11.6 万元及以下	76 万元及以下
通州区	15	8.8 万元及以下	57 万元及以下	11.6 万元及以下	76 万元及以下
昌平区	15	8.8 万元及以下	57 万元及以下	11.6 万元及以下	76 万元及以下
大兴区	15	8.8 万元及以下	57 万元及以下	11.6 万元及以下	76 万元及以下
顺义区	15	8.8 万元及以下	57 万元及以下	11.6 万元及以下	76 万元及以下
房山区	10	8.8 万元及以下	57 万元及以下	11.6 万元及以下	76 万元及以下
平谷区	15	6.7 万元及以下	29 万元及以下	8.8 万元及以下	37 万元及以下
延庆县	15	5.8 万元及以下	30 万元及以下	7.7 万元及以下	38 万元及以下
怀柔区	15	7.3 万元及以下	36 万元及以下	9.5 万元及以下	47 万元及以下
密云县	15	6.7 万元及以下	29 万元及以下	8.7 万元及以下	37 万元及以下

数据来源：根据北京市和各区县限价商品房准入标准整理。

2010 年 11 月 16 日，延庆县住建委公布延庆县 2010 年政策性住房房源信息。此次政策性住房房源有第七中学西侧和自由街三里河两个地块，包括限价商品房、经济适用房、廉租房三种类型，涉及一居室、二居室、三居室三种户型，建筑面积为 40～70 平方米。其中，第七中学西侧地块有经济适用房（每平方米约 4500 元），廉租房（家庭最高租金每月每平方米 3.5 元）；自由街三里河改造项目有限价商品房（每平方米约 5500 元）。本次房源解决在 2009 年 12 月 31 日前（含 31 日）已取得市级备案资格，且在复核中符合条件的申请家庭，其中经济适用房入围家庭 189 户、限价商品房入围家庭 99 户、廉租住房 118 户。

（二）农村住房政策

1. 新农村建设

2007 年以来，延庆也掀起了新农村建设的高潮。2009 年，新农村建设资金投入力度明显加大，通过全国卫生乡镇创建、农村环境百日综合整治和生态文明创建等一系列活动，农村环境明显改善。延庆县四个重点小城

镇农房改造户数达到 255 户，较上年增加 135 户，同比增长 112.5%；农房改造面积达到 30980 平方米，较上年增加 22430 平方米，同比增长 262.3%；年生活用集中供热面积 665400 平方米，较上年增加 154400 平方米，同比增长 30.2%；新增村级污水处理厂 11 个，污水处理厂数量达到 16 个，同比增长 220%；日污水处理能力达到 11850 吨，同比增长 24.7%。

改革开放以来，农村居民居住状况变化极大，居住条件和居住环境明显改善，农民人均占有住房面积不断增加。2009 年末延庆农村居民人均生活用房面积为 30.9 平方米，相比 1986 年的 14.9 平方米，人均增加了 16 平方米，增长了 1 倍多。

2. 农房改造

农宅改造就是改造农宅的外墙和门窗，增强保温功能。做完外墙保温改造的农宅室温可以提高 4℃ ~ 8℃，节煤 40% 左右。在农房保温改造中，政府补贴 75%，农户自己花费 25%，最高可以补贴到 11000 元。2008 年进行农宅改造 205 户，2009 年完成改造 596 户。2010 年改造任务是 500 户。

3. 贫困户的住房救济

从 20 世纪 90 年代起，延庆县就开始着手解决特困户的住房问题。2005 年，延庆县为全县 70 多户特困家庭和 37 户优抚对象翻修住房 300 余间。2007 年为 55 户农村低保户、55 户优抚户翻新改建危旧房 315 间。2008 年，北京市延庆县为 65 户农村优抚对象新建房屋，为 55 户农村低保对象翻新改建房屋，按照优抚对象每户补助修缮款 2 万元、社会救济对象新建户每户补助 1.4 万元、维修户每户补助 6000 元的翻新改建补助标准，总计下拨资金 195 万元。

张山营镇党委和政府关注低保特困户家庭的生产生活，将改善特困户住房问题列入镇政府为民办实事工程，责成民政部门专门深入全镇村户进行摸排、实地查看，了解低保户住房情况，并在资金紧张的情况下，连续两年拿出资金 27 万余元为全镇 34 户低保户翻建、翻修危房。

三　延庆城乡住房的主要问题与展望

2007 年延庆县商品住房预售成交只有 2.7 万平方米，2008 年 4.9 万平方米，2009 年 6.3 万平方米，三年累计成交 13.9 万平方米，折算下来成交量也就是 1000 套房或者略多一点。从 2007 年到 2009 年，非农业户增加了 4171 户，城镇住房仅增加 1000 多套，住房的缺口没有减小，而是继续扩大。随着城镇化步伐的进一步加快，延庆城镇住房紧张的状况还会加剧。

要解决延庆的住房问题面临着许多困难。第一，延庆被定位为北京的生态涵养区，延庆也决心要建设绿色北京示范区，生态建设对建设用地占用的限制比较高。第二，延庆居民的收入普遍不高，尽管房价比北京低很多，但是近年来房价上升也很快，对普通居民的压力还是很大的。第三，延庆的经济适用房和两限房建设刚刚起步，供给量很有限，公租房的建设目前还没有起步。总的来看，延庆的住房政策比城区要慢几步。

农村居民的住房面积还算宽敞，但是农村居民的住房条件不容乐观，跟城镇居民的住房条件相比，城乡住房差距比收入差距更大。第二次农业普查数据显示，延庆农村竹草土坯结构住户有 2404 户，占农户的 3.43%。延庆地处塞外，冬季时间长，温度低，延庆农村居民冬季取暖条件较差，竹草土坯结构的住房保温条件是很差的。

有鉴于以上存在的主要问题，延庆县有必要逐步完善城镇住房保障体系，加大城镇保障房建设的力度。与此同时，进一步加强农房改造、生态移民等工作，改善广大农村居民的住房条件和生活条件，让广大农民也分享到经济社会发展的新成果。

延庆的生态建设近年取得了显著成就，这为建设宜居城镇打下了良好的基础。通过商品房的建设，通过廉租房、经济适用房、两限房和未来的公租房政策的实施，加上生态移民政策、农房改造和住房救济，延庆将成为名副其实的宜居生态城镇和美丽乡村。

分报告8
延庆县老年人口
养老保障状况调查与分析

我国进入老年社会以来，人口老龄化日趋加快，老年人口的养老保障成为亟须解决的一个重要问题。延庆县作为北京的一个远郊县，其人口老龄化的程度比全国还要严重，而且高龄人口和纯老年人口比例较高。从城乡分布来看，大多数老年人口分布在农村，这些都增加了养老保障与服务的难度。本课题组于2010年3～7月针对延庆养老保障与服务的现状进行实地调研，本报告将对上述调研结果进行分析，并进一步提出相应的对策与建议。

一 延庆县老年人口状况分析

国际上通常看法是，当一个国家或地区60岁以上老年人口占人口总数的10%，或65岁以上老年人口占人口总数的7%，即意味着这个国家或地区的人口处于老龄化社会。根据延庆县第五次人口普查资料，2000年延庆县60岁及以上老年人口达3.5万人，占全县总人口的12.9%，比1990年第四次人口普查增长36.04%，年均递增3.13%。由此可见，伴随现代化发展，延庆在20世纪末已进入老龄化社会。近年来延庆老年人口出现快速增长势头。2006到2010年5年中，60岁及以上老年人口从4.1万人增加到4.5万人，占当年总人口比例从14.7%增加到16.3%；80岁及以上老年人口在这5年中也由0.5万人增加到0.6万人，占当年总人口比例从1.8%上升到2.2%，再回落到2.1%；80岁及以上人口占当年60岁及以上老龄人口的比例从12.2%上升到14.0%，再回落到12.9%。与全国和北京市人口老龄化程度比较，延庆县人口老龄化程度比全国严重，但是与北京市总体相比，较之轻微（见表8-1）。

表 8-1 2006～2010 年全国、北京市和延庆县老龄化程度

年份	区域	60⁺人口数（万人）	60⁺占总人口比例（%）	80⁺人口数（万人）	80⁺占总人口比例（%）	80⁺占老龄人口比例（%）
2006	全国	14901	11.3	1550	1.2	10.4
	北京市	202.4	16.9	25.8	2.2	12.7
	延庆县	4.1	14.7	0.5	1.8	12.2
2007	全国	15340	11.6	1626	1.2	10.6
	北京市	210.2	17.3	27.7	2.3	13.2
	延庆县	4.2	15.2	0.5	2	13
2008	全国	15989	12.0	1805	1.4	11.3
	北京市	218	17.7	29.4	2.4	13.5
	延庆县	4.3	15.6	0.6	2.1	14.0
2009	全国	16714	12.5	1899	1.4	11.4
	北京市	226.6	18.2	32.6	2.6	14.4
	延庆县	4.5	16.1	0.6	2.2	13.6
2010	全国	17765	13.26	2099	1.6	11.8
	北京市	235	18.7	35.1	2.8	15.0
	延庆县	4.5	16.3	0.6	2.1	12.9

注：60⁺表示60岁及以上人口，80⁺表示80岁及以上人口，下文同。

数据来源：所有北京市和延庆县数据来自北京市老龄工作委员会办公室《2006～2010年北京市老年人口信息和老龄事业发展状况报告》，http://www.beijing.gov.cn/tzbj/jjsj/tjbg/t1129594.htm，http://www.beijing.gov.cn/tzbj/jjsj/tjbg/t1129608.htm，http://zhengwu.beijing.gov.cn/tjxx/tjgb/t1091722.htm，http://zhengwu.beijing.gov.cn/tjxx/tjgb/t1134131.htm，http://zhengwu.beijing.gov.cn/tjxx/tjgb/t1197710.htm，2006～2010年全国60岁及以上人口数据来自民政部《2011年社会服务发展统计公报》，http://www.mca.gov.cn/article/sj/tjgb/201210/201210003625989.shtml。2006～2009年全国80岁及以上人口数据根据全国老龄工作委员会办公室《2009年度中国老龄事业发展统计公报》数据整理，http://www.cncaprc.gov.cn/contents/20/12019.html，2010年全国80岁及以上人口数据根据2010年全国第六次人口普查各地区分年龄、性别的人口数据整理，http://www.stats.gov.cn/tjsj/pcsj/rkpc/6rp/indexch.htm。

2006～2010年，在延庆县60岁及以上老年人口中，高龄人口数量占老年人口比例经历了先上升后下降的趋势，但绝对数量是逐年增加的

（见表 8 - 2）。

表 8 - 2　2006～2010 年延庆县老龄人口年龄结构

年份	人数与比例	老龄总人口数	60～69 岁	70～79 岁	80⁺ 岁
2006	人数（万人）	4.1	—	—	0.5
	占总人口比（%）	14.7	—	—	1.8
	占 60⁺ 人口比（%）	100	—	—	12.2
2007	人数（万人）	4.2	2.1	1.6	0.5
	占总人口比（%）	15.2	7.6	5.8	2
	占 60⁺ 人口比（%）	100	50.2	36.8	13
2008	人数（万人）	4.3	2.1	1.6	0.6
	占总人口比（%）	15.6	7.6	5.8	2.1
	占 60⁺ 人口比（%）	100	48.8	37.2	14
2009	人数（万人）	4.5	2.3	1.6	0.6
	占总人口比（%）	16.1	8.2	5.7	2.2
	占 60⁺ 人口比（%）	100	50.4	36	13.6
2010	人数（万人）	4.5	2.3	1.6	0.6
	占总人口比（%）	16.3	8.3	5.8	2.1
	占 60⁺ 人口比（%）	100	52.1	35	12.9

数据来源：根据北京市老龄工作委员会办公室《北京市 2006～2010 年老年人口信息和老龄事业发展状况报告》数据整理，http://zhengwu.beijing.gov.cn/tjxx/tjgb/t1197710.htm。

　　在高龄人口绝对数增加的同时，延庆县纯老年家庭[①]比例也在增加。2006～2010 年，纯老年家庭人口数由 1.2 万人上升到 1.5 万人，占老年人口比例也由 28.9% 上升到 34%。与北京市比较，延庆县老年家庭人口占老龄人口比例偏高，最高达到 37.5%，而北京市这一比例还不到 20%，延庆接近北京市的两倍左右。这说明延庆县老龄人口需要更多的老年服务与照顾（见表 8 - 3）。

---

① 纯老年家庭是指家庭全部人口的年龄都在 60 岁及以上的家庭，包括：独居老年人家庭，夫妇都在 60 岁及以上的老年人家庭，与父母或其他老年亲戚同住的老年人家庭。

表 8 - 3　2006～2010 年北京市和延庆县纯老年家庭人口情况

年份	区域	纯老年家庭人口数（万人）	60⁺老年人口数（万人）	占 60⁺老年人口的比例（%）
2006	北京市	33.1	202.4	16.4
	延庆县	1.2	4.1	28.9
2007	北京市	38.1	210.2	18.2
	延庆县	1.6	4.2	37.4
2008	北京市	38.2	218	17.5
	延庆县	1.6	4.3	37.2
2009	北京市	41.5	226.6	18.3
	延庆县	1.7	4.5	37.5
2010	北京市	44.3	235	18.8
	延庆县	1.5	4.5	34.0

数据来源：北京市老龄工作委员会办公室：《北京市 2006～2010 年老年人口信息和老龄事业发展状况报告》，http://zhengwu.beijing.gov.cn/tjxx/tjgb/t1197710.htm。

　　从老年人口的城乡分布来看，延庆县老年人口绝大多数分布在农村。近年来尽管农村老年人口在逐步减少，但是由于绝对数量较大，2010 年农业户籍的老年人口依然占老年人口总量的 75.4%（见表 8 - 4）。这也就为城乡养老服务体系和政策的制定提供了基本依据。

表 8 - 4　2006～2010 年北京市和延庆县老龄人口的城乡分布

年份	区域	合计（万人）	非农业		农业	
			人数（万人）	比例（%）	人数（万人）	比例（%）
2006	北京市	202.4	151.5	74.9	50.9	25.1
	延庆县	4.1	0.7	17.1	3.4	82.9
2007	北京市	210.2	159.7	76.0	50.5	24.0
	延庆县	4.2	0.9	21.1	3.3	78.9
2008	北京市	218	166.1	76.2	51.9	23.8
	延庆县	4.3	1	23.3	3.3	76.7
2009	北京市	226.6	173.8	76.7	52.8	23.3
	延庆县	4.5	1	23.2	3.5	76.8

年份	区域	合计 （万人）	非农业		农业	
			人数（万人）	比例（％）	人数（万人）	比例（％）
2010	北京市	235	182.3	77.7	52.7	22.3
	延庆县	4.5	1.1	24.6	3.4	75.4

数据来源：北京市老龄工作委员会办公室：《北京市 2006～2010 年老年人口信息和老龄事业发展状况报告》，http://zhengwu. beijing. gov. cn/tjxx/tjgb/t1197710. htm。

二　社会养老体系逐步健全

（一）全覆盖的养老保险制度

社会养老保险制度实现全覆盖。延庆已经形成了以企业职工基本养老保险制度、机关事业单位退休制度和城乡居民养老保险制度为主体，城乡无社会保障老年居民福利养老金制度为补充，有机衔接、共同支撑、覆盖城乡全体居民的养老保险制度。一是深化企业职工基本养老保险制度改革，建立了基本养老金正常增长机制。2009 年全县共有离退休人员 13205 人，人均养老金 1553 元，比上一年平均增长了 180.68 元。二是建立了城乡统筹的居民养老保险制度，参加社会养老保险的老年人口可以享受到包括每月 280 元基础养老金在内的月人均 400 元左右的养老保险待遇。三是建立了城乡无社会保障老年居民福利养老金制度，城乡无社会保障的老年人口可以享受每人每月 200 元的福利养老金待遇。城乡共有 35066 位老年人享受居民养老保险和福利养老金。居民养老保险和福利养老金的发放，使原来没有领过养老金的老年人直接享受到养老金的待遇，大大地改善了他们社会养老保障状况。这与过去只有城镇企事业单位退休职工才能领养老金的状况相比较是一个很大的进步，而且与全国其他地区养老保险制度改革比较而言，延庆县在这方面的成绩也是很突出的。虽然这是北京市统一的养老保险制度改革，但是这项改革相对于延庆，其意义非常重大。延庆作为北京的生态涵养区，很多产业发展受到区域定位的限制。因此，民众就业问题相对突出，人均收入也比较低。在这种情况下，老年人口的家庭保障和自我保障作用非常有限。大量农村老人能够每月领取 200~400 元的养老金，对他们的生活保障来讲，其养老保障作用是很突出的。

（二）贫困老年人口的社会救助

针对延庆县贫困老年人口的家庭情况不同，延庆县对贫困老年人口的社会救助方式也不同。首先，对于那些有家庭照顾、但家庭人均收入低于最低生活保障标准的老年人口，主要展开以城乡最低生活保障为基础的社会救助制度。近年来，延庆县老年社会救助力度进一步加大，最低生活保障标准不断提高，2009 年，城镇最低生活保障标准达到每人每月 410 元，农村的标准为每年每人 2040 元。延庆县在为生活困难老年人提供基本生存保障的同时，还依托"携手助老送健康——助老慈善医疗卡"项目提供医疗救助。自 2005 年起，延庆县对 60 岁以上农村低保老人实施每人每年 500 元的慈善医疗救助。2008 年，3049 名农村低保老人享受慈善医疗救助。2009 年，投入善款 200 余万元，延庆县 4000 余名 60 岁以上低保老人享受此项救助。持卡老人在定点卫生院就诊可享受免挂号费、诊疗费等"三免六减六优先"服务。同时，持有慈善医疗卡的老人还可享受定点理发店的免费理发服务。其次，延庆县建立了新型农村五保供养制度。2009 年，延庆县农村五保供养标准从每人每月 354 元提高到 392 元，全县农村 60 岁及以上五保供养对象共有 595 名，其中包括集中供养 229 人，分散供养 366 人。集中供养五保老人由乡镇敬老院统一为老人们提供吃、穿、住、医、葬等相应的日常管理服务。分散供养五保老人由所在村民委员会为他们提供相应服务。此外，2005 年，延庆县还建立了农村部分计划生育家庭奖励扶助制度，到 2010 年 7 月，这项政策已惠及 601 人。

（三）不断扩展的老年福利

为促进老年人共享经济社会发展成果，延庆县首先落实北京市"九养"政策，实施了分年龄段享受、适度普惠的老年社会福利制度。一是居家养老（助残）券制度，对全县 80 周岁及以上的老年人和 60~79 周岁的重度残疾人，每人每月发放 100 元养老（助残）券；二是高龄津贴制度，对全县 90 至 99 周岁老年人每月发放 100 元高龄津贴，百岁老人每月发放 200 元的百岁津贴。截至 2009 年 10 月底，为全县 432 名 90 岁以上老年人发放高龄津贴 36.3 万元。预计 2009 年全年发放高龄津贴 44.5 万元。

其次，加快落实"老年人优待办法"。自 2009 年 1 月 1 日起，按照北京市新的《关于加强老年人优待工作的办法》，在医疗保健、养老扶助、维权服务等方面实施 11 项内容的优待。截至 2009 年 11 月底，延庆县办理老年优待卡 2.4 万张，65 周岁以上老年人免费乘坐县域内地面公交线路达到 23 条；对 65 周岁以上老年人免收门票费的县级公园、旅游景区近 15 个，所有体育、文化等公共设施对老年人全面免费开放。惠及老年群众 218.5 万余人次。

最后，加强城乡养老机构的建设。依托北京市"山区星光计划"，从 2006 年起，利用 3 年时间为全县 12 个山区乡镇 240 个贫困村建设星光老年福利服务设施，总建筑面积达到 77000 平方米，具有文化活动、医疗保健、学习教育、综合服务功能。该项目惠及山区群众 13 万人，直接受益的山区老年群众达到 2.6 万人。2010 年延庆县共有养老机构 17 家，共设养老床位 1700 张。面临老龄化的现状，如何加强养老服务设施建设依然是摆在延庆县养老保障事业面前的一个重要问题。

三 延庆县老年人口养老保障的问题

尽管近年来北京市社会养老保障政策不断完善，延庆县在推进这些政策方面成效也很大。但是由于原来绝大部分的农村老年人口没有社会保障，主要是传统的家庭养老保障，而在中国社会快速转型的过程中，家庭养老功能的弱化，老龄化加速、社会养老保障的制度建设和实施也不可能一蹴而就。因此，目前延庆县的老年人口养老保障还存在一系列的问题。

（一）传统家庭养老功能弱化明显

家庭养老作为中国一种非正式的制度安排，在传统中国社会中发挥着重要的作用。但是随着城镇化、工业化进程的加快，农村劳动力流动加剧，大批的年轻人也流入城镇，农村中空巢老人明显增多，农村留守老年人的养老问题日益凸显。在计划生育政策作用下，典型的家庭代际人口结构是"四二一"结构或"四二二"结构，这种代际人口结构即使是抛开分代而居的因素，家庭养老不论是经济上，还是在时间和精力上都存在明显的能力不足。更何况在人口流动不断加快、分代而居成为普遍事实的情况下，家庭养老功能弱化的趋势就进一步明显，这种现实对延庆而言尤其如此。延庆作为北京市的远郊县，其社会发展水平与城区比较而言相对落后。因此，在城镇化过程中，北京城区对延庆县域各类人力资源产生的吸引力很大，年轻人城区就业比例很高。延庆县年轻人城区就业，必然会带来大量的纯老年家庭。延庆县纯老年家庭占 60 岁及以上老年人口的比例自 2007 年以来连续 4 年在北京市所有各区县中位居榜首，是北京市平均数的两倍（见表 8 - 5）。这种客观实际本身就说明了延庆县家庭养老功能弱化程度可能要比其他区县更为严重。家庭规模的小型化、核心化、城郊分代而居以及重幼轻老观念的变迁，必然会影响他们对父母的家庭照顾，使传统的家庭养老功能逐步弱化。

表 8 - 5　2007 ~ 2010 年北京市各区县纯老年家庭人口情况

	纯老年家庭人口数（万人）				占 60 岁及以上老年人口的比例（%）			
年份	2007	2008	2009	2010	2007	2008	2009	2010
东城区	1.6	1.6	1.7	2.5	13.9	13.4	13.9	12.5
西城区	2.2	2.2	2.4	4.6	14.6	14.4	15.3	15.9
崇文区	0.5	0.5	1.1	—	7.1	7.1	16	—
宣武区	1.5	1.5	1.8	—	13.6	13.0	15.3	—
朝阳区	6.5	6.5	7.8	7.0	18.4	17.6	20.0	17.3
丰台区	3.4	3.4	3.2	4.0	17.0	16.2	14.5	17.5
石景山区	1.6	1.6	1.7	2.0	24.2	22.5	24.2	26.1
海淀区	6.4	6.4	5.4	6.5	19.7	19.2	15.5	17.8
房山区	2	2.1	2.3	3.0	18.4	18.4	19.0	24.2
通州区	1.6	1.6	3.2	3.7	15.4	14.8	28.3	31.2
顺义区	1.5	1.5	1.1	1.4	17.4	16.3	12	15.1
昌平区	1	1	1.4	1.4	13.6	12.7	16.7	16.1
大兴区	1.3	1.3	1.3	1.4	15.2	14.9	14.4	15.2

续表

年份	纯老年家庭人口数（万人）				占 60 岁及以上老年人口的比例（%）			
	2007	2008	2009	2010	2007	2008	2009	2010
门头沟区	1.4	1.4	1.2	1.2	33.6	31.8	27.0	25.5
怀柔区	1	1	1.3	1.3	24.3	23.8	29.9	29.1
平谷区	1.2	1.2	1.3	1.3	19.4	19.0	19.5	18.9
密云县	1.8	1.8	1.6	1.5	28.2	26.9	23.3	22.4
延庆县	**1.6**	**1.6**	**1.7**	**1.5**	**37.4**	**37.2**	**37.5**	**34.0**
北京市	**38.1**	**38.2**	**41.5**	**44.3**	**18.2**	**17.5**	**18.3**	**18.8**

数据来源：北京市老龄工作委员会办公室：《北京市 2007－2010 年老年人口信息和老龄事业发展状况报告》，http：//zhengwu. beijing. gov. cn/tjxx/tjgb/t1197710. htm。

（二）社会养老保障水平较低且不平等

目前，延庆县老年人口的社会保障状况不论从保障的覆盖面，还是从保障项目来看近年来都有了很大的提高，但是如果我们从社会保障维护社会公平这一功能特点出发来看，目前养老保险制度之间的条块分割、不同老年群体养老金差距过大等现实问题依然很突出。以 2007 年为例，延庆县企业职工退休养老金年平均为 14508 元；事业、机关单位离退休职工年平均工资分别为 28228 元和 48991 元。事业单位比企业高 13720 元，机关单位比企业高 34483 元。而城乡无社会保障的老年居民从 2008 年起领到的年养老金额度为 2400～5000 元。这与城镇退休职工的养老金相比较，差距过大。尽管农村老年人口还有土地作为养老经济支持，但是农村一部分老年人已丧失劳动能力，另一部分具有劳动能力的老年人通过土地获得的经济支持也极为有限。延庆县人均占有土地面积小，有的村人均不到一亩，且土地收益低、不稳定。大田种植亩效益仅 500 元左右。经济作物种植风险大，且有些产品销售不稳定。这些都导致农村老年人通过土地获得的收益不稳定。城乡老年人口的养老金和各项福利之间存在较大的差距这一点从延庆居民对城乡养老保障和老年福利评价的调研数据中也可以看出（见表 8－6）。

表 8－6　延庆县居民对社会保障及福利待遇的城乡水平评价

评价	社会保障		福利待遇	
	人数（个）	百分比（%）	人数（个）	百分比（%）
县城更好	610	54.9	696	62.6
乡村更好	154	13.8	150	13.5
没差别	246	22.1	160	14.4
不清楚	99	8.9	103	9.3
不回答	3	0.3	3	0.3
合计	1112	100.0	1112	100.0

数据来源：本课题组 2010 年 4～5 月进行的延庆县社会建设问卷调查数据。

由于延庆县农村老人所占比例较大，农村老年人口的社会保障水平较低，大大拉低了延庆县老人总体的社会保障水平。在大力推进新农村建设的时代背景下，在很多方面延庆县农村较城镇有更好的各项资源。因此，要整合这些资源，加强农村老人社会养老的制度和环境建设。

（三）居家养老的困境

居家养老作为近年来新兴的一种社会养老方式，由于其与中国人口老龄化的现实需求和我国家庭结构的变迁现状相吻合，因此，这种养老方式在北京从 2008 年就开始启动了试点工作。延庆县从 2010 年开始实施这项政策，第一批享受居家养老（助残）券的高龄老人为 5016 人，签约授牌的"延庆县居家养老（助残）签约服务商" 19 家，为老人提供就餐、就医、理发、保健以及家政等多项服务。

调研发现，延庆县在大力推进居家养老的过程中还存在着一系列的问题。北京市作为一个整体推进这项政策没有问题，因为相对于全国来讲，北京市有着更有利于推进居家养老的条件。但是如果把延庆县作为一个整体，分析其目前实施居家养老的现状，还存在一系列现实困境，这些现实困境甚至在某种程度上扭曲了居家养老的本意。之所以这样说，我们先看一条关于延庆县居家养老相关的新闻。

山区群众不出村　花上养老助残券[①]

"现在在家门口就可以花养老助残券，送来的食品种类多，还新鲜，真是太方便了。"四海镇菜食河村81岁的任大爷对记者说。近日，县服务公司开展养老服务进山区活动，把各种食品装进车，送到山区老人和残疾人家门口，方便他们用养老助残券购买。

2010年年初，延庆县开始向高龄老人和重度残疾人发放每月100元的养老助残券，老人和残疾人可以持券到指定的签约服务商享受服务。服务公司旗下新风、燕春等六家餐饮企业作为签约服务商主要为县城周边老年人和残疾人提供就餐服务。此项活动开展以来，服务公司员工发现延庆所辖山区较多，如千家店镇和珍珠泉乡这些山区的老人和残疾人每次进县城往往要坐几个小时的汽车，老年人想要花掉养老助残券很难。

为了方便山区老年人和残疾人，服务公司旗下新风大酒店分店成立了山区养老助残服务队，开展为山区养老助残服务工作。从7月初开始，每天早上8点，养老助残队的汽车都准时到达各山区乡镇的主要车站附近，为老人带去新鲜的主食、熟食等10余种食品，方便老人和残疾人消费。现在，服务公司这种养老助残服务已经覆盖了千家店、珍珠泉、张山营、四海四个乡镇的50多个村。

从这则新闻中我们可以读出这样信息：在推行北京市居家养老政策时，延庆县发给老年人手中的养老（助残）券，偏远山区的老人没有办法消费，因此新风酒店的服务就成了一项值得报道的新闻。我们首先分析一下居家养老政策的本意，这项政策主要是通过政府购买社会化的养老服务解决人口老龄化带来的一系列养老问题，解决家庭养老功能弱化问题。居家养老方式的实施在更好利用各项社会资源进行养老的同时，也要有比较成熟的社会条件，即相对成熟的老年社会服务，包括人员、组织和服务

[①] 《山区群众不出村　花上养老助残券》，首都之窗，2010年8月23日，http://www.beijing.gov.cn/zfzx/qxrd/yqx/t1132034.htm。

内容，这样政府才能够通过各种方式来购买。从老年主体来看，他们必须要有一定的经济保障基础，这样不论是政府提供养老助残券也好，还是他们自己从市场购买服务也好，才能够觉得这样的行为与生活基本需要不是本末倒置。以这次延庆调研为例，很多老人真正需要的可能不是来自饭店的可口饭菜，甚至有的老人认为能用这些券去买米、油、面等物品可能更实用。这本身说明老人的物质需求还是第一位的，即他们的养老物质保障还没有达到一定的水平。退一步说，即使不考虑这一层原因，对于居住分散的广大农村老年人口而言，他们的需求也是多元化的，但是目前在农村社区这种多元化的社会服务还无法提供。因此，在延庆，广大偏远农村由于可以选择的服务项目太少，老人手里的"养老服务券"花不出去。养老（助残）券的发放本身并不就是居家养老，居家养老作为一种社会化的养老方式时需要相应的成熟的社会条件，否则政策的实施就会扭曲原有的初衷。

（四）养老机构使用效率不高

目前，延庆县的民办和公办的养老机构一共有 17 家，入住率大约为40%。一方面我们看到延庆县人口老龄化严重，纯老年家庭比例很高，但另一方面，我们又看到延庆县养老机构的使用效率并不高。

通过问卷调查，我们发现目前延庆居民在养老方式选择上，虽然城镇居民比农村居民更高比例地表现出对机构养老的认同，但是仍然有超过 1/3 的居民认同家庭养老，农村居民更是高过一半的比例认同家庭养老。在调查居民对机构养老方式比较担心的问题时，城乡居民比较一致的都是以最高比例表现出对费用较高的担心，其次才有城镇居民的护理不周、农村居民对周围舆论等因素的担心（见表 8 - 7）。如此可见，目前延庆县的养老机构使用效率不高的主要原因还在于老年人口在经济上还不能完全承受机构养老的经济负担。这是目前延庆县养老机构使用效率不高的最主要原因。此外，在延庆县老年居民收入有限不能承受养老机构负担的情况下，北京市的老年人口是否愿意来延庆入住养老机构呢？目前，根据入住情况，也不乐观，主要原因在于，老年人口养老的一个最为重要的问题就是医疗，而在延庆，医疗问题不解决，城区的老人依然也不愿意入住。

表 8 - 7　居民对入住养老机构的担心

户籍类型		入住养老机构的担心									合计
		收费较高	生病就医	伙食不好	护理不周	住不习惯	受到虐待	周围舆论	其他原因	不回答	
非农户口	数量（个）	135	42	11	83	50	18	41	31	101	512
	百分比（%）	26.4	8.2	2.1	16.2	9.8	3.5	8.0	6.1	19.7	100.0
农业户口	数量（个）	194	16	14	56	70	17	62	35	131	595
	百分比（%）	32.6	2.7	2.4	9.4	11.8	2.9	10.4	5.9	22.0	100.0
户籍缺失	数量（个）	0	0	0	1	0	0	0	0	0	1
	百分比（%）	0.0	0.0	0.0	100.0	0.0	0.0	0.0	0.0	0.0	100.0
其他	数量（个）	1	0	0	1	0	0	0	0	1	3
	百分比（%）	33.3	0.0	0.0	33.3	0.0	0.0	0.0	0.0	33.3	100.0
不回答	数量（个）	0	0	0	1	0	0	0	0	0	1
	百分比（%）	0.0	0.0	0.0	100.0	0.0	0.0	0.0	0.0	0.0	100.0
合计	数量（个）	330	58	25	142	120	35	103	66	233	1112
	百分比（%）	29.7	5.2	2.2	12.8	10.8	3.1	9.3	5.9	21.0	100.0

数据来源：本课题组 2010 年 4～5 月进行的延庆县社会建设问卷调查数据。

四　改善老年人口养老保障的建议

（一）逐步推进社会养老政策

社会养老政策是一个工程系统，在一系列政策的制定和实施过程中要结合现实，尤其是老年人口生活现实需求，而不是为了实现政策系统自身的完整性而推行政策。社会养老政策有养老保险、老年社会救助、老年社会福利、老年社会工作等很多方面。尽管在中国家庭养老有着悠久的历史，但是在家庭养老功能逐步弱化的过程中，社会养老政策如何承接家庭养老功能的缺失就显得尤为重要。在老年需求中，经济支持、生活照顾和精神慰藉这三个方面在解决的过程中其先后顺序也是不同的。满足养老的经济支持是第一位的。从延庆县目前经济发展的现状来看，老年人口的养老经济支持来源于家庭方面较之其他区县总体情况要较差。因此，在这方面，如何加强政策上的支持，是社会养老政策推进过程中要着重解决的问题。尤其针对农村贫困老人，社会救助与养老保险政策要全面推进，保障水平要逐步提高。城乡之间、不同群体之间养老金的差距要逐步缩小，保证养老保险的底线公平。但这里面临的一个难题就是在养老保障政策制定方面，北京市在很多方面制定统一的地方政策。延庆县在这方面的权限到底能有哪些，哪些是他们能够有所作为的。延庆作为一个主要靠北京市财政支持的远郊区县，在区域养老政策上能否有解决地方养老的财政支持？尽管存在这样一系列的困难，延庆县在解决养老问题时要结合自己地方实际，相应有所变通，或者是根据实际探求统一政策在延庆是否有变通的空间。这样，才不至于使本来好的政策引发群众的不满情绪。

（二）创新居家养老的地方模式

目前，北京市大力推进居家养老方式，延庆县能否根据自己的实际探索出一套有自己特色的居家养老模式。在农村老年人口占比较大的情况下，如何解决农村老人居家养老的现实问题，是目前延庆居家养老实践要解决的问题。但是居家养老如何去实践？是否照搬西方国家的做法，或是像其他城八区那样实行完全一样的模式？

从调研的实际情况来看，居家养老模式的选择是延庆农村老人认同的养老方式。方向没有问题，但是在具体操作上能否结合延庆乡村的实际，利用农村剩余的女性劳动力，在不动用政府财政的情况下，调动农村剩余女性劳动力的积极性，来从事老年服务工作？也许有人认为这些人不如专业社工好，但是我们要看到实际情况：第一，我国专业社工人员本来就少得可怜，而且在目前来看，延庆吸引大量老年专业社工是不具有现实性的；第二，政府和居民本身都不具备使用大量专业社工的经济支持。而另一方面，本社区的剩余女性劳动力从事这项工作在年龄、文化和人际关系上可能都会有优于专业社工的地方。那么如何调动她们的积极性呢？可以通过农村居委会组织起来，统一培训、制定服务标准，并依据她们提供的服务给她们发放未来享受养老服务的权益券，这样的一种权益可以使她们将来年老需要养老服务时使用，享受各项社会服务。每个人都有老的一天，这样对他人的老年服务在某种程度上就变成了对自己的一项服务，会极大地调动她们的积极性。为了促进她们对这项工作的积极性，权益券本人有优先使用券，同时家人也可以使用，甚至可以在市场中买卖。这也是引入市场机制激励养老服务工作。这样一种养老方式不仅解决了地方剩余劳动力就业问题，也解决了农村地方居家养老的现实难题。

（三）制定家庭养老扶持政策

在家庭养老功能逐步弱化的同时，是不是放弃家庭养老方式在传统社会中发挥的功能，完全由社会养老代替家庭养老呢？这是目前中国人口老龄化过程中制定养老政策要首先考虑的一个问题。在中国人口快速老龄化的过程中，单独通过政府、社会和家庭任何一方的力量都不可能解决好养老方面的问题。因此，要充分利用各方的优势，充分发挥各方的积极作用和有利资源，这样才能应对我国不断加剧的人口老龄化问题。家庭养老在我国有着优良的历史传统，因此如何利用家庭组织在养老保障过程中应该发挥的作用，利用好这一有利优势是摆在养老政策制定方面的一个重要问题。

为了促进家庭在养老方面的功能，国家可以围绕如何更好发挥家庭养老功能这个目标制定一系列相应政策。以家庭为单位，以家庭是否有老人需要赡养、需要什么样的赡养为标准，在一系列的政策制定上给予支持。如个人所得税、房产税、在职工休假等方面分别根据实际情况给予一定的支持，增强家庭在养老方面的功能。

分报告9
延庆县农民专业
合作社发展状况调查与分析

延庆县下辖 15 个乡镇，376 个行政村，443 个自然村，延庆城区有 3 个街道办事处。截至 2009 年末，全县 28.08 万人口中农业人口有 16.63 万，占 59.2%。农业产值占地区总产值的 13.6%，因此延庆县基本上还属于农业县。在这样一个农业大县中，其农民专业合作社的发展如何？在本报告中，笔者将根据与延庆县有关管理部门以及部分农民专业合作社的访谈与考察，对 3 年来延庆县合作社的发展状况与问题进行阐述、分析，并提出一些建议与思考。本报告中所涉及的所有关于延庆县农民专业合作社发展的数据，除特别说明的以外，均出自 2010 年 3~7 月本课题组在延庆调研时由县农委提供的相关内部资料，以及与县农委、农村合作经济经营管理站、绿菜园蔬菜专业合作社、延仲养鸭专业合作社等机构和合作社组织的调研记录。笔者相信，延庆县的经验在发达地区的农民专业合作社的发展中是具有一定的普遍意义的，并将对各地蓬勃建设中的农民专业合作社产生一定的借鉴价值。

一 延庆县农民专业合作社发展状况

（一）组织机构不断健全

自 2007 年《中华人民共和国农民专业合作社法》（以下简称《农民专业合作社法》）实施后，延庆县就成为北京市级农民专业合作组织规范化管理试点单位。县里成立了由县委副书记任组长，县委常委、组织部部长、主管农业副县长任副组长，13 个相关部门领导为成员的农民专业合作组织领导小组。领导小组下设办公室，办公室主要负责农民专业合作组织规范化管理、经营发展、组织培训、项目申报、政策落实、调查统计等工作，各乡镇切实把发展农民专业合作组织作为增加农民收入的重要工作平台。村委会把农民专业合作组织与新农村建设结合起来，从而在全县上下形成了强大的推进合力，有效地促进了农民专业合作组织的发展。

为了加大政府对农民专业合作社的扶持、引导和服务的力度，把农民专业合作社依法规范化、管理好和发展好，找到政府服务于农民的切入点，切实做到带动农民增收致富，延庆县政府于2009年9月成立了"延庆县农民专业合作社服务中心"。该服务中心隶属于县农村合作经济经营管理站（以下简称"农经站"），由三个职能科室组成。主要职责是：负责研究拟定农民专业合作社发展规划；指导农民专业合作社的组建和规范化管理；落实农民专业合作社扶持、奖励政策；搭建农民专业合作社网络服务平台，提供科技、生产、产品营销、宣传等信息服务。在农民专业合作社服务中心的扶持、指导、服务下，2009年全县共有农民专业合作社416家，成员入社总数18875户，占全县一产就业人数的71%，实现销售总收入2.4亿元，盈余4510万元。

（二）制度保障不断完善

2008年初，中共延庆县委、延庆县政府和县委组织部、中共延庆县委农村工作委员会、农经站等相关部门先后出台了《关于加快农民专业合作组织的实施意见》、《关于扶持农民专业合作组织的实施细则》、《关于加强农民专业合作组织制度化建设的通知》和《农民专业合作组织规范化管理试点方案》四个政策性文件。文件的出台，明确了全县的农民专业合作组织发展的总的指导思想、工作方向；制定了规范化管理农民专业合作组织发展的各项规章制度；出台了县内扶持、鼓励农民专业合作组织发展的财政政策，加大了全县开展此项工作的力度。

（三）试点先行，实务跟进

为了贯彻县内"以典型带动规范，以规范促进发展"的工作方针，北京市和延庆县共同决定选取市、县两级农民专业合作社规范化管理试点26

个，进行精心培育，重点帮扶，依法指导，以此树立典型，带动全县农民专业合作组织工作的发展。

县里举办了6期培训班，对农民专业合作组织负责人、村支部书记、村委会主任、村民代表等1000余人进行了培训，培训内容不但涉及《农民专业合作社法》，而且包含县里出台的文件精神以及怎样组建农民专业合作社等操作性强的知识，使广大干部群众既提高了对合作社的认知水平，增强了入社的积极性，又掌握了规范化操作的基本技能。

（四）农民专业合作社行业分类

在这些农民专业合作社中，按行业划分：种植业168家，占总数的40.4%；养殖业223家，占总数的53.6%；林业4家，占总数的1%；渔业2家，占总数的0.4%；服务业4家，占总数的1%；其他行业15家，占总数的3.6%。按服务内容划分：产加销一体化服务311家，占总数的74.8%；购买服务为主的14家，占总数的3.4%；仓储服务为主的1家，占总数的0.2%；运销服务为主的18家，占总数的4.3%；加工服务为主的2家，占总数的0.5%；技术信息服务为主的18家，占总数的4.3%；其他服务的52家，占总数的12.5%。按销售收入分类，2009年销售收入在1000万以上的有6家，在500万~1000万元的有2家，在100万~500万元的有20家，在50万~100万元的有17家，在50万元以下的有131家。

康庄镇小丰营村绿菜园蔬菜专业合作社获得农业部2010年农业标准化实施项目（基础设施以及销售网点等建设）扶持资金20万元，此项目是自《农民专业合作社法》实施以来，延庆县首次获得的农业部示范项目。

二 延庆县农民专业合作社发展特点

（一）与农村商业银行联合，小额贷款入社

随着全国农村金融体制改革力度不断加大，延庆县已初步形成了商业性金融、政策性金融、合作金融和其他金融组织功能互补、相互协作的农村金融组织体系。为了解决农民专业合作社资金短缺、难以扩大生产的实际

困难，延庆县农村商业银行与部分农民专业合作社建立了小额信用贷款、小额联保贷款两种制度机制。一方面农户成员贷款不用提供担保或者抵押，贷款的门槛降低，手续简化；另一方面扩大了成员的生产能力，增强了农民专业合作社的生产规模，给合作社增添了勃勃生机。

2010 年，依托北京市农业担保公司，康庄镇西红柿种植合作社与有关金融部门达成了 80 万元的贷款意向。经统计 2010 年共有 8 个乡镇的 26 家合作社有不同额度的贷款意向。

（二）与村经济合作社资产进行有机结合

延庆县康庄镇小丰营村是全县有名的蔬菜种植专业村，村经济合作社有占地面积 4 万平方米、建筑面积 6600 平方米、净资产 600 多万元的八达岭蔬菜市场。村经济合作社决定以入股投资的形式加入北京绿菜园蔬菜专业合作社，成为合作社的法人股，参与合作社的盈余分配，也增强了村经济合作社的销售能力。

（三）与涉农部门的国有资产进行有机结合

县果品中心是县属事业单位，该中心每年利用闲置的保鲜库为全县农民专业合作社免费储藏果品 100 多吨，使县果品专业合作社提高经济效益 50 多万元，既使国有资产得到了有效的使用，有力地扶持了当地农民专业合作社的发展，又提高了农产品销售价格，有效地帮助了当地农民致富。

三　延庆县农民专业合作社发展模式

（一）依托龙头企业带动型

以农业企业为龙头，带动合作社农业技术的更新以及农产品的销售，最终达到农民专业合作社的发展与成员的增收，是延庆县推进农民专业合作社发展的一种模式。如延庆县阔利达养殖专业合作社在北京阔利达实业集团公司带动下成立，从事奶牛养殖、信息咨询、业务指导、技术培训、拓展销售渠道等。在集团的带动下，合作社专门成立运输车队，将奶源定时、定量地运送到伊利、蒙牛等大公司，有效地解决了该奶牛养殖专业合作社卖奶难的问题。

（二）依托能人带动型

发挥"能人"效应，借助能人的资源与能力，带动合作社的发展与壮大，也是一种发展模式。如延仲养鸭专业合作社法人刘少先，先后被评为"全国三八红旗手""双学双比女能手""全国农民青年创业致富带头人"等荣誉称号。《农民专业合作社法》出台后，她积极响应政策，将养鸭协会改为合作社，依托"资金、技术、销售"三项服务，带动养鸭户发展，提高农户收入。

（三）依托产业带动型

依托全县的主导、优势产业，建立农民专业合作社，使合作社的发展与全县大农业紧密地结合起来，是第三种发展模式。如绿菜园蔬菜专业合作社以蔬菜产业为依托，将净资产 600 多万元的八达岭蔬菜市场，纳入专业合作社。通过合作社，以订单为保障，形成产供销一体化，有效实现小生产与大市场的对接，让农民得到了实惠，带动农民增收致富。

（四）土地流转规模经营型

土地流转是近几年来深化农村经济体制改革的一项重要工作，延庆县把合作社的建设与土地流转有效地结合起来，实现了两项改革的双赢，这是第四种发展模式。如百物生中药材产销专业合作社所在村的村委会将村集体土地中的 1114 亩流转到该合作社。合作社对流转出来的土地进行统一布局规划，建了 184 栋设施大棚，统一种植蔬菜和花卉。2009 年实现 1000 万元收入，户均 98000 元。

（五）延长农产品加工销售链条型

延长农产品的生产链条，增加农产品的附加值是合作社担负的另一项重要服务功能。因此，通过"合作社＋农户"的模式延长农户生产的农产品的加工和销售链条是农民专业合作社的第五种发展模式。如八达岭绿美农产品专业合作社以市场为导向，采取以"合作社＋农户"模式进行农副产品加工，主要开发生产小杂粮、蛋类、干菜、干果等五大类土特产品，其加工产品"夏都"品牌是北京市著名商标。

其实这几种模式也并非彼此完全独立，而是相互交错。比如绿菜园蔬菜专业合作社就同时是"依托能人型"和"产业带动型"的；又如绿富隆蔬菜产销合作社就是龙头产业和能人共同带动的。从对农经站的相关工作人员的访谈以及笔者的考察中可以发现，依托能人和依托村集体的产业发展起来的合作社最符合合作社"带领农民共同致富"的发展理念。

四　延庆县农民专业合作社发展成效

（一）有效促进体系建设与农民增收

经过 2007 年下半年的努力，26 个规范化管理试点单位五个体系建设初步形成。一是组织体系建设，完善了合作社的内部组织机构，根据各自的实际情况和工作需要设立了内部机构和工作人员。比如大庄科乡的北京莲花山蜂产品产销专业合作社设立了办公室、财务部、生产销售部、技术开发部及培训部等。二是制度体系建设，建立健全了"三会"（即理事会、监事会、成员代表大会）为基础的民主管理控制制度，规范完善了章程、财务制度、内部规章制度等，特别是建立了紧密型的牵扯各方经济利益的 6∶4 的利益分配制度，实行了"社务、财务公开"为主的公开制度。三是服务体系建设，规范化管理后的农民专业合作社都建起了统一采购、统一技术、统一品质、统一销售等实实在在的服务体系。如技术服务方面，延庆县延仲养鸭专业合作社长期聘请中国农业大学教授为技术顾问，进行实地指导服务养鸭户。四是管理体系建设，规范入社程序，明确成员身份，明晰产权，规范成员的生产行为。五是市场体系建设，开拓了稳定的销售渠道，打开了良好的营销市场。如北京绿菜园蔬菜专业合作社在原来小丰营蔬菜协会基础上，经过"会改社"工作，进行重新登记，依靠"合作社"这一新型组织解决了多年来申请"独立蔬菜出口权"的老大难问题。2009 年该合作社带动小丰营蔬菜市场共销售各类蔬菜 3.05 亿公斤，交易额达 3.18 亿元，带动农户 3600 余户，成员平均户收入 3 万余元，比非成员农户收入高 10%，比非菜农收入高 20%（关于绿菜园蔬菜专业合作社的经验，笔者在个案部分还会详述）。又如，北京延柏大柏老聚八方奶牛合作社，2008 年率先在全县农民专业合作社中实现了盈余返还，共分配盈余 59585 元，其中按投资股分配 29792 元、按交易量返还分配 29793 元，成员全年户均纯收入 26000 元，比非合作社社员的户均纯收入 22000 元增加了 4000 元，增长了 18%，提高了农民收入，调动了农民参加合作社的积极性，同时也提高了合作社的凝聚力和带动能力。

（二）农民自组织意识和能力显著增强

从合作组织的发展形势看，农民的自组织意识在不断加强，不再像过去那样完全依靠政府的帮助来发展，而是积极主动地自己寻找致富路。2008 年统计调查的合作组织中有 286 个是农民自己组建起来的，占到了总数的 85%。此外，2008 年所有者权益中农民成员出资额比上一年增长了 6.4 倍。

由此可见，农民参与专业合作社发展的意识在不断加强，能够主动出资参与合作社的经营，把自己的利益和专业合作社的利益紧密结合起来，真正实现了农民与专业合作社的利益共享、风险共担。合作社还能够积极发挥内部的教育、培训功能，培育和增强了农民的市场观念和民主意识，锻炼了农民在科技推广、组织管理、市场营销以及民主决策等多方面的能力。

（三）促进了主导产业的形成，增强了农产品市场竞争力

延庆县通过农民专业合作组织以订单农业、基地农业、品牌农业等形式促进了当地主导产业的发展，提升了农产品的市场竞争力。如绿富隆蔬菜产销专业合作社利用获得的北京市著名商标"绿富隆"，通过 1300 亩的奥运特供蔬菜基地来带动全县 5 个乡镇 10 个蔬菜村 5600 亩的蔬菜产业发展，使全县蔬菜不仅在品质上提升了一个新的台阶，而且形成了具有延庆县特色的有机蔬菜主导产业，成为 2008 年北京奥运会蔬菜供应商。

（四）通过"农超对接"活动，拓宽销售渠道

农业生产者与城镇超市对接（简称"农超对接"）是适应农产品生产基地化、规模化、标准化、商品化的重要的现代流通模式。延庆县绿富隆蔬菜产销合作社把全县合作社的蔬菜统一组织起来，与京客隆商业集团股份有限公司合作，签订年万吨无公害蔬菜进超市协议。仅2009年6月到10月，合作社就有3219.5吨蔬菜进入京客隆超市，此协议的签订为全县蔬菜产业开拓了销售渠道，有效地解决了小农户与大市场的对接，增加了利润，提高了菜农收入。

五　延庆县农民专业合作社发展中存在的问题

（一）注册数量多、规模小

由于法律规定5个农民就可以登记注册合作社，注册的门槛较低，所以延庆县小规模的合作社占的比例较高。其中有一部分合作社受扶持政策诱惑而盲目注册，从而使其处在空壳子、虚架子、不经营的休眠状态。

（二）合作组织盈余少，实现二次返还难

目前大部分合作社组织都具备或实现了对内统一购买生产资料、统一防疫、统一技术培训、统一销售农产品等服务宗旨，而对外以追求利益最大化为目的的经营目标大部分还未能实现。

（三）农民专业合作社融资难的问题

尽管北京市各级政府加大了对农民专业合作社的扶持力度，多种农村金融机构增加了农民专业合作社的融资渠道，但从总体上看，同延庆县的农民专业合作社的金融需求相比，北京的农村金融供给仍然严重不足。

农民专业合作社虽然已依法在工商部门注册成立，但它不同于公司等企业法人，不具有企业法人的特征。农民专业合作社的特殊法人地位难以获得金融机构的认可。《农民专业合作社法》实施后，农民专业合作社的市

场主体尽管得到法律的确认，也在法律上承认了其承贷主体地位，但多数金融机构对此类法人性质仍心存疑虑，特别是借款主体的不确定性更是增加了金融机构的贷款风险，商业银行的利润导向使其不愿对风险比较大的农民专业合作社进行放贷。从笔者的访谈资料来看，延庆县的合作社多数是通过理事长或农户个人获得金融机构贷款的。

另外，由于合作社成立时间都较短，因此内部管理还不规范，各项制度还不健全，没能按照规范化管理要求做，这是在新成立的专业合作社中出现的一个普遍问题。这也影响到合作社筹措资金的能力。

从访谈中笔者了解到许多富裕农户不愿意加入合作社，多数合作社的起步资金为10万元。农业担保公司通常只愿意为农户担保，不愿意为合作社担保。因此，农村金融服务的薄弱成为合作社发展的一大障碍。

（四）人才困境

大部分的合作组织由农民自发组成，负责人也是农民。他们掌握的业务知识普遍较少，适应市场的能力不强，经营管理的能力弱，综合能力不高，对合作社的发展壮大存在一定的制约性。为了解决合作社人才匮乏的问题，2010年合作社服务中心与县委组织部、县农委、县科委等相关部门组成联合调研小组，重点对15个乡镇的50家老试点合作社的发展、党建、人才情况进行调研，探索"1级组织＋1级实体＋若干名农村实用人才"的组织化人才培养模式，此项工作正进入意见起草阶段。

六　延庆县农民专业合作社发展建议

发展农民专业合作社是建设现代农业、发展农村经济、增加农民收入、维护农村社会和谐的重要举措，这已成为人们的共识。

生产资金短缺是合作社普遍存在的问题，在合作社成员内部开展资金互助活动，可以把资金集聚在一起，根据成员不同生产经营时段资金闲置情况进行内部调配，提高资金周转率和利用率，有效地解决合作社和成员生产急需的资金问题。

合作社要敢于尝试，不断开拓产品市场，拓展销售模式。一是主动参与国内、国际农产品市场竞争，扩大产品的销售区域；二是要深入研究销售模式，探索网络销售、订单销售、农超对接等销售方式，拓宽产品销售途径。

合作社要树立良好形象，提高诚信意识、品牌意识，实施品牌化经营战略，以信誉和品牌赢得市场。一是生产经营活动必须遵守社会公德和商业道德，做到诚实守信。二是积极开展无公害产品、绿色食品、有机食品生产和认证，申请注册商标，形成有自身特色的品牌，提高产品知名度。

在延庆县3个多月的调研过程中，我们不断提出的问题就是：新农村建设谁做主？政府主导的建设方案、建设形式、建设内容是不是农民愿意接受的？政府投入大量的资金建设，农民是不是真正满意？新农村建设资源配置的权力集中在"条"部门，比如市县的农委、公路局等，而"块"部门，如县政府、乡镇政府，往往无法调配资源。结合对这些问题的思考，笔者认为，合作社的发展为回答和缓解这些难题提供了一个较好的突破口。合作社发展的意义不仅在于让农民增收致富，更为重要的是培育了村民的民主协商与公共事务参与意识，并在这一过程中产生新型的乡村能人，整合乡村的精英和人才资源带领村民共同致富。从访谈中笔者发现，村官在合作社中获得了学习与成长的机会，同时还在合作社的成长发展过程中发挥了很大的作用；部分具有远见卓识的合作社领导者在考察了台湾农会后，提出可借鉴台湾经验通过政府注资的方式来解决合作社融资困难的问题等。因此，农民可以借助合作社这一平台对政府主导的部分政策方案提出自己的观点和想法，新农村建设资源在政府的"条"与"块"的配置中产生的低效和无效的状况也能得到改善，达到整合农村社区中各种有利资源的目标。

笔者认为，农民专业合作社已逐渐成为新农村建设中的一个主体，同时也是社会建设领域中的重要载体，在提高农业组织化程度、带领农民建设现代农业中发挥着越来越重要的作用，在不久的将来也一定会成为推动中国农业现代化以及农村地区社会建设的主要力量。而那些具有民主、法制和参与意识的农业工人与领导者也必将在合作社的发展中不断壮大与成熟，成为中国从传统的农耕社会向现代的工业社会转型中的新型农业工作者。

个案报告——绿菜园蔬菜专业合作社①

绿菜园蔬菜专业合作社位于延庆县康庄镇小丰营村，于2007年6月正式成立。

小丰营村耕地总面积3890亩，其中蔬菜种植面积3300亩，占全村耕地面积的84.8%，全村80%以上的农户都以种植蔬菜为业，蔬菜产业是该村的主要经济增长点，蔬菜种植收入成为村民的主要经济来源。

合作社以建立一流现代农业企业为目标，以带动合作社成员及周边地区群众共同富裕，增加农民收入为己任，着力实现小生产与大市场的有效对接，合理配置农业资源，提高社员抵御市场风险的能力。合作社拥有成员298户，蔬菜种植面积1500亩，资产总额1181万元。旗下有八达岭蔬菜市场、千余亩无公害蔬菜基地、五百亩有机蔬菜基地、农资门市部、资金互助会等多个附属机构。

绿菜园专业合作社中社员代表14名，负责合作社重大事项的决策。理事3名，由办企业出身的赵玉忠任理事长，负责合作社的日常经营管理。监事2名，由小丰营村党支部书记王志贤任监事长，监督理事会履行职责情况。通过合作社章程明确成员的职责和义务，为合作社的健康发展提供了组织保障。

2008年3月，合作社投资20万元成立农资门市部，主要经营种子、有机肥料、生物防治器具、小型农具等生产物资。合作社成员年底可凭购货发票得到交易金额3%~5%的现金返还。到2009年10月，门市部经营收入80万元，可上交给合作社利润6.5万元。农资门市部的建立既方便了社员和周边村民，同时也为合作社赢得了利润，达到了合作社与成员的双赢。

2009年5月，借助北京市惠农政策，小丰营村经济合作社从农户中流转土地建设500亩设施农业基地，其中建春秋棚95个，日光温室132个，全部委托给绿菜园专业合作社统一经营管理，种植有机蔬菜。

① 本个案有关内容参见孙志元、黄立新《科学管理走出农民专业合作社成功之路——北京绿菜园蔬菜专业合作社调查记实》，《中国农民合作社》2010年第4期，第54~55页。

合作社利用设施农业打造高端品牌，进一步带动合作社成员科学种植、科学管理，并逐步成为种植示范基地和出口基地。仅八个月的时间，就取得了巨大的经济效益，春秋棚收入 70 万元，日光温室预计收入 60 多万元，实现净利润 8.6 万元。

2009 年 6 月，经过社员代表大会讨论通过，绿菜园专业合作社建立了资金互助会，出台了《北京绿菜园蔬菜专业合作社资金互助办法》，成为延庆县第一家开展资金互助业务的合作社。资金互助会由本社社员和农村小企业入股，按照加入自愿、退出自由、自我管理、共同受益的原则，在合作社内部开展资金互助服务。《资金互助办法》对资金的管理、使用进行了严格而科学的风险控制，从而保证资金安全运转。互助会成立数日，社员入股资金就达到 50 余万元，为启动设施农业建设提供了资金支持。同时，社员根据章程的要求和相应程序从资金互助会借款 10 万余元用于发展生产。《资金互助办法》的实施，不仅创造性地解决了合作社生产资金短缺的问题，还给入股和存款的成员带来更多的财产性收入。

2009 年小丰营村经济总收入达到 10556.5 万元，占康庄镇经济总收入 87280 万元的 12.1%；人均劳动所得达到 13518 元，是全镇人均劳动所得 10400 元的 1.3 倍。其中，合作社成员人均劳动所得达到 14194 元，高出本地区非社员农户人均劳动所得近 5 个百分点。另外，合作社的设施农业基地以每年每亩 800 元的价格从 82 家农户手中获得流转土地 282 亩，直接带给村民收益 22.56 万元；带动 50 余人参加就业，每年增加农民务工收入 78 万元。

笔者在采访合作社理事长赵玉忠的过程中，再一次深切感悟到"能人"在农村现代化建设中的重要性。赵玉忠坚信农业产业化是农村现代化的必经之路，这样"农业企业化管理并为后人留下一份好的产业"就成为这位乡村企业家一生的理想。改革开放前，赵玉忠当过三年生产队队长，受当时毛泽东主席合作化运动的影响，对合作化就开始抱有某种激情和向往。改革开放农村实行家庭承包责任制以后，他就到乡镇企业一家眼镜厂担任厂长的职务，这一干就是将近 30 年的时间。《农民专业合作社法》出台后，当县乡领导请他担任绿菜园合作社的理事长的时候，他终于感到自己当年的理想又有了实现的可能性，于是义无反顾地辞去了厂长的职务而全身心地投入到合作社的发展建设中来。他将自己在工厂管理中学到的经验选择性地移植到合作社的管理中来。他认为毛主席当年是想用思想来促生产，而如今自己则是用经济制度和利益机制来促生产。合作社今天的成果，可以说是对这位乡村企业家的理念和远见最好的回报。

分报告10
延庆县社会组织
发展状况调查与分析

党的十七大提出"重视社会组织建设和管理","发挥社会组织在扩大群众参与、反映群众诉求方面的积极作用,增强社会自治功能"。这是党在新时期、新阶段动员各种社会力量参与社会建设和管理的一项重要举措。社会组织作为与政府机关、企事业单位并列的第三部门,是各类组织中最基本、最广泛、最活跃的一支社会力量,是承接政府、市场、公民之间相互联系的纽带和桥梁,在弥补政府失灵、市场失灵方面具有独特的优势。因此,笔者通过调研,摸清延庆社会组织发展的基本情况,了解社会组织发挥作用情况,分析其在发展中存在的问题与成因,并以此为基础有针对性地提出了相应的策略和措施。

需要说明的是,本研究报告是在延庆县的社会组织发展状况调研工作基础上完成的。以下有关数据如无特殊说明,均来自中共延庆县委社会工作委员会、延庆县社会建设办公室组织实施完成的"延庆县社会组织发展状况调研"相关资料①。

一 社会组织的界定与分类

组织是人们在社会行动中为了一定目的联合形成的共同体。在现代社

---

① 中共延庆县委社会工作委员会、延庆县社会建设办公室:《延庆县社会组织发展状况调研数据汇总》(2010),内部资料。

会，从宏观角度看，主要有国家组织①、经济组织和社会组织②三大类。中国特色社会主义制度为建立完善的国家组织框架奠定了基础。中国特色社会主义市场经济体制为私营经济、个体工商户等新经济组织与公有经济组织共同发展铺平了道路。但是，目前社会组织的发展还很薄弱。

改革开放以来，我国社会组织的发展经历了一个从无到有、曲折发展、成长壮大的历史过程。1988年，我国开始有准确的社会组织统计数据，但类型单一（只有社会团体），数量也较少，只有4446个。经过20年的发展，截至2008年底，我国社会组织已由类型单一发展成为社会团体、民办非企业单位、基金会共同构成的复合体。总量已经达到41.4万个，每万人社会组织数量3.1个③。业务范围涉及科技、教育、文化、卫生、劳动、民政、体育、环境保护、法律服务、社会中介服务、工商服务、农村专业经济等社会生活的各个领域，吸纳社会各类人员就业475.8万人，形成固定资产805.8亿元④。

（一）社会组织的定义

随着社会组织规模不断扩大，数量不断增长，其发挥的经济社会功能越来越突出，并越来越为社会广泛认同。然而，关于社会组织的定义却种类繁多，未有共识。为方便研究，本研究报告中的社会组织，是指由各级民政部门作为登记机关，并纳入登记管理范围的社会团体、民办非企业单位，具有半官方性质的法人机构。这些社会组织通常是冠以"学会""研究

---

① 国家一词有两个基本含义。一是疆域意义上的国家（相当于英语中的"country"），是历史形成的一定空间范围中的人群共同体；二是政治—政权意义上的国家（相当于英语中的"state"），是一个依靠政治—行政性制度、机制以及相关公共权力运行的组织体系，即所谓的"公共部门"。这里的国家组织指"公共部门"。

② 在学术文献中，这类组织有几种不同的名称，如非政府组织（NGO）、非营利组织（NPO）、民间组织、社会组织、第三部门等，尽管这些名称往往有着不同侧重，但共同之处在于他们都强调这类组织与国家和市场的差异。

③ 根据国际经验，每万人社会组织数量发达国家为50个以上（法国为110个，日本为97个，美国为52个），发展中国家为10个以上（阿根廷为25个，巴西为13个，印度为10.2个）。由此可以看出，我国社会组织发展相当缓慢。

④ 中华人民共和国民政部：《2008年民政事业发展统计公报》，2009年5月22日，http://www.mca.gov.cn/article/sj/tjgb/200906/200906000317629.shtml。

会""协会""商会""促进会""联合会"等名称的会员制组织，以及包括基金会①和各种民办学校、民办医院、民办社会福利机构等各类公益服务实体在内的非会员制组织，在一定程度上具有非营利性、非政府性、社会性等特征②。此外，本研究报告中的社会组织还包括通常所说的社区（草根）组织。

（二）社会组织的分类

根据社会组织分类以及延庆的实际情况，目前延庆县社会组织包括注册登记社会团体、民办非企业单位，以及未登记注册的社区组织。

社会团体，是指我国公民行使结社权力自愿组成，为实现会员的共同意愿，按照其章程开展活动的非营利性社会组织。社会团体可分为学术性、行业性、专业性和联合性四类。

民办非企业单位，是指企业事业单位、社会团体和其他社会力量以及公民个人，利用非国有资产举办的从事非营利性社会服务活动的社会组织。

社区组织，一般意义上是指具有群众性、基层性、社区性等特征的组织。本研究报告中的社区组织特指非营利性组织中那些扎根于城乡社区的基层民众组织，即那些没有登记、没有业务主管单位、不具有法人地位、不承担民事责任，但大量客观存在的组织。如城乡社区中的文艺活动队、体育健身队、社区志愿服务队、环保志愿队等组织。

二　延庆县社会组织发展现状

截至 2010 年 8 月底，延庆县在民政局社团办注册登记的社会组织共计 195 个，会员总数 53134 人，注册资金共计 1384.9 万元（见表 10 - 1）。从图 10 - 1、图 10 - 2 可以看出，延庆县从 1992 年开始出现第一批注册登记的社会组织，当年注册登记 5 个社会团体。直到 2000 年，延庆

---

① 县级不具备登记基金会资格。因此，本报告中不含有与基金会相关的内容。
② 非营利性、非政府性和社会性是社会组织的基本属性。非营利性强调社会组织具有不同于企业等营利组织的特性，非政府性强调社会组织具有不同于党政机关的特性，社会性则强调社会组织在资金来源、提供服务和问责等方面的社会属性。

县才有第一批注册登记的民办非企业单位，当年注册登记 1 家。1993 ~ 1998 年，延庆县社会组织注册登记一直保持平稳状态，每年注册登记数量在 1 ~ 2 个，数量极少。从 1999 年开始，延庆县社会组织登记数量开始有较为快速的上升趋势，逐年递增。2003 ~ 2007 年，延庆县社会组织注册登记数量达到了一个高峰期。2007 年注册登记社会组织 29 个，达到历年最高。2007 年后，开始直线下降（与 2006 年出台《中华人民共和国农民专业合作社法》有关），2008 年、2009 年每年注册登记社会组织数量不足 10 个。2010 年年初到 8 月底，已经注册登记的社会组织有 11 个，其中社会团体和民办非企业单位注册登记数量都有不同程度的增长，相对 2008 年、2009 年开始有缓慢回升。

表 10 - 1 2010 年延庆县社会组织统计表

名称	数量（个）	会员数（人）	资金数（万元）
社会团体	146	52380	468.9
民办非企业单位	49	754	916
合计	195	53134	1384.9

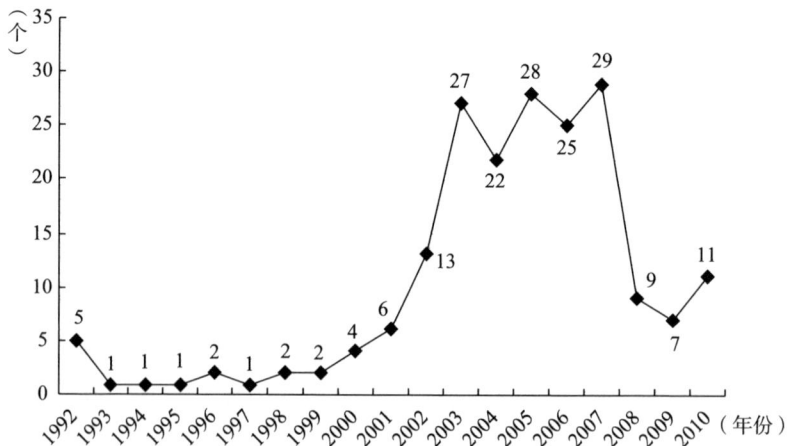

图 10 - 1 延庆县社会组织发展状况

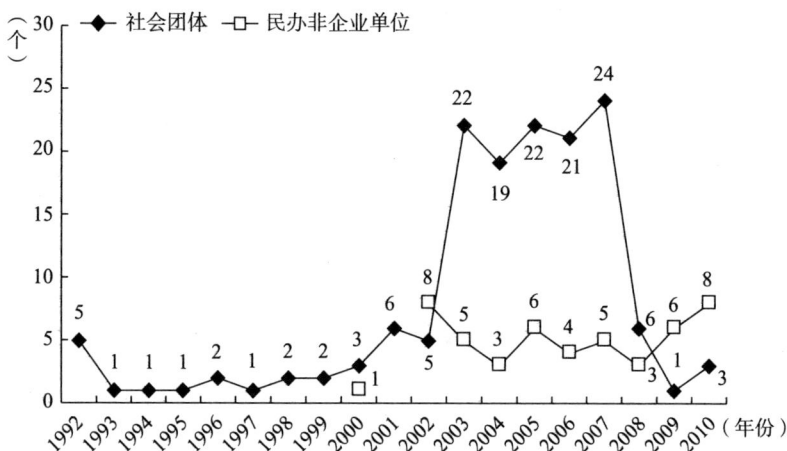

图 10-2 延庆县社会团体、民办非企业单位发展状况

（一）社会团体规模与结构状况

截至 2010 年 8 月底，延庆县注册登记的社会团体共计 146 个，占注册登记社会组织总数的 75%。其中学术性团体 6 个、行业性团体 11 个、专业性团体 122 个、联合性团体 7 个。社会团体注册资金总数 468.9 万元，会员总数 52380 人。延庆县 146 个社团组织分别挂靠在 44 个业务主管单位，业务范围涉及法律、工商服务业、教育、科技研究、农业及农村发展等近 12 个行业（见图 10-3），

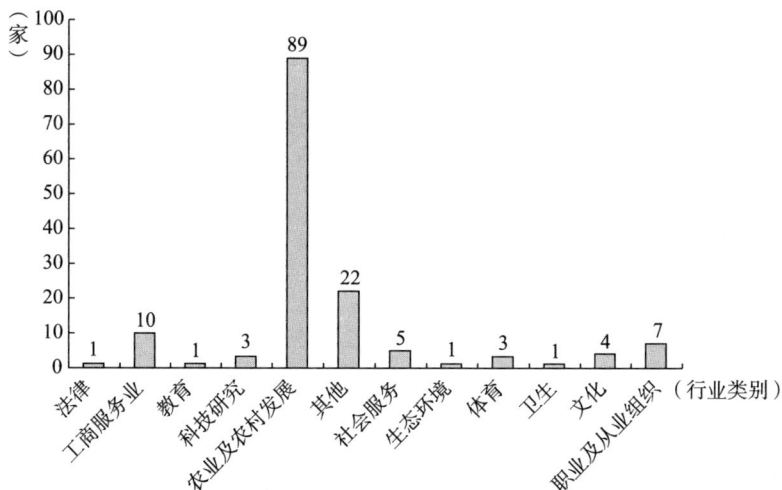

图 10-3 2010 年（截至 8 月底）延庆县社会团体行业类别及数量

其中农业及农村发展社团组织 89 家，占社会团体总数的 60.5%。1992 年 11
月 7 日，延庆县私营个体经济协会和延庆县农机安全互助协会正式在县民政
局社团办注册登记，成为延庆县最早注册登记的 2 个社会组织。从图 10 - 2
可以看出，2007 年，社会团体注册登记数量达到峰值，共计 24 家，之后迅
速下滑，2009 年注册登记数量为 1 家，2010 年年初到 8 月底，注册登记社
会团体 3 家，数量开始有缓慢回升。

（二）民办非企业单位规模与结构状况

截至 2010 年 8 月底，延庆县注册登记的民办非企业单位共计 49 个，占
注册登记社会组织总数的 25%。民办非企业单位开办资金总数 916 万元，
会员总数 754 人。业务主管单位涉及民政局、教委、科委、劳动局、体育
局、司法局、卫生局、街道办等 9 个部门（见图 10 - 4）。49 个民办非企业
单位分布在教育、社会服务、法律、农业及农村发展、体育、生态环境、
科学研究、卫生、职业及从业者组织 9 个行业领域（见图 10 - 5）。相对于
社会团体，延庆县民办非企业单位无论从起始注册登记时间，还是登记数
量等方面都处于滞后状态。2000 年 4 月 12 日，延庆县帝泉老年人服务中心
成为延庆县第一家注册登记的民办非企业单位，提供社会服务。2001 年没

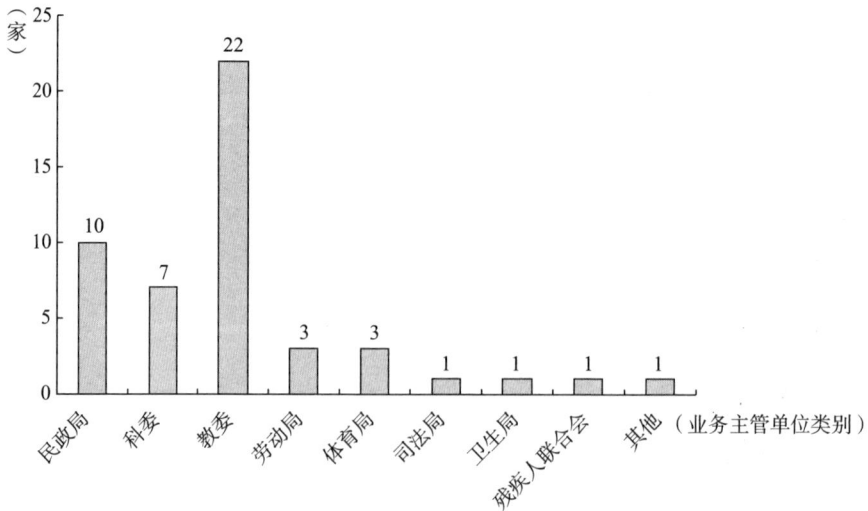

图 10 - 4　延庆县民办非企业单位业务主管单位情况

有注册登记民办非企业单位。2002~2009 年，每年注册登记民办非企业单位数量比较平稳，数量为 5~6 个（见图 10-2）。2010 年年初至 8 月底，已经注册登记 8 家民办非企业单位，与往年相比有明显增长趋势。

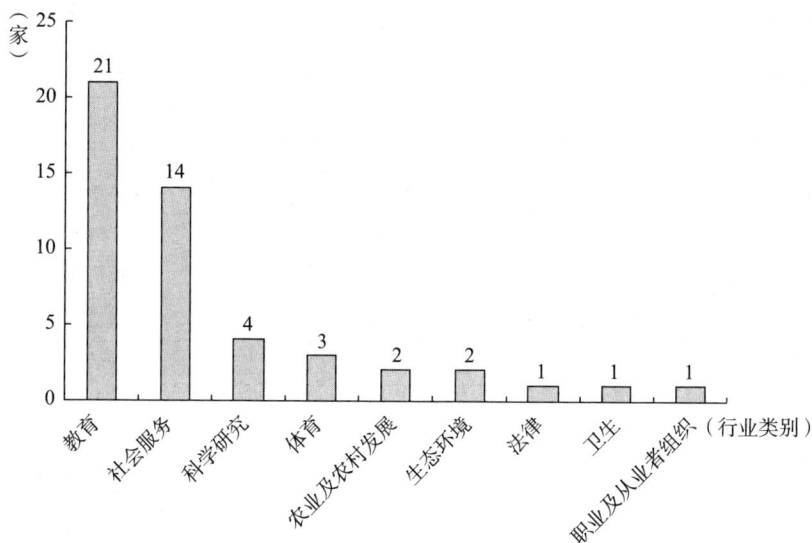

图 10-5　延庆县民办非企业单位行业类别

（三）社区组织规模与结构状况

据不完全统计，截至 2010 年 8 月底，延庆县 12 个乡镇（缺八达岭、旧县、沈家营三镇数据）和 3 个街道有社区组织共计 150 个，其中社会团体性质 131 个，民办非企业单位性质 19 个。在街道或乡镇等部门登记备案的 80 个，占社区组织总数的 54%，未进行登记备案的 70 个，占社区组织总数的 46%。社区组织会员总数达到 4276 人，其中党员 1033 人，占社区组织会员总数的 24%。政府资助资金或接受捐助等形式获得的活动经费 36.12 万元，主要以开展文体活动、慈善公益和提供社区服务为主。按区域分类，社区组织分布在 12 个乡镇和城区三个街道。12 个乡镇共有社区组织 96 个，千家店镇拥有社区组织最多，为 35 个。乡镇社区组织会员总数 2786 人，其中党员 462 人。城区三个街道共有社区组织 54 个（香水园街道 21 个、儒林街道 19 个、百泉街道 14 个），城区社区组织会员数 1490 人，其中党员 571 人

（见表10－2）。

表10－2　2010年延庆县部分乡镇街道社区组织状况一览

乡镇名称	社团（个）	民非（个）	备案（个）	未备案（个）	会员数（人）	党员数（人）	政府资助（万元）	类型
千家店镇	35			35	863	164		文体活动
珍珠泉乡	14			14	379	56		文体活动、慈善公益、社区服务
康庄镇	8	4	8	4	180	29		文体活动
大榆树镇	1	8	1	8	349	33		文体活动
延庆镇	7		7		256	37	16.3	文体活动
永宁镇		5	5		18		3.3	文体活动
井庄镇	3	1	4		136	20	3.5	文体活动
大庄科乡	3			3	63	4		文体活动
刘斌堡乡	2			2	65	18		文体活动
香营乡	1	1	1	1	20	5		文体活动
四海镇	2		1	1	72	16	1	文体活动
张山营镇	1		1		385	80	10	文体活动
香水园街道	21		19	2	556	99	2.02	文体活动、慈善公益、社区服务
儒林街道	19		19		540	370		文体活动、慈善公益
百泉街道	14		14		394	102		文体活动、社区服务
合计	131	19	80	70	4276	1033	36.12	

三　延庆县社会组织对构建和谐社会的作用

社会组织在提供社会服务，弥补政府失灵和市场失灵，调处不同阶层群体间利益关系、整合社会力量参与社会建设和管理等方面发挥着重要功能，不仅推动了地方经济社会的发展，同时也促进了社会和谐。

（一）社会组织的社会服务领域不断扩大

经过几年的发展，延庆县社会组织服务领域由初期的农业及农村发展拓展到工商服务业、教育科研、慈善公益、卫生保健、文化体育、生态环境、社会服务、法律援助等诸多领域。社会组织遍布城乡，初步形成门类齐全、覆盖广泛的网络体系，在经济、政治、文化和社会建设方面发挥了积极作用。各种协会、养老机构等社会组织在妇女、儿童、老年人、残疾人、贫困人口等社会弱势群体方面提供了有效的社会援助（参见表10－3），增进了社会福利，促进了社会公平；诸多民办教育培训机构，在增加劳动者技能，提高全民文化素质等方面提供了有效的社会支持。社会组织的存在有效地弥补了政府提供公共产品不足、市场资源配置不到位的缺陷。此外，公民通过志愿参与以无偿服务他人、回报社会为特征的各种社会组织，有效地促使全社会形成热心公益、扶贫帮困、团结互助、平等友爱、共同发展的社会氛围和人际关系，有效地促使人民群众社会价值理性的回归，培养了公民社会意识，促进了社会的和谐发展。例如，延庆县计生协会实施的小额贴息帮助独生子女家庭脱贫致富工程，从2002起至2008年累计贷款数额达到7449.645万元，扶持户数达到4670户（见表10－3）。

表10－3 县计生协会实施小额贴息帮助独生子女家庭脱贫致富工程状况

时间（年）	贷款数额（万元）	扶持户数（个）
2002	205	202
2003	300	325
2004	625.635	531
2005	998.01	769
2006	1100	666
2007	2101	1115
2008	2120	1062
合计	7449.645	4670

数据来源：根据2010年本课题组调研期间延庆县计划生育协会提供资料整理。

（二）社会组织服务地方经济能力增强

社会组织能够动员社会力量和社会资源有效地弥补政府、市场解决经济社会发展中的一些薄弱环节。首先，促进就业。延庆县有20多家民办培训学校，在培训劳动技能、促进就业等方面发挥着重要作用，直接解决就业 700 多人。其次，促进农民增收。在延庆的社会组织中，农业及农村发展社会组织 89 家，占社会团体总数的 60.5%。这几年中，这些社会组织协助政府，为农民无偿提供农业种植、养殖培训技术，在规范农产品价格、增强农产品市场竞争力、拓宽农产品销售渠道、增加农民收入、解决农民后顾之忧等方面发挥了重要作用。最后，促进市场公平竞争。社会组织作为政府与企业之间的组织形式，承担政府放权的一些具体事务，同时也能为企业组织发展提供支持服务。调查显示，延庆县社会组织尤其是行业协会、商会等类型的社会组织，在促进政府与企业沟通协调中起到了桥梁作用，在维护市场公平秩序和良好市场竞争环境、为企业提供有价值的信息等方面起到了积极作用。

案例 10 - 1：延庆县旧县镇果农协会带动农民奔小康

延庆县旧县镇果农协会 2001 年成立，涵盖 4 个乡镇、6 个村，会员 138 户，注册资金 3 万元。我们村有 1500 亩果树，主要种植杏树，产鲜食杏和杏仁。协会成立后，农委、民政局、科委、水果公司都给我们帮了好多忙，我们之间的关系也非常好。

我们每年都组织 3 - 4 次培训班，提高果农技能和农业管理方法。

以前，小商小贩来收购，价钱比较低，农民得不到满意的收入。我们成立协会后，统一收购、加工，统一定价、网络宣传，我们的产品基本不会滞销，而且价格还比较高。目前，全县每年产杏大约 100 万斤，50 万斤出仁，50 万斤出鲜食杏。销售额能达到 400 多万元，会员平均每人每年收入在 7000 元左右，去掉成本收入也在 5000 元左右。

通过协会组织，农民增加了与市场博弈的资本。我们采取规模经营，统一定价，统一培训技术，统一管理、联系销路等，提高了农产品的市场竞争力，增加了农民的收入。

资料来源：2010 年 10 月 13 日，笔者访谈延庆县旧县镇果农协会会长陈联合的访谈笔记

（三）社会组织服务公民利益诉求能力增强

随着改革不断深入，经济快速发展，人民生活水平日益提高，不同社会阶层的利益取向趋于多元化的发展对政府现有的利益协调机制提出了严峻挑战。首先，中上层群体追求个性化的社会服务。比如看病就医，只要看好病，钱不是问题。患者的高需求，对政府提供公共产品的能力提出了挑战。其次，弱势群体阶层分享改革成果的诉求不断增强，对政府社会服务管理体系的单调性及理念的局限性不断提出挑战。事实说明，政府并非"万能"，需要借助社会力量参与调处公民的利益诉求和化解矛盾。根据实地调查，近年延庆县各类社会组织在服务公民利益诉求，化解社会矛盾和问题上起到了积极作用。据延庆县医学会统计，2009 年共发生医患纠纷 14起，由于该学会的介入，70% 的医患纠纷调处达到了各方满意，有效地化解了社会矛盾和问题的进一步升级。

四　延庆县社会组织发展存在的问题与原因分析

延庆县社会组织发展起步较晚，这就要求我们学习和借鉴社会组织发达地区的先进经验，努力建立符合具有延庆特色的社会组织发展模式。通过对社会组织发展基本状况的了解和专门访谈获取的资料，笔者将延庆县社会组织发展的问题归纳为以下几个方面。

（一）总量相对不足，无法满足社会建设需求

当前，一方面，管理型政府正向服务型政府转变，"小政府，大社会"的格局正在形成；另一方面，随着人民群众物质文化水平的提高，对公共服务等需求日益增强，并不断提出新的、更高的要求。这就需要更多的社会组织来承担社会服务管理工作，弥补政府在职能转型过程中提供公共产品的不足，解决单靠政府难以充分满足人民群众需求的问题。截至 2010 年底，北京市（含各区县）注册登记社会组织总量达到 6649 个，其中社会团

体 2931 个，民办非企业单位 3570 个，基金会 148 个①。按照常住人口 1961.2 万人计算，全市每万人社会组织数量 3.39 个。截至 2010 年底，延庆县注册登记社会组织总数 195 个，其中社会团体 146 个，民办非企业单位 49 个。按照常住人口 31.7 万人计算，延庆每万人社会组织数量 5.90 个。由于延庆县总人口偏少，故延庆每万人社会组织数量高于北京市整体水平，但是社会组织总量在 16 区县排名中位列第 13 位（图 10 - 6），排名靠后，总量相对不足，总体尚不能满足延庆社会建设的需求。

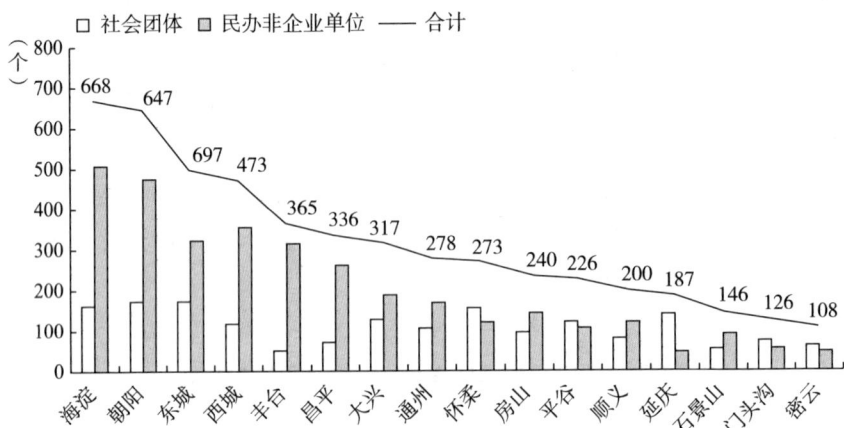

图 10 - 6　截至 2010 年底北京市各区县社会组织发展情况

（二）在形成模式上，社会组织社会化程度低

社会组织具有"中介性"的角色，发挥政府、社会之间的桥梁和纽带作用，具有"官民二重性"的特征。延庆县社会组织在形成模式上，"管办模式"依然是主流，导致延庆县社会组织社会化程度较低。从调研情况看，政府力量介入成为社会组织创建一种惯性的延续。延庆县 195 个注册登记的社会组织，55% 以上属于官办，其法人代表也大多由行政官员兼任，行政色彩较浓。"政社不分、官民不分"的困局使社会组织运行机制僵化，行政命令化，导致社会组织普遍存在发挥公共服务、反映人民群众诉求等方面的

---

① 根据北京市社会组织公共服务平台数据整理，http://www.bjsstb.gov.cn/wssb/wssb/dc/org-WebList.do? action = searchOrgList。

作用不能充分发挥。民办非企业单位是最能体现"民办"之意的社会组织，但从图 10－6 可以看出，延庆县民办非企业单位数量在原有 18 区县中排名垫底，数量最少，与全北京市民办非企业单位数量多于社会团体数量的总体趋势不相一致。

（三）在管理体制上，限制约束机制较强，培育、扶持机制较弱

社会组织采取"双重管理"体制，限制约束机制较强，培育积极性不高，扶植力度不够。所谓"双重管理"体制，就是社会组织除了需要接受登记管理机关（民政局）的管理，还需要接受"有关业务主管部门的指导"。所有社会组织在向登记管理机关申请登记前，必须"经过有关业务主管部门审查同意"。这就意味着一方面所有社会组织如果要注册登记，必须在政府相关部门或国家事业单位（业务主管部门）寻求挂靠；另一方面这些政府部门或事业单位（业务主管部门）缺乏接受社会组织挂靠的积极性，即使接受挂靠，也是约束多于扶持。因为它们既不能从中获益，又必须为挂靠的社会组织的所有问题负全责，这无形之中增加了业务主管部门的政治风险。这就是当前社会组织因"双重管理"体制而面临的注册困境和管理困境。在现有相关法律、法规框架下，登记管理部门和业务主管部门的管理重心仍偏向于规范和监管社会组织登记行为与日常活动，而对社会组的政策扶持、税收优惠、购买公共服务等核心内容很少涉及。社会组织的"双重管理"体制机制违背了"政社分开、管办分离"的社会组织发展方针，造成了社会组织发展缓慢、难以充分发挥作用的问题。

（四）自身发展存在资金、场地、人才等瓶颈制约

资金、场地、人才等因素是当前所有社会组织共同面临的难题。主要体现在以下几个方面。第一，注册门槛高。根据《社会团体登记管理条例》和《民办非企业单位登记管理条例》等法律、法规规定，社会组织（社会团体、民办非企业单位、基金会）创建初期必须具备注册资金、固定场所、会员数量等条件约束，原本想发挥作用的一些社会组织，苦于以上限制条件而无力成为法定的社会组织，甘愿"法外生存"。第二，运转经费来源少。根据调查，官办社会组织资金状况相对较好，其工作人员工资、运行

经费、活动场所基本都能得到保障。但自发的社会组织，因为没有政府背景，以及社会组织的非营利性质，只能依靠捐赠或寻求政府资助，到处"化缘"。如果光景不好，就难以维持，走向凋敝。此外，社会组织的活动场所和公益活动等必须交税。无营利，还交税，无形中又增加了社会组织的负担。从1992年延庆县开始有注册登记的社会组织起，先后有20个社会组织被注销，占注册登记的10%。第三，社会组织中社会工作人才缺乏。由于社会组织的公益性、非营利性质，在人才引进方面不具有吸引力，现有人才队伍稳定性也较差。以官办为背景的社会组织，其法人代表大多是身兼多职，而自发的社会组织，其法人代表基本属于能人，只能发挥"能人效应"。高素质的专业人才的匮乏在某种程度上导致社会组织不能向社会提供有效的专业性服务，导致社会服务质量下降，社会组织的专业化也就很难实现。

不仅注册登记社会组织在资金、场地、人才方面存在困境，社区组织也面临同样的困境，并且更加突出。因不具备登记条件、无业务主管单位，社区组织的资金来源大多来自社区组织内部成员自己筹集，用于购买设备、服装等，以便开展文体活动、社区服务。通过摸底调查和座谈，笔者了解到，延庆县社区组织大部分从事文体活动，开展活动主要利用公共场所、街道或社区无偿提供的场所、有偿租赁场所，或使用自有房产。有众多的社区组织苦于没有活动场地，到处打游击。场地极大地限制了社区组织的活动，同时也极大地消减了大家参与组织活动的热情。在人才方面，社区组织表现出与自发社会组织同样的特征，即依赖"能人效应"，遇到的一些问题基本都是通过能人与有关方面进行沟通协调。但是像这类的能人数量太少，严重阻碍了社区组织的健康发展。当前遇到的主要问题是，在解决实际问题时缺少衔接社区组织与其他部门之间上传下达、沟通协调的专门人员。由于没有专门负责人员，社区组织规范、备案、内部治理等也存在诸多问题。

五　加强延庆县社会组织发展的建议

总的来看，延庆县社会组织发展中存在的问题，既具有我国社会组织发展中面临的共同问题，又具有自身的特点。当务之急，是要加强和重视发展社会组织的理念建设，探索社会组织参与社会建设和管理的形成机制，完善社会组织管理体制机制，推动与人民群众日益增长的物质文化需求相适应的社会组织发展。为此，笔者提出以下参考建议。

（一）加强理念建设

1. 转变政府观念

"小政府，大社会"既是政府行政体制改革的主要方向，也是社会体制改革的重要目标，社会组织发展是实现这一目标的主要因素。由于历史原因，政府对社会组织发展采取的策略是积极培育与适度控制并存的方式，控制强于培育。政府总揽一切事务的思维模式，导致政府总体上对社会组织发展不够重视。但是，当今诸多社会矛盾和问题的出现已经说明"总体性政府"不能适应社会发展的需要，政府在提供公共产品的时候也会出现失灵的状况，特别是对社会矛盾和问题采取简单的压制、围堵的措施，并非解决问题的良方。因此，政府需要加快职能转变，更要转变社会建设和管理理念，意识到社会力量参与社会建设和管理的重要作用，充分利用社会组织分担政府事务，发展经济，服务公民利益诉求，调处社会关系，化解社会矛盾，促进社会和谐。建议将发展社会组织纳入经济社会发展的总体规划和社会建设的具体目标，积极引导社会组织加入宏观社会管理的大体制。

2. 培育公民意识

培育、引导公民参与社会建设和管理意识是促进社会组织发展的重要途径。社会组织的发展环境需要自上而下的支持，同时也需要公民自下而上的热情参与。当前，新经济组织、新社会组织、社区组织、农村自治组织正在构建或形成中国社会重新组织化的过程。在这个过程中，新经济组织发挥了重大作用，极大地推动了中国经济社会的发展，但是社会组织还很薄弱。需要像培育、引导新经济组织发展那样，培育、引导社会组织发展，鼓励和号召公民自发地参与社会建设和管理，培育公民社会主义核心价值观，营造和谐社会人人有责、和谐社会人人共享的局面。建议大力弘扬、宣传组织规范、社会实效好、发挥作用大的社会组织和个人先进事迹，并进行年度表彰和奖励，以有效吸引更多社会精英参与社会组织发展。

（二）探索社会组织参与社会建设和管理的形成机制

社会组织参与社会建设和管理是激扬公民参与意识、培育"公平正义"社会价值、提升社会组织自我管理能力、自我协调能力的基础。当前，延庆县探索社会组织参与社会建设和管理的形成机制，可以有以下几个切入点：①从政府改革和规范行政职能的角度，有序"释放"出一部分政府承担的社会公共事务，鼓励社会组织参与其决策和运作过程，探索用社会力量解决政府提供公共产品不足问题的机制；②建立专项资金，通过政府购买社会组织服务的具体方式，推进社会组织参与社会服务管理，政府在购买社会组织服务时提供公开、公平、公正、诚信的竞争环境，并提供优质的服务与管理；③有序推进"政社分开"，完善政府购买社会组织服务机制的制度化、规范化，使社会组织发展逐渐具有自身创造的生命力，以此为基础，有序推进"政社分开"，推进社会组织的社会化、专业化。

（三）通过"枢纽型"社会组织建设逐步实现"管办分离"的管理体制

通过构建"枢纽型社会组织"① 逐步突破社会组织注册必须有"婆家"挂靠的管理模式，使社会组织与主管行政部门在机构、人员、资产、财务等方面彻底分开，逐步把业务主管职能从政府部门剥离出来，逐步实现社会组织自我管理、自我发展。因此，建议继续加大认定"枢纽型社会组织"的工作力度，在原有认定9家县级"枢纽型社会组织"的基础上，新建、改造、提升一批县级"枢纽型社会组织"。可将计生协会等规模大、运作规范、社会实效好的社会组织认定为"枢纽型社会组织"，根据有关法律、法规，授权其承担业务主管单位职责，对相关社会组织进行日常管理、业务指导、提供服务，充分发挥其龙头作用。将性质相同、业务相近的社会组

---

① "枢纽型社会组织"意指同类型社会组织的联合型组织，其工作体系是要在社会组织管理中，充分发挥人民团体等有较大影响的社会组织枢纽作用，对相关社会组织进行日常管理、提供服务，使之成为党和政府与社会各界群众广泛联系的桥梁和纽带。

织联合起来，进一步形成合力，促进共同发展，从而改变现有政府部门或行政单位作为社会组织主管单位的局面，为培育、扶持社会组织发展提供有利条件。

（四）建立健全社会组织发展的激励机制

首先，在现有的法律框架下，通过"税费减免"，扶持社会组织发展。社会组织与企业不同，其具有非营利性质，因此，不应采取企业税收制度。可以考虑采取以下方式：社会组织年度审计费用由政府与社会组织共同承担，社会组织活动场所免征税，社会组织接受捐赠数额较大适当缴税。其次，在现有法律范围内，允许社会组织适当收取服务费，维持其正常运转。最后，试行社会组织星级评估机制。从社会组织结构保障条件、活动能力、社会实效、群众满意等方面进行综合评估，评选出"AAAAA""AAAA""AAA""AA""A"五个等级，分别给予不同奖励，形成推动社会组织发展的激励机制。

（五）完善社会组织服务管理新机制

首先，通过社会领域党建工作，在加强对社会组织领导和管理的同时，做好社会组织服务工作。开展调研工作，反映社会组织实际问题，解决社会组织的资金、场地、人员等实际困难。其次，健全社会组织监管机制。根据有关法律、法规，社会组织挂靠的业务主管单位，应承担相应职责，对相关社会组织进行日常监管，依法坚决取缔非法社会组织，严厉打击各种非法活动。建立社会组织管理工作联席会议制度，加强工作联系和信息沟通，提供服务，促进社会组织健康发展。最后，加强社区组织服务管理工作。在社区居委会（村委会）设置专职人员，负责社区组织服务和管理工作，反映社区组织实际需求，协调解决社区组织资金、场地、人才等实际困难。加快社区组织备案工作，引导有条件的社区组织发展成为规范的、合法的社会组织。

总结起来看，需要抓住以下重点：①转变政府观念，将发展社会组织纳入经济社会发展的总体规划和社会建设的具体目标；②大力宣传社会组织的社会作用，创造良好的社会舆论环境；③设立政府扶持社会组织发展专项资金；④完善政府购买社会组织服务机制建设，推进"政社分开"；⑤构建"枢纽型社会组织"体系，逐步实现"管办分离"；⑥通过"税费减免"、适当收取服务费、试行社会组织星级评估机制等方式，不断完善社会组织激励机制；⑦通过新时期社会领域党建工作等新办法，加强社会组织服务管理；⑧加强社区组织服务管理；⑨鼓励社会精英积极参与社会组织建设。

分报告11
延庆县社会工作人才
队伍建设状况调查与分析

　　党的十六届六中全会提出："建设宏大的社会工作人才队伍……是构建社会主义和谐社会的迫切需要。"《国家中长期人才发展规划纲要（2010～2020年）》强调要重点建设包含社会工作人才在内的六类重点人才（党政人才、企业经营管理人才、技术人才、高技能人才、农村实用人才、社会工作人才）队伍。因此，通过调研，摸清延庆社会工作人才队伍建设基本情况，了解社会工作人才队伍发挥作用情况，分析其在发展中存在的问题与成因，并以此为基础有针对性地提出相应的策略和措施，对于进一步推进延庆县社会工作人才队伍建设具有重要意义，对延庆县制定"十二五"社会工作人才队伍建设规划也具有决策参考价值。

　　需要说明的是，本研究报告是在延庆县的社会工作人才队伍建设调研工作基础上完成的。以下有关数据如无特殊说明，均来自中共延庆县委社会工作委员会、延庆县社会建设办公室组织实施完成的"延庆县社会工作人才队伍建设调研"相关资料①。

一　延庆县社会工作人才队伍的界定与分析

　　党的十六届六中全会第一次将"建设宏大的社会工作人才队伍"写入党的正式文件。经过近4年时间，全国各地社会工作人才队伍建设快速发

---

　　①　中共延庆县委社会工作委员会、延庆县社会建设办公室：《延庆县社会工作人才队伍建设调研数据汇总》（2010），内部资料。

展，个别地区已经形成了独特的"社会工作人才使用模式"①。但是，此项工作总体上还处于起步阶段，还很不成熟，延庆县的社会工作人才队伍建设也处于相对滞后的状况。为了更好地开展调研和分析现状，需要对社会工作人才队伍建设的相关概念有一个基本界定。目前，各地区对社会工作人才的理解和界定存在较大差异，我们将结合延庆的实际情况，给出我们对社会工作人才队伍概念的界定和分类。

（一）社会工作人才定义

社会工作人才是以助人为宗旨，运用社会工作专业理念、知识和方法，从事困难救助、矛盾调解、权益维护、心理疏导、行为矫治、关系调适等社会管理与服务工作的专门人才，是整个国家人才队伍的重要组成部分，是顺利推进社会建设的重要支撑力量，也是维护社会和谐安定有序的重要依靠力量。社会工作人才队伍建设是完善社区建设、基层党建建设、社会保障体系建设、公共服务均等化建设，创新社会管理体制、整合社会资源的必然要求。

（二）延庆社会工作人才队伍分类

以社会工作人才定义为基础，结合当前我国社会工作的研究现状，以及延庆县实际情况，我们将延庆县社会工作人才队伍分为行政性非专业化社会工作者、社区工作者、协管员和专业化社会工作者四类。

1. 行政性非专业化社会工作者

行政性非专业化社会工作者是指以提供社会服务和管理为主要职能的政府部门及所属事业单位中的人才。所谓"行政性"是指：这种社会工作者被纳入行政框架之中，他们对社会成员的帮助是按照行政系统开展的；他们的工作是按照行政程序进行的；其功能定位被纳入行政管理范畴。所谓"非专业化"是指：这些社会工作者大多没有受过社会工作专业知识和技巧的训练，但有本职工作训练②。我们将这种社会工作者按照行政编制和

---

① "政府购买服务"和"一社区一社工"的社会工作人才使用模式。
② 范燕宁：《社会工作专业的历史发展与基础价值理念》，《首都师范大学学报》（社会科学版）2004年第1期。

事业编制（不含副处级及以上干部，不含财务、后勤、司机等工勤人员）进行归类统计，主要分布在提供社会服务和管理的政府职能部门及所属事业单位，包括民政局、人力资源和社会保障局、残联等部门。

2. 社区工作者

社区工作者，是指在社区党组织、社区居委会和社区服务站专职从事社区管理和服务，并与街道（乡镇）签订服务协议的工作人员①。这种社会工作者包括两部分。一是专职社区工作者，由届满村官、应届毕业大学生等组成。根据《北京市社区工作者管理办法（试行）》有关规定签订服务协议，其薪酬由市县两级财政承担，由所在街道发放。二是选任社区工作者，如街道（乡镇）、社区党组织、社区居委会干部，由原来城镇办事处行政编、事业编人员和教师转岗人员等组成。这种社区工作者有行政或事业单位身份，工作性质具有行政性特征。

3. 协管员

协管员，是指协助社区自治组织及其他社区工作机构提供社区服务与管理的人员，一般由各政府职能部门在社区设立的临时工作岗位，如综治办设置的流管员、残联设置的助残员、人力资源和社会保障局设置的社保协管员等。协管员与政府相关职能部门签订服务协议，其薪酬一般由政府相关职能部门发放。

4. 专业化社会工作者

专业化社会工作人才是指在政府职能部门及其所属事业单位、街道、社区自治组织机构及非政府社会工作机构中以助人为宗旨，运用专业的理念和方法，从事困难救助、矛盾调解、权益维护、心理疏导、行为矫治、关系调适等社会服务和管理工作的专门人才。

二　延庆县社会工作人才队伍建设现状

通过调查统计，截至 2010 年 8 月底，延庆县社会工作人才队伍共有

---

① 《北京市社区工作者管理办法（试行）》第二条，北京社会建设网，2009 年 10 月 30 日，ht-tp://www.bjshjs.gov.cn/78/2009/10/30/3@574.htm。

816 人，摸底范围涉及民政局、人力资源和社会保障局、信访办、残疾人联合会、妇联、红十字会、人口和计划生育委员会、共青团、总工会 10 个政府职能部门及所属事业单位，以及香水园街道办事处、百泉街道办事处、儒林街道办事处 3 个政府派出机构。以下从性别结构、文化结构、年龄结构、专业结构、职业资格状况等方面来描述延庆县社会工作人才队伍基本状况。

（一）行政性非专业化社会工作者队伍状况

行政性非专业化社会工作者队伍 341 人，其中男性 155 人，女性 186 人。其中社会工作专业毕业生 2 人，取得助理社会工作师职业资格证书 2 人，取得社会工作师职业资格证书 2 人。如图 11 - 1 所示，文化结构中初中及以下 6 人，高中或中专 16 人，大专 114 人，本科 176 人，研究生及以上 29 人。如图 11 - 2 所示，年龄结构中 25 岁以下 26 人，26 ~ 35 岁 91 人，36 ~ 45 岁 136 人，46 ~ 55 岁 78 人，56 岁以上 10 人。

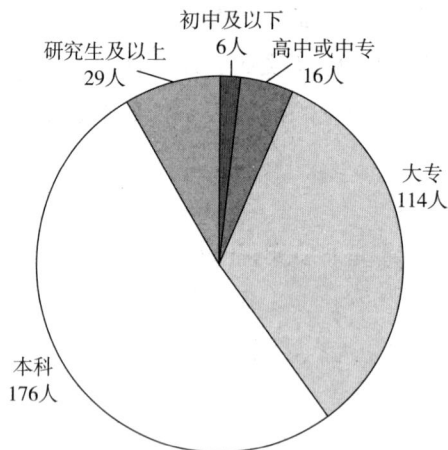

图 11 - 1 行政性非专业化社会工作者文化结构

（二）社区工作者队伍状况

1. 专职社区工作者队伍状况

延庆县原有专职社区工作者 180 人，因考取公务员等原因离职 7 人，现

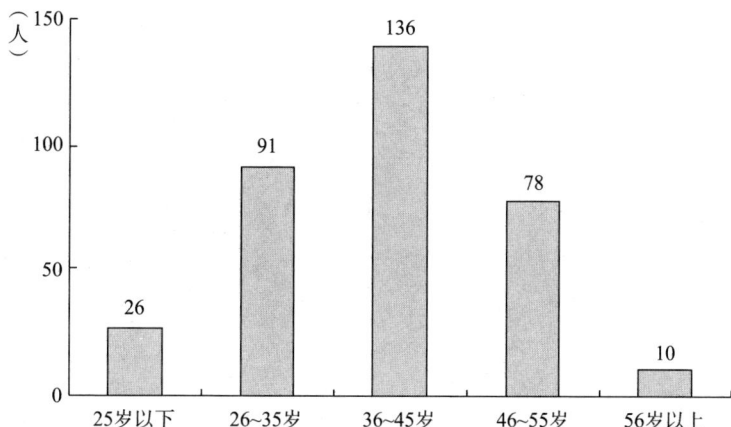

图 11 - 2　行政性非专业化社会工作者年龄结构

有专职社区工作者 173 人，其中男性 62 人，女性 111 人。如表 11 - 1 所示，文化结构中大专 131 人，本科 39 人，硕士研究生 2 人，博士研究生 1 人。年龄结构中 25 岁以下 145 人，26 ~ 30 岁 25 人，31 岁以上 3 人。政治面貌中，团员 117 人，党员 54 人，群众 2 人。知识背景涉及财务会计、工商管理等 69 个专业。

表 11 - 1　延庆县专职社区工作者年龄和学历结构

年龄 学历	学历				合计	
	大专	本科	硕士研究生	博士研究生	百分比	人数
年龄段 25 岁以下	116	29	0	0	84%	145
26 ~ 30 岁	14	9	2	0	14%	25
31 岁以上	1	1	0	1	2%	3
合计	131	39	2	1	100%	173

2. 选任社区工作者队伍状况

延庆县选任社区工作者共计 188 人，其中行政编 20 人，事业编 168 人；男性 101 人，女性 87 人；取得助理社会工作师职业资格证书 8 人，社会工作师职业资格证书 8 人。如图 11 - 3 所示，文化结构中初中及以下 0 人，高中或中专 3 人，大专 33 人，本科 147 人，研究生及以上 5 人。如图 11 - 4 所示，年龄结构中 25 岁以下 0 人，26 ~ 35 岁 57 人，36 ~ 45 岁 108 人，

46～55 岁 21 人，56 岁以上 2 人。

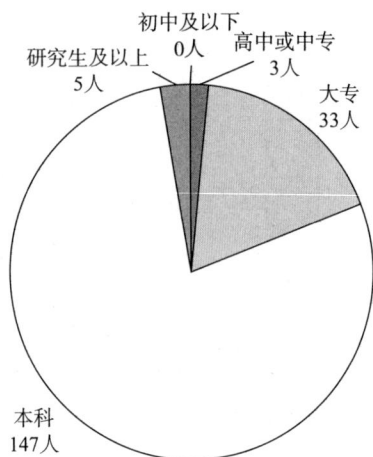

图 11 - 3　街道、社区社会工作者文化结构

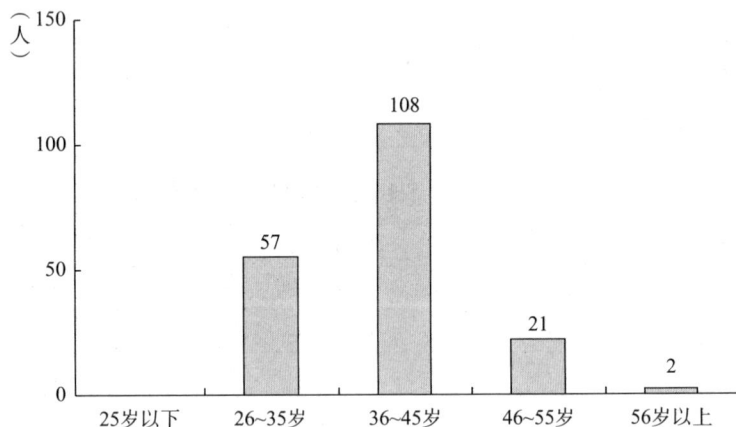

图 11 - 4　街道、社区社会工作者年龄结构

（三）社区协管员工作队伍状况

延庆县 3 个街道社区协管员共计 114 人，其中社区流动人口管理员 38 人、工会协管员 15 人、残联协管员 7 人、社保协管员 42 人、司法所协管员 4 人、巡防员 8 人。

（四）专业化社会工作者队伍状况

由于我国社会工作起步较晚，在北京专业化社会工作者队伍建设状况比较滞后，在我们调研的延庆县，严格意义上的专业化社会工作者队伍没有建立起来，从事专业化社会工作的工作者基本没有。不过，在延庆县社会工作人才队伍总体中（816 人），已有 20 人取得了社会工作师或助理社会工作师职业资格证书，占总体的 2.45%。

（五）综合分析

综合以上情况，我们可以看到：首先，行政性非专业化社会工作者专业化程度较低，社会工作专业毕业生和取得社会工作职业资格证书的从业者数量少。文化程度较低，其中大专及以下学历占总人数的 39.9%；年龄结构符合正态分布，趋于合理。其次，社区工作者中，3 个街道、26 个社区只有 173 名专职社区工作者，队伍规模太小，而且专业化程度较低，街道、社区选任社会工作者文化程度较高，但专业化程度不高。再次，社区协管员队伍在社区管理和服务中起到一定作用，但根据目前实际情况，这部分人员基本上属于"40、50"失业安置人员，不能构成延庆县社会工作人才队伍的主体，需要逐步优化。最后，专业化社会工作者队伍亟待建立。

总体来看，延庆县社会工作人才队伍建设应该着力推动行政性非专业化社会工作者的专业化工作，努力解决好社区工作者规模、职业化、专业化问题，逐步优化协管员队伍，重点抓好社区工作者、专业化社会工作者队伍建设。

三　延庆县社会工作人才队伍建设存在问题和原因分析

延庆县社会工作人才队伍建设起步较晚，需要学习和借鉴社会工作发达地区先进经验，努力建立具有本县特色的社会工作人才队伍，形成"延庆模式"。通过对社会工作队伍建设基本状况的了解和专门的访谈，笔者认为，延庆县社会工作人才队伍建设存在以下六个方面的问题：

（一）职业化问题

职业化是指某种社会活动被社会认定为一种职业，并得到发展的过程。职业化是社会职业分化的结果。目前，由于延庆县社会工作人才队伍建设刚刚起步，人们对社会工作和社会工作人才的认识比较模糊。首先，对社会工作认识不清，普遍不了解社会工作是一项专门性的职业；其次，对社会工作人才理解存在误区，特别是对社会工作的职业性、专业性缺乏了解，认为只要是居委会工作人员就是社会工作人才；最后，对社会工作的工作理念、社会工作知识和方法都缺乏了解，所了解的社会工作领域也比较狭窄。这些问题导致社会工作者职业的社会认同不高，并对社会工作者的职业化带来严峻挑战。

（二）专业化问题

专业化是某一职业越来越由受到专门教育或培训的人充任，并按照专门的工作理念和方法，为社会提供服务。从延庆县社会工作人才队伍现状分析，社会工作人才队伍总量不足，专业素质低，人才结构亟待优化和提高。总量不足的问题主要指选任社区工作者，特别是专职社区工作者和专业化社会工作者方面的人才相当匮乏，与社会工作的职业化需求相比更为滞后。在规模小的同时，专业化程度低也是目前社会工作人才队伍建设的通病。许多从事社会工作的人员对社会工作所需专业知识知之甚少，难以提供专业性服务，妨碍服务水平和质量的提高。

（三）行政化倾向问题

长期以来，行政性工作和社会事务性工作并没有一个明确的划分。街道和社区开展的工作很多时候都是将两者捆绑在一起，难以区分。负责专职社区工作者队伍管理的职能部门是县委社会工委，但由于尚未建立起一套社会工作管理体系，街道在行使专职社区工作者管理职能，导致行政化、科层化趋势明显。主要表现为两个方面。首先，社会工作者目前承担了用人单位大量的行政性事务，如打字、写报告、整理材料、文件上传下达等。

因此，有人认为，社会工作者能做的事情，其他人也能做。其次，用人单位把受聘社会工作者超常规管理和使用，一人身兼数职。例如，某社区工作者同时从事计生、团委、妇联、司法、档案管理五项工作，此外还要完成上级科室下达的临时性应急工作。由于工作的行政化，社区工作最终只能是疲于应付。社会工作行政化倾向是全国开展社会工作中存在的最为普遍性的问题，亟待解决。

（四）身份定位问题

社会工作者身份定位问题有以下两种情况。第一，管理体制尚未捋顺，一人拥有多重身份。延庆县社会工作者由县人力资源和社会保障局统一招录，与社区服务站签订服务协议，受街道调派和使用，社会工委管理。但是，社区服务站办公场所尚未建立，社区服务站与居委会是两个牌子一套人马，并且专职社区工作者由街道调派和使用。一人拥有多重身份，不仅给专职社区工作者管理和使用带来很大问题，也是导致社会工作队伍不稳定的因素之一。第二，社会工作者的身份没有得到社会充分认同。社会工作者的身份不像教师、医生等职业那样清晰、明确，在工作起始阶段往往很难得到服务对象的理解和认可。

（五）薪酬待遇问题

延庆县专职社区工作者的待遇按照《北京市社区工作者管理办法（试行）》执行，包括基本工资、职务补贴、奖金和其他待遇（五险一金）四部分。也就是说，一个社区工作者，每月960元工资，年终奖金3600元，合计平均每月1260元。目前，北京市大学生村官的月工资为1800～3000元，与之相比差太多，与实际生活水平和消费水平也不相符。较低的薪酬与社区工作者繁重的工作形成严重反差，与街道、社区干部等工作人员相比也差别较大，同工不同酬较为突出。较低的薪酬使其不能拥有体面的生活，进而导致专职社区工作者缺乏尊严和职业认同。社会工作者较低的薪酬不仅难以吸引高素质专业人才充实到社会工作队伍，而且导致专职社区工作者岗位人才流失严重。社会工作者待遇低一直是困扰扩大社会工作人才队伍的主要障碍。

（六）管理机制问题

社会工作者管理是包括引进、培训、考核、流动、激励的一套体系。第一，引进问题。引进与使用相分离的现状，容易导致实际招录的人员与实际工作中需求不一致，影响社会工作队伍素质的优化和提高。从以上社会工作者队伍状况分析，仅有 2 人是社会工作专业。第二，培训问题。由于社会工作者的多重身份，加之没有建立起完善的培训机制，社会工作者严重缺乏职业、专业培训。第三，考核问题。目前，还没有建立社会工作人才队伍考核评价机制。第四，流动问题。社会工作组织机构的不健全，社会工作者身份的复杂性，导致社会工作者向上流动的渠道狭窄。第五，激励问题。与其他从事社区工作的体制内人员相比，自身工作繁重，待遇水平低，导致社会工作者产生不公平感，严重削弱了社会工作者的主动性和创造性。因此，如何建立完善的社会工作人才队伍管理机制是培养人才，发挥人才主动性、创造性，以及留住人才，扩大社会工作者队伍的重要保证。

四　加强延庆县社会工作人才队伍建设的建议

中国改革开放的伟大实践表明，经济建设需要宏大的经济工作人才队伍，社会建设同样也需要宏大的社会工作人才队伍。基于中央和北京市关于社会工作人才队伍建设的有关要求和精神，结合延庆县实际情况，确定延庆县社会工作人才队伍职业化为先导，专业化迅速跟进的理念，寻求建立社会工作人才队伍职业化、专业化的社会工作服务组织机构，构建完善的社会工作人才队伍使用机制，围绕"理念建设，机构建设，机制创新"的工作目标，抓好社区工作者和专业化社会工作者队伍建设，建立一支与社会服务需求不断扩大相适应的社会工作人才队伍，为推进社会建设，构建和谐社会提供人才保证。

（一）加强社会工作理念建设

社会工作是一种职业，具有较强的专业性，如何在工作中落实和体现社会工作人才的职业特征和专业特性是目前面临的一个重要而又现实的问题，也是一个工作理念转变的问题。首先，要整体提高认识。社会工作并不是什么人都能干的职业，也不是什么工作都能做的职业。社会工作具有很强的专业性，是从事社会事务的工作，而非行政性事务工作。因此，社会工作要去行政化倾向，突出社会服务功能，实现社会工作从行政性事务向社会事务工作的转变。其次，要加强舆论宣传。尽管社会工作服务需求不断扩大，但在社会工作起步阶段，公众对于一种新兴的职业还是稍有陌生，还未形成像国外或香港等发达国家和地区"有困难，找社工"的良好社会氛围。因此，工作初始阶段应大力宣传、广泛介绍社会工作的专业性，普及社会工作"助人自助"的价值理念，让公众了解社会工作这种职业，体验社会工作的专业性服务。因此，加强政府和公众理念建设，形成良好的社会工作队伍建设的社会氛围，逐步实现社会工作人才队伍的职业化、专业化，是推进社会工作的重要突破口。具体措施，可以与政府相关职能部门合作，从社区矫正、心理疏导、困难救助等渠道进行职业宣传和专业实践，逐步推进。

（二）建立与社会工作人才队伍建设相适应的组织机构

当前政府的职能正在从管理型向服务型转变，但政府的服务机构转变严重滞后于现代社会服务需求和管理领域的不断扩大。完善社区服务站体系建设，建立社会工作服务组织机构和培育、扶植民间社会工作中介组织机构是满足社会服务需求与管理领域扩大，实现社会工作职业化、专业化的关键保证。

1. 完善社区服务站组织机构建设

当前，要根据实际工作需要，加快社区服务站基础设施建设，落实办公设备和办公经费。落实《北京市社区管理办法（试行）》的规定，实现与社区居委会职能分开，逐步建立完善的社区服务站体系。根据社区服务对象比例，配备专职社区工作者，贯彻《北京市社区工作者管理办法（试行）》规定的社区工作者基本职责，适应新时期社区建设需求，建立一支政治素质高、业务能力强、服务效率和水平高的社会工作者队伍。

2. 建立社会工作服务组织机构

根据市委社会工委处室设置，在县委社会工委设立社会工作服务科，街道（乡镇）设立社会工作服务室，社区设立社会工作服务站，形成三级社会工作服务组织机构。社会工作服务组织机构体系的建立有利于避免社会工作行政化倾向，有利于社会工作者身份的确定，有利于实现社会工作者职业特征和专业特性。通过努力，最终建立以县级社会工作服务机构为龙头、街道社会工作服务机构为基础、社区社会工作服务机构为依托的社会工作服务组织机构网络体系，逐级配备相应的社会工作人才。社会工作服务组织机构的建立涉及场地、房屋等基础设施。起步阶段，如有场地、房屋等方面的困难，社会工作服务机构可以适当借助社区居（村）委会和社区服务站资源开展工作。

县委社会工委 – 社会工作服务科，配备社会工作师。职责：负责县域内整体社会工作规划、政策措施、预算、使用机制等制度建设，承担街道、社区社会工作人才能力建设。

街道 – 社会工作服务室，配备助理社会工作师及以上人员，负责人为社会工作师。职责：社会政策、社会福利、社会救助，以及老弱病残等服务政策的指导与落实。组织协调人员调配等工作，开展实务工作，以及社区转介服务。承担街道社会工作服务规划、管理、预算。

社区 – 社会工作服务站，配备助理社会工作师及受过适当专业训练的其他人员。职责：开展辖区内具体社会工作实务。调查服务对象、服务领域等情况。

以上三级社会工作服务组织机构人员，除社会工作服务科人员为行政编制，街道（乡镇）、社区的专业化社会工作者向社会招募，与社会工委签订服务协议。

3. 培育、扶植民间社会工作中介组织机构建设

民间社会工作中介组织（社会工作事务所）是构建宏大社会工作队伍重要组成部分，是实现社会工作社会化的必然趋势。民间社会工作中介组织的运作可以借鉴深圳、上海等发达地区先进经验。政府提供资金投入，政策优惠，培育、扶植民间运作，形成规模合理、专业性强、具有服务特色的民间社会工作队伍。

（三）建立与社会工作人才队伍建设相适应的管理机制

社会工作人才队伍管理机制是关系到能否做到人尽其才，才尽其用，发挥人才主动性、创造性的重要前提，是社会工作人才队伍建设的核心环节。可以具体从以下五个方面开展工作。

1. 引进与需求相统一

县委社会工委根据各街道（乡镇）、社区实际需要社会工作人员的性质（包括专业等）和具体数量向县人力资源和社会保障局提供参考建议，人力资源和社会保障局根据建议实施人才招录工作。

2. 加强培训机制建设

第一，建议社会工作者被引进后先在社区或街道挂职三个月或半年，熟悉实际情况，培养工作经验；第二，根据市委有关规定，定期对社会工作者进行政策、专业技能、职业道德、法律知识等培训工作，其中，专业技能建议采取层次性（低、中、高）培训，利用高校社会工作专业资源，逐级逐步培训社会工作者，形成社会工作人才梯队培养；第三，把用人单位相关领导作为培训对象，纳入培训计划，并作为重要内容来抓，提高其专业管理水平；第四，加强县社会工作者与市里的各个社会工作机构的交流、分享；第五，开展各街道社会工作者相互学习、探讨的交流会，提高现有社会工作者的职业水平，完成非专业到专业的过渡与转变；第六，定期聘请发达地区优秀社会工作者和高校优秀社会工作专业教师指导和培训。

3. 加强考核机制建设

首先，明确社会工作者的考核主体，建立谁管理谁考核的机制。其次，逐步建立社会工作人才评价体系。以业绩为核心，以学历、职称和从业经验为基础，由品德、知识以及能力等要素构成评价体系，包括社会责任、创新能力、学习研究能力、潜在能力、技术水平、职业道德等方面，对每一个评价要素制定相应的、操作性强的评价细则。

4. 拓宽流动机制

根据建立社会工作服务组织机构体系，对表现优异，考核优秀的人才按照站、室、科的科层制，提供上升空间和提拔。符合条件的可以向居委会、街道等事业、行政编制流动。参加公务员考试的建议优先录取。

5. 完善奖励机制

首先，在满足同工同酬的待遇前提下，建立社会工作人才基金，每年评选"优秀社工"，给予精神和物质的奖励；其次，鼓励社会工作者参考社会工作职业资格考试，并给予通过考试取得职业资格证书的社会工作者奖励。

（四）建立与社会工作人才队伍建设相适应的财政保障机制

合理的薪酬是吸引人才，稳定、壮大队伍的重要前提，也是体现社会工作者职业认同、个人尊严的基础保证。因此，提高社会工作人才队伍待遇是当前亟待解决的问题。首先，建议建立专项资金，保障工资和项目活动经费的正常支出；其次，社会工作者的待遇应参照同领域或单位的事业人员工资标准执行；最后，按经济发展水平和提供服务水平，实现工资水平和活动经费稳步增长。

分报告12
延庆县志愿者队伍
建设状况调查与分析

本报告是在中共延庆县委社会工作委员会（县社会建设工作办公室）、延庆县精神文明建设委员会办公室（以下简称"县文明办"）、共青团延庆县委（以下简称"团县委"）、延庆县民政局等部门和领导，以及延庆县部分社会组织和志愿服务机构代表的大力支持下，课题组成员于2015年1月26～29日赴延庆县，在座谈、访谈等调研基础上完成的，是2010年延庆调查的一个补充调查报告。

近年来，延庆县志愿者队伍紧紧围绕全县中心工作，以重要活动、重大事件、社会需求为重点，着力创新活动载体和实践项目，有力推动了延庆县志愿者队伍建设和志愿者事业的发展。目前延庆县已基本形成了以团县委组织引导的"专业志愿者"、以县文明办统筹协调的"学雷锋志愿服务队"、以社区为载体动员引领的"社区志愿者"，以及由民间社会组织自发倡导的"社会组织志愿者"四大志愿者队伍，志愿服务覆盖的领域不断拓展。

延庆县立足首都生态涵养区的功能定位，坚定不移地实施生态文明发展战略，积极加强绿色北京示范区和美丽延庆的建设，全县经济社会发展不断跨上新台阶。"绿色发展"作为延庆县长期不变的发展战略，需要建立"高精尖"的绿色产业体系，其中尤需旅游休闲产业为核心的重点产业的提质增效，这将日益成为延庆未来发展的"硬实力"。在推动绿色发展的大事上，延庆县已成功举办2014年第十一届世界葡萄大会、第80届世界汽车房车露营大会等，这些大会不仅提高了延庆的知名度和美誉度，也为办好后续的绿色大事探索了有益的经验。当前，延庆县2015年世界马铃薯大会将全面展开，2019年世界园艺博览会的筹备工作有序推进，2022年冬奥工作的申办也在稳步推进，这些绿色发展的大事将为推动全县经济社会发展迈向新高度，同时也为提升延庆县的综合服务实力提供了重大契机。这不仅需要加强公共服务设施的升级改造，而且需要加快延庆志愿者队伍的建设。这既是国际国内的基本经验，也是延庆经济社会发展的现实要求。作为"软实力"的志愿者队伍建设，必将强力助推延庆县旅游休闲产业这一"硬实力"的健康可持续发展。

一 延庆县志愿者队伍的基本情况

近年来，延庆县的志愿者队伍建设呈现逐步壮大的趋势。按照志愿者组织主体进行分类，延庆县主要包括专业志愿者、学雷锋志愿者、社区志愿者及社会组织倡导的志愿者四支队伍。这里要指出的是，这四类志愿者中的部分人员在统计时有交叉重叠。

（一）以团县委组织引导的专业志愿者

自 2008 年开展志愿服务工作以来，团县委不断完善志愿服务机制，先后组建志愿者协会、成立志愿服务指导中心，为开展志愿服务活动奠定坚实的组织基础。截至 2014 年年底，团县委先后组建各类志愿服务队 34 支，依托"志愿北京"信息平台注册志愿者达到 36890 人次，发布志愿服务项目 200 余项。累计注册应急志愿者 2900 余名，应急志愿服务队 24 支，覆盖全县 15 个乡镇，3 个街道[①]。团县委组织引导的专业志愿者积极承担元宵节花会展演、自行车骑游大会、端午文化节龙舟下水仪式、第三届自行车博览会、北京国际马球公开赛、环京赛、新年倒计时和新年登高活动等重大赛事活动，而且圆满完成了第十一届世界葡萄大会的志愿服务任务，积累了丰富而宝贵的志愿服务经验。

（二）以县文明办统筹协调的学雷锋志愿服务队

在延庆县精神文明建设委员会统一领导下，延庆县形成了由中共延庆县委宣传部、县文明办牵头，团县委、社会工委、民政局等部门协作和社

会各方共同参与的领导机制，并成立了一支学雷锋服志愿服务总队（见表12-1），由文明办负责统筹协调。相关资料显示，依据服务区域、服务内容和专业需求，相继建立了团员青年学雷锋志愿服务队（50余人）、八达岭长城学雷锋志愿服务队（志愿者120人，下设4支分队）、巾帼学雷锋志愿服务队（志愿者2000余人，下设400余支分队）、大学生村官学雷锋志愿服务队（680余人，下设15支分队）、机关干部学雷锋志愿服务队（志愿者290人，下设30支分队）、医疗卫生学雷锋志愿服务队（60人，下设2支分队）、社区工作者学雷锋志愿服务队（168人，下设3支分队）、文艺工作者学雷锋志愿服务队（280人，下设2支分队）、劳模学雷锋志愿服务队（44人）、红领巾学雷锋志愿服务队（22300人，下设56支分队）、环保志愿学雷锋服务队（志愿者350人，下设11支分队）、"蓝天行动"学雷锋志愿服务队（100余人）12支学雷锋专业志愿服务队。15个乡镇结合工作实际，也相应成立了乡风文明志愿服务队（217人）。此外，还建立了一支公共文明引导队（60人），为乘客义务指路，倡导文明出行。截至2014年4

表 12 - 1　学雷锋志愿服务队一览

1	2	3	4	5	6	7	8	9	10	11	12	13	14
机关干部学雷锋志愿服务队	劳模学雷锋志愿服务队	团员青年学雷锋志愿服务队	巾帼学雷锋志愿服务队	大学生村官学雷锋志愿服务队	医疗卫生学雷锋志愿服务队	社区工作者学雷锋志愿服务队	文艺工作者学雷锋志愿服务队	红领巾学雷锋志愿服务队	环保志愿学雷锋服务队	乡风文明志愿服务队	八达岭长城学雷锋志愿服务队	公共文明引导队	「蓝天行动」学雷锋志愿服务队
290人	44人	50余人	2000余人	680余人	60人	168人	280人	22300人	350人	217人	120人	60人	100余人
下设30支分队			下设400余支分队	下设15支分队	下设2支分队	下设3支分队	下设2支分队	下设56支分队	下设11支分队		下设4支分队		

　　注：本表仅统计学雷锋服务总队的志愿者人数。

月底，志愿者人数已超过 25000 人，其中延庆县 14 个专业学雷锋志愿服务队中，已登记注册的志愿者达到 11000 人，还评选了优秀团队 6 个，品牌团队 10 个，金牌志愿者 10 人，优秀志愿者 105 人[①]。

（三）以社区为载体动员引领的社区志愿者

截至 2014 年底，全县有社区志愿组织 65 个、社区志愿服务队 206 个。截至 2015 年 1 月 23 日，在民政系统注册的社区志愿者达 18795 人[②]。社区志愿者主要为兼职志愿者，如社区工作者、社区居民、退休职工、学生、在职党员等。志愿服务的类型包含法律咨询、维权服务、健康心理、敬老助老、文化娱乐、全民健身、治安巡逻、环保绿化、卫生保洁、教育培训、纠纷调解、便民生活、消防安全、扶贫济困等。近年来，一些品牌性社区志愿服务日益涌现，如：曾被北京市民政局评为"北京市社区志愿服务先进单位"的北京市延庆县普法志愿者协会；为创建首都文明社区、首都平安示范社区等做出重大贡献的香水园新兴东社区"家和万事兴"调委会；加强行业的自我管理、自我服务的珍珠泉乡民俗旅游协会；义务提供助残服务的刘斌堡乡"韩大姐"志愿服务队；等等。

（四）由民间社会组织自发倡导的社会组织志愿者

近年来，延庆县社会组织逐步发展，开始成为志愿队伍建设的一支重要力量。但因民间社会组织倡导的志愿活动具有自发性特点，社会组织志愿者与其他类型的志愿者也可能存在交叉状况，故其实际志愿人数较难单独统计。总体来看，延庆县目前社会组织数量仍然较少，但一些品牌性的社会组织逐步脱颖而出。例如，2007 年成立的延庆县自行车协会目前已有会员 350 人，下设 10 个分队、1 个骨干队、7 个集体会员（200 人），他们在推动绿色出行、公益出行等方面做出良好表率，为美丽延庆的建设做出

---

① 数据来源：根据 2015 年 1 月 26 日本课题组与延庆县精神文明建设委员会办公室座谈会资料及中共延庆县委宣传部、延庆县精神文明建设委员会办公室 2014 年 5 月联合印发的《文明延庆》手册整理。

② 数据来源：根据 2015 年 1 月 27 日本课题组与延庆县民政局座谈会资料整理。

较大贡献①。2009 年成立的草根组织墨墨祝福以网络为平台，集结以延庆县工薪阶层为主体的爱心人士，倡导举手之劳做公益，开展贫困山区助学活动，积极传递社会正能量。

二　延庆县志愿者服务活动开展
情况及其效果

近年来，在重要节假日，在"两会""十八届三中全会"等重要会议时期，在"全国公路自行车赛冠军赛""环京自行车赛"等重要活动中，在"11·3"延庆暴雪等关键时刻，在满足居民日益增长的服务需求等方面，广大志愿者都发挥了积极作用，为社会和谐稳定做出了积极贡献，为游客和市民提供了热情周到的服务，在应急救灾中发挥了巨大作用，在日常生活中实现了居民自治管理与政府行政管理的良性互动和有效对接，赢得了社会的广泛认同和好评。

（一）以常规性志愿服务为基础，增强社区凝聚力，提升社会治理水平

志愿者队伍自觉践行"奉献、友爱、互助、进步"的现代志愿服务理念，深入开展学雷锋志愿服务活动，积极投身敬老助残、扶弱助困、帮教助学、环保宣传、心理辅导和科技、文化等各类城乡志愿服务活动，全县形成了一大批形式新颖、内涵丰富、特色鲜明、实效明显的重点和品牌项目，社会影响和作用日益扩大。百泉街道"爱相随"巾帼志愿者服务协会共有妇女志愿者 82 人，几年来为社区空巢老人、残疾人、孩子提供志愿服务 41 万多小时，上门服务 10 万余次；儒林街道"青苹果"志愿者服务队一年来共解答法律咨询 182 人次，调解纠纷 18 件，协助办理法律援助 22 次，成功化解纠纷 32 起，成功预防群体上访 18 起；香水园街道"关爱空巢老人"在职党员志愿者服务队共与 48 名孤寡老人、空巢老人、失独老人结

---

① 数据来源：根据 2015 年 1 月 26 日本课题组与延庆县精神文明建设委员会办公室座谈会资料整理。

对帮扶，为其提供心理慰藉、代买代卖等服务①。

（二）以活动性志愿服务为基础，维护社会稳定秩序，提高社会美誉度

全县志愿者队伍在各类重大活动中发挥着积极的作用，在重大节日、"两会"期间，三个街道成立以来共有 25000 余人次在社区内进行巡逻和大门值守，提供服务时间超过 200 万小时，实现重大活动和重大节日期间的和谐稳定。全县志愿者圆满完成元宵节花会展演、自行车骑游大会、端午文化节龙舟下水仪式、中国生态文化高峰论坛、国际展览局官方考察世园会园址、北京国际航空展、北京国际马球公开赛、环京赛、新年倒计时、新年登高活动、十一届世界葡萄大会等各种重大活动的秩序维护、文明引导、现场服务、语言翻译等工作，为游客和市民提供了热情周到的服务。其良好的精神面貌、娴熟的服务技能，受到了广大市民及活动举办方的高度赞扬。

（三）以应急性志愿服务为补充，丰富城镇应急体系，增强自我解困能力

2012 年 11 月 3 日，延庆县突降大雪，全县共有 11000 余人次的志愿者积极参与扫雪铲冰，为辖区内彻夜抗雪救灾的环卫、园林等救灾人员送去热水、食品和热豆浆，为空巢老人、孤残人员等特殊人群提供帮扶救助。蓝天救援志愿服务队成立以来，出色地完成了"7·21"小五台救援、"7·29"及"8·7"十三陵水库溺水打捞、"11·3"延庆暴雪等多次救援任务，成功救援 30 多人。尤其是 2012 年 11 月 7 日《新京报》对其在"11·3"暴雪延庆九里梁的救援行动进行了专题报道②，受到了社会各界的广泛关注和赞誉。延庆县志愿服务应急体制在突发灾害面前发挥了积极作用，在应急救灾中取得了明显成效。

---

① 数据来源：根据 2015 年 1 月 29 日本课题组与延庆县社会建设办公室座谈会资料整理。
② 范春旭：《打通雪后出行路》，《新京报》2012 年 11 月 7 日。

三　延庆县志愿者队伍建设面临的问题

近年来，延庆县的志愿者队伍建设取得较大的进展，志愿活动比较活跃，取得了良好的成绩，也为"美丽延庆""和谐延庆"做出了相应的贡献。但从延庆未来"绿色发展"的战略规划来看，延庆县的志愿者队伍仍然难以满足其未来发展需求，仍处于初级向中级过渡的阶段。应该说，经过几年的建设，延庆县的志愿队伍经历了从行政动员引导的初级阶段，逐步过渡到政府与社会共同组织动员的中级阶段。将来志愿者队伍建设必将进入社会参与的成熟阶段，即社会组织和广大民众自觉自愿自发参与志愿服务的阶段。目前来看，制约和影响志愿者工作规范化、长效化发展的因素主要有以下五点。

（一）志愿者队伍成员的数量、素质和队伍结构有待提升和完善

志愿者队伍的数量、素质和结构将决定着志愿服务的综合服务能力，延庆县的志愿者队伍仍存在以下几个问题。

1. 志愿者人数与各区县相比相对较少

截至 2014 年年底，延庆县的注册志愿者人数为 3.689 万人，占 2014 年延庆常住人口总数的 11.7%，总体数量相对较少①。

2. 大学生志愿者缺乏影响延庆县志愿者队伍的总体素质提升和层次结构优化

截至 2014 年底，延庆县仅有北京人文大学、北京邮电大学世纪学院、北京科技大学延庆分校等少数几所高校，相对层次较低，难以满足延庆县承办重大活动尤其是世界性大赛、博览会等活动所需要的高层次专业志愿者的巨大需求。

3. 志愿者队伍存在"七多、七少"现象

延庆的志愿者退休人员较多，在职人员相对少；年龄大的较多，年轻的相对少；文化学历层次低得多，文化学历层次高的相对少；女性较多，男性相对少；本县的多，外区县的少；提供一般服务的较多，技能服务的

---

① 数据来源：根据 2015 年 1 月 28 日本课题组与共青团延庆县委员会座谈会资料整理。

相对少；行政指派的多，自助服务的少。这些结构性参与问题的存在，显然不利于志愿者活动领域拓展和服务水平提高。

（二）志愿者队伍自下而上的社会参与不足

社会化是志愿服务发展的重要特征之一。社会化指志愿服务从政府直接推动的组织活动拓展为众多社团参与、广大公民参与的活动。延庆县的志愿者队伍主要以青年团员、学雷锋志愿服务队与社区志愿者为主，这些志愿队伍多数是通过团县委、文明办、综治办、民政局、社会工委、妇联等自上而下地行政动员和组织引导建立起来的，这在志愿者队伍建设和壮大的初期是十分必要的，但从长远来看，这将制约延庆县志愿者队伍建设的规模和层次。

自上而下行政动员的志愿者队伍存在管理不严格，活动组织分散等问题，没有体制机制保障，往往依托个别行政单位组织，活动组织过程中也难免带有行政色彩。这使得志愿者组织的独立性与自主性较弱，民众参与志愿服务的主动性和积极性较低，志愿者组织难以发挥灵活性、创新性的优势，志愿者工作不能完全体现志愿服务的理念与内涵。然而，当前延庆县自发成立的民间组织相对较少且发育不足。志愿者队伍自下而上的社会参与不足，使得全社会难以形成真正的自觉自愿自发的志愿服务氛围，使得志愿者队伍规模也难以扩大，结构较为单一，志愿服务的专业化能力也较为欠缺。

（三）对志愿者工作认识不足，缺乏针对志愿者的可持续激励体系

目前，延庆县的一些单位和个人在对志愿者工作的认识上还存在一定偏差。认为志愿者工作就是单纯的学雷锋做好事，就是义务劳动，甚至是单位领导要求的义务加班，有些单位则把志愿者当作廉价劳动力，来减轻专职人员的工作压力，由此导致志愿服务活动流于形式。一些志愿者在参与志愿服务的过程中，缺乏基本的物质保障，甚至基本权益都缺乏合理保护，更别说提供可持续的激励体系。志愿者的特点之一是自愿性，他们选择参加志愿活动具有较强的自由度。在这种情况下，要调动志愿者的工作积极性，就需要依靠各种激励措施，这种措施既有物质激励，也有精神激

励。当前，延庆县对志愿工作的时数缺乏统一规范的认定，也缺乏相应的志愿者激励体系。延庆县近年来的部分重大志愿者项目会针对每次活动酌情发放交通补助、通信补助，购买商业保险。但是大部分志愿服务活动缺少必要的保障和奖励机制，导致部分志愿者成员积极性不高，服务持续性不够。

（四）志愿者队伍建设与志愿服务保障机制缺乏，活动开展乏力

志愿者队伍建设与志愿服务的开展并非是完全可以自发运作的，而是需要健全的运作机制作为保障。目前，延庆县志愿者队伍大部分属于团县委、文明办、综治办、民政局、社会工委、妇联等部门归口管理，但是仅有团县委设置的事业单位性质的延庆县志愿服务指导中心，以及社会团体性质的延庆县志愿者协会作为专门的机构进行志愿者的日常管理。其中仅有志愿服务指导中心设有一名科长和两名科员作为专职人员负责青年志愿者工作，其他部门志愿者管理工作均由业务科室兼管，没有专门的工作经费以及相应的政策支持，对于志愿者的管理也缺乏统一的规范。

从调查情况来看，目前，文明办、民政局、社会工委等部门主要从上级部门争取一些为数不多的项目资金，用于扶持少数社会组织开展志愿服务活动，缺乏常规性和延续性的政策和资金支持志愿服务，志愿者管理工作确实存在心有余而力不足的情况，导致志愿者团队受人力、物力、财力等因素限制。同时，企业投入和社会捐赠的积极性总体不高，志愿服务组织通过自身的项目运作形成品牌吸引社会资金的能力也不足，工作创新难度较大，使得志愿者组织在开展志愿服务中出现流于形式或是短期行为的现象。一些常态志愿服务和专业志愿服务不能实施，部分民间团体最终也"一哄而散"，难以提供可持续的志愿服务。

（五）志愿服务领域较为狭窄单一，志愿服务的专业化水平较低

专业化是志愿服务发展的另一重要特征，它决定着志愿服务的广度和深度。专业化是指不断拓展专业服务领域、推出专业服务项目和提高专业服务水平，更好地服务社会人群。目前，延庆县志愿服务大多局限于环境卫生、咨询宣传、治安巡逻等简单的服务项目，普遍存在内容单一、供需

不匹配、专业性不强、缺乏创新、没有连续性等问题。应急救助、医疗救助、心理疏导、心理慰藉等专业技能的服务较少，即使提供也只能是低等级的服务，对于被服务者的深层次需要还无法满足。另外，志愿者队伍建设初期过分追求数量和速度，有些甚至是滥竽充数，延庆县志愿者队伍整体技能水平不高，专业基础薄弱。同时，延庆县的志愿者队伍建设缺乏培训。每次针对活动临时招募组织的志愿者，志愿者队伍的培训大多是临时性发起，缺少经常性、日常性的培训活动，工作的效率和效果大打折扣。此外，服务项目设计缺乏调研，没有真正了解服务对象的实际需求，造成志愿服务重复、低效。各志愿者队伍之间缺乏交流沟通，各自为战，服务范围和服务内容受到制约。

四　关于提高延庆县志愿者队伍建设的一些建议

为了进一步提高延庆县志愿者队伍建设，满足延庆县"绿色发展"的长远战略规划，针对延庆县的志愿队伍建设存在的一些问题，本课题组提出五点建议。

（一）加强与相邻区县的高校合作，拓展高素质和高水平的志愿者队伍

延庆县目前高校资源短缺，导致志愿者的数量和质量难以保证。因此，在未来，延庆县需要将高水平高校引进作为地方经济社会发展的长期战略。近年来，昌平、通州、房山等地在引进高校方面取得重大进展，对于当地经济社会发展有着重大的推动作用。

当然，高校引进是一个漫长的过程，延庆县高校资源短缺的这一格局在短期内尚难以改变，延庆县可以结合当前的经济社会发展需要，尤其是在举办世界性的大赛和博览会的重大时机，可以通过上级部门（如团市委）协调（如在怀柔召开的APEC会议即是通过共青团北京市委动员北京一些重点高校参与志愿服务），并加强与相邻区县的高校直接合作，来拓展高素质和高水平的志愿者队伍，提高志愿者的专业服务能力。从高校志愿者水平

与节约志愿者管理成本（例如便于对志愿者进行接送）的综合角度考虑，延庆县可以优先考虑与昌平地区的一些高校进行合作。截至 2014 年年底，昌平区共有 39 所普通高校，其中大专在校生 23581 人，本科在校生 71660 人，研究生在校生 21571 人，博士生在校生 4034 人，总计 120846 人[①]。昌平校区高校人数多、素质相对较高，尤其是在地理位置上临近延庆县，有利于组织重大赛事或会议的志愿服务活动。

（二）大力培育与扶持社会组织发展，扩大志愿服务的社会参与度

随着全面改革的深入，我国的社会管理体制日益从"行政主导型"逐渐向以"市场与社会"为核心、"社区制"为特征的合作型社会治理体制转变，"小政府、大社会"模式越来越成为社会各界的共识。这种社会管理的变迁，意味着社会自治组织或者社会志愿服务组织将会更多地承担起社会管理职责，弥补政府在一些社会管理领域的缺位与失位的不足。这就要求我们积极引导组建各种社区草根组织、非营利性组织，尤其是各种志愿组织，努力发展壮大社区志愿者队伍，完善社会志愿服务体系，促进社区和谐发展。近年来，延庆县涌现出来的一些社会组织在志愿服务活动中已经发挥了积极的引领作用。然而，当前延庆县社会组织的发展仍然处于初级阶段，社会组织的培育与发展还需得到政府相关部门的培育与扶持。

现阶段社会组织的培育应当突出重点、分类管理，应重点培育和优先发展以下三类社会组织：一是公益慈善类社会组织，二是互助志愿类社会组织，三是城乡社区的调解融合类社会组织。对那些带有明显的逐利或政治倾向、群众和社会目前接受程度还较低的社会组织，以及本领域（部门）内社会组织已过多过滥的，要严格控制其发展。同时，要改革现行对社会组织的双重管理体制，适度降低准入门槛，通过完善立法和分类管理，把大量的游离于政府管控之外的社会组织，纳入法制轨道。在此基础上，要重点打造一些品牌性的志愿组织，扩大志愿服务的影响力。不断推出既有较大社会影响的长远性重大项目，又有具备行业特点、领域特点的特色项

---

① 参见《昌平区 2014 年国民经济和社会发展统计公报》，北京·昌平网，2015 年 4 月 30 日，http://www.bjchp.gov.cn/publish/portal0/xxgk/tjxx/tjgb/info314387.htm。

目、短期项目，发挥项目的品牌效应，突出活动意义，增强吸引力，吸引更多居民积极参与志愿服务活动，引领广大群众积极投身到建设美丽延庆的伟大事业之中。社会组织的发展，尤其是品牌性社会组织的培育，将会大大增强志愿者个体之间的凝聚力，也便于对志愿者进行有效管理，进而扩大志愿服务的社会参与度。

（三）转变志愿工作理念，建立全县统筹的可持续的志愿者回馈激励体系

转变将志愿者视为廉价劳动力的错误观念和将志愿活动单纯理解为学雷锋的狭隘观念，充分尊重和保护志愿者的合法权益，创新和完善以精神激励为主、物质奖励为辅的志愿者表彰激励机制。

建立全县统一的志愿者服务卡（手册），记录志愿者服务情况，并建立"志愿服务储蓄银行"机制，建立"服务换服务""服务换折扣"的交换机制。具体可由县文明办和筹备成立的县志愿者联合会来统一协调"服务换服务"活动，而服务换折扣则是通过志愿服务储蓄银行的认定，来兑换一些旅游门票或商家、公交的折扣等，并可为一些提供折扣优惠的商家挂牌志愿服务联合单位，进而调动群众、企业等多方力量参与志愿服务的积极性。

创建金牌志愿者星级评价体系，以每年参与志愿服务的小时数为参考，评选出"十大金牌志愿者"，并推出"十佳金牌志愿服务集体""十佳金牌志愿服务项目"等系列品牌。探索志愿者升学、就业、晋升优先的激励机制，倡导快乐生活，引导全社会关注志愿服务，尊重和爱戴志愿者。

当然，针对志愿者推出的优惠政策要更加严格和科学，以防志愿服务演变成功利行为，违背志愿者精神。同时，对志愿者服务过程中的权益予以保障，聘请法律顾问给予指导和讲解，提高志愿者的法律意识，通过多样化的探索，逐渐形成系统化的志愿者权益保障体系。可持续的志愿者回馈激励体系的建立，将会引导全社会树立"我为人人，人人为我"的良好志愿氛围。

（四）建立全县统筹协调的志愿者管理体制机制，提升志愿者的管理水平

志愿者管理需要一定的人、财、物作为基础保障，政府在这一方面应

当给予一定的支持，并建立全县统筹协调的志愿者管理体制机制。

一是可以参照北京市建立志愿者联合会的经验，明确牵头单位，确定专人，拨付专项经费，加快筹建延庆县志愿者联合会。由该联合会负责规划、指导、组织、协调全县志愿服务工作。

二是需要加快志愿者注册、供需、认定平台的建设。可充分利用现有的"志愿北京"网站，实现延庆县志愿者的网上注册管理。建立志愿者技能信息库，即时公布各类项目的志愿服务需求。项目负责人和志愿者可根据志愿服务的内容、时间以及自身情况进行双向选择，由此实现志愿者资源的合理、高效配置。

三是必须大力推进社会工作者与志愿者队伍联动机制的建设。社会工作者要更好地发挥其在社会管理和社会救助中的专业作用，离不开动员和使用志愿者；资深志愿者的培养、志愿者队伍形成专业分工和合作机制，也离不社会工作者的支持，志愿服务事业的发展需要社会工作的工作理念及程序、组织与培训技巧、项目管理和运作能力。不是将社会工作者和志愿者拧在一起求发展，而是在具体项目中体现双方功能上最充分的配合和互补。

（五）加强志愿者的专项培训与常规培训，提升志愿者的专业服务水平

培训作为开展志愿服务活动的首要部分，是打造专业化志愿组织团队、提高志愿服务的效率效果的最有效、最直接的途径。在志愿服务中，志愿者的业务培训十分重要，特别是参加法律咨询、外语翻译、医疗卫生、健康教育等技术性较强的志愿服务活动，必须尽可能组织专业人员参与志愿服务，并对业务能力不强的志愿者进行业务培训，才能推进志愿服务协调高效地进行。

专项培训可以依托志愿者培训导师团、各类培训机构和专业志愿服务队等培训资源，针对志愿者的特长和需求，定期举办通用、专业、骨干志愿者培训营，开设志愿服务网络课堂等培训活动，培养具有专业技能的高素质志愿者队伍，使志愿者队伍不但具有专门的知识和技能，而且具有更高的服务意识和服务能力，能够真正从专业角度提供志愿服务，进一步提

高志愿服务的水平和质量。

此外，对志愿者的心理培训应当成为志愿服务的常规培训。由于志愿者参与志愿服务，开始通常对志愿服务的内容和可能遇到的障碍等预期不足，故而心理培训至关重要。要通过培训，让志愿者对本次志愿服务的内容、特点、要求、障碍等有一个全面的认识，做好心理准备；同时，对志愿服务中每个人所服务的对象、范围等有一个大致的划分；根据这些服务内容，让每一位志愿者能够学会同其他志愿者协调配合，共同完成好志愿服务任务；也让志愿者对自己即将服务的对象有一个明确的心理准备，包括如何和他们进行沟通，如何向他们提供服务等，以更好地达到志愿服务的初衷和目的。这种心理培训可以采取观看录像、听讲座、相互表演等方式来进行。一些非专业技术性的志愿服务项目，往往不需要志愿者具有专门的业务水平和素质。对于这样的志愿服务，业务培训可以减少，但心理培训则不可或缺。

分报告13
延庆县社会建设调查分析报告

引　言

社会建设的实践有两个需要关注的方面，一是人们的需求，二是对社会建设的评价。只有准确摸清了人们对于社会建设有着什么样的需求，才能明确社会建设要建设什么；只有客观评价当前社会建设的成绩与问题，才能知道如何更好地推进社会建设。基于这样的认识，2010年4月下旬至5月上旬，我们在延庆县按照PPS抽样方法，抽取了1200户家庭，进行了入户问卷调查。调查内容主要涉及延庆县居民的民生状况、社会建设需求，以及对社会建设的评价。本次调查的实施情况具体如下。

（一）调查问卷设计

在实施问卷调查的前一个月，我们根据社会建设的理论，结合先期对延庆县相关政府职能部门的访谈内容，初步形成了所要调查的问题内容。同时，参考过去我们在国内进行的调查问卷模板，先设计出问卷样本，然后经课题组成员三次集体讨论，增减调查问卷的内容。在确定了调查问卷内容后，我们在延庆县选取了50户家庭，进行了问卷试调查，对于问卷中存在的问题又进行了修改与完善，最终确定了调查问卷的定稿。

（二）抽样方法

我们将延庆县16～70岁的常住居民作为本次调查的最终推断总体。样本量控制为1200份。延庆县户籍人口为28万人左右，对于这样规模的最终推断总体，1200份样本，具有很高的置信度水平。

本次调查主要按照 PPS 抽样的方法进行，具体如图 13－1 所示。

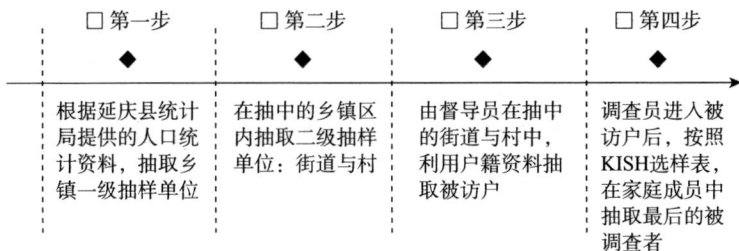

□ 第一步	□ 第二步	□ 第三步	□ 第四步
◆	◆	◆	◆
根据延庆县统计局提供的人口统计资料，抽取乡镇一级抽样单位	在抽中的乡镇区内抽取二级抽样单位：街道与村	由督导员在抽中的街道与村中，利用户籍资料抽取被访户	调查员进入被访户后，按照KISH选样表，在家庭成员中抽取最后的被调查者

图 13－1　延庆县社会建设问卷调查抽样方法

（三）调查人员培训

本次调查的调查员由北京工业大学人文社科学院的 40 名教师、博士生、硕士生构成。这支调查队伍成员的背景主要是社会学专业，他们对社会调查的方法与注意事项有着较好的掌握。在调查实施之前，我们对调查人员进行了专门的培训，培训内容主要包括：一是调查问卷的介绍，使调查员全面熟知调查问卷的内容；二是进一步强调调查中应该注意的事项，以及需要遵守的纪律和安全注意事项；三是强调调查问卷的编码与校对问题事项。

一　社会结构

正如经济结构优化是经济建设的重要目标那样，社会结构调整亦是社会建设的重要内容。根据对延庆县居民的抽样调查，延庆县社会阶层结构呈现金字塔形特征，"该大的没有大起来，该小的没有小下去"，社会阶层结构不尽合理，与现代社会的阶层结构还有较大差距，其中农业劳动者阶层规模过大，中产阶层规模过小，高层次的专业技术人才、经营管理人才和高技能人才严重缺乏。其中，专业技术人员阶层又主要集中在党政机关和事业单位，企业缺乏专业技术人才和经营管理人才，这限制了企业的发展能力与竞争力。

与北京市社会阶层结构进行比较，延庆县社会阶层结构呈现传统社会的特征。从北京社会阶层结构来看，已经初步表现以现代社会的橄榄型特

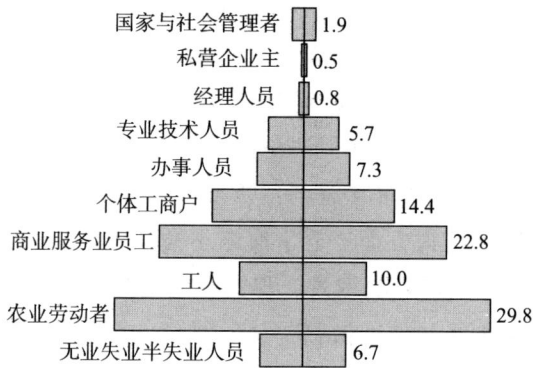

图 13 - 2　延庆县社会阶层结构

征，现代社会阶层已经成为主体。但从延庆社会阶层结构来看，依然呈现以传统社会阶层为主体的金字塔形，农业劳动者阶层依然是规模最大的阶层群体，现代社会阶层如专业技术人员阶层规模不仅远远低于北京市，也低于全国平均水平。另外，从市场经济相关的阶层群体发育来看，私营企业主与经理人员阶层在整个社会阶层结构所占比例极低，这也是延庆经济不发达的一个重要的原因。

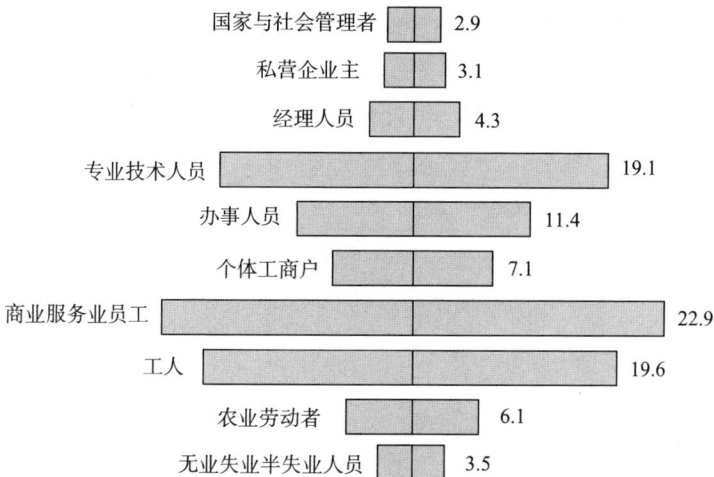

图 13 - 3　北京市社会阶层结构

总体来看，由于延庆县主导产业规模较小、产业层次不高，而且未形成产、供、销等环节的有效链接和相互配合的产业集群，因此对人才特别是对高层次人才缺少足够的吸纳和承载力。同时，延庆县经济发展相对较慢，为各类人才提供的生活、工作条件相对较差，对人才的吸引力不大，致使较高层次的人才引进工作较难实施，已经引进的人才也存在较严重的流失问题。"十二五"期间，如何调整社会阶层结构，为延庆经济社会发展提供有力的社会结构支撑是需要思考的重要问题。

在调整社会阶层结构方面，要争取缩小社会下层，扩大中产阶层。对此，要加快第二、第三产业的发展，促进农村劳动力的非农转移，其中尤其要扶持本县龙头企业的做大做强，这能够形成产业链，创造更多的就业机会。要加大对农村教育的投入，因为教育是加快社会流动、调整社会阶层最重要的途径。

在中产阶层的扩大方面，要放宽人才的引进，在涉及户籍等社会管理政策方面进行改革，创造吸引人才的良好外部环境。要加大对私营企业发展的扶持，壮大私营企业主阶层，这也同时有利于经理人员阶层的成长。在专业技术人员阶层的壮大中，应紧紧围绕本县产业发展的需求，在新能源、农畜业产品加工，以及花卉、药材、民俗旅游等新兴农业产业方面壮大专业技术人员规模，多层次、多渠道地培养造就一大批农业技术人员、农产品营销管理能手等实用型技术人才。

二　民生情况

民生改善是社会建设的重要维度。本次调查结果表明，在民生改善方面，延庆县取得了积极的成绩，当然问题也是存在的，如何进一步加强民生建设亦是社会建设推进需要考虑的问题。

（一）居住

从调查来看，所调查对象房租、物业费平均每年为862.1元，占总支出的2.18%，在支出中所占比例并不高，但个人之间的差别较大。在农业与非农业户籍中，房租、物业费也存在较大差别，农业户口人群的房租、物业费支出明显少于非农户口人群，这是因为农村人口基本都是自建房屋，不需承担房租和物业费。总体来看，延庆县居民在房租、物业费方面的压力并不大（见表 13 - 1、表 13 - 2）。

表 13 - 1　房租、物业费

房租、物业费	均值	标准差
金额（元）	862. 1	3366. 913
占总支出比例（%）	2. 18	6. 425

表 13 - 2　城乡房租、物业费

房租、物业费	户口类别	均值	标准差
金额（元）	非农户口	1294. 1	4137. 112
	农业户口	476. 5	2462. 676
占总支出比例（%）	非农户口	3. 2	7. 424
	农业户口	1. 3	5. 212

由表 13 - 3、表 13 - 4、表 13 - 5 可知，有 49.2% 的调查对象所居住房屋产权为完全产权，38.1% 为农宅，这两种产权形式占总数的 87.3%，无产权、部分产权及小产权房所占比重很小，延庆县房屋的产权形式比较合理；居住房屋来源的最主要两种形式为自建房屋和商品房，自建房屋主要集中于农村，商品房为城镇户籍人口房屋的主要来源。

表 13 - 3　居住房屋产权

房屋产权	百分比（%）
无产权	5. 9
部分产权	0. 9
完全产权	49. 2
小产权	4. 8
农宅	38. 1
不适用	0. 1
不清楚	0. 6
不回答	0. 4
合计	100. 0

表 13 - 4　居住房屋来源

房屋来源	百分比（％）
自建房屋	46.9
单位福利房	8.3
单位公寓	0.4
廉租房地产	0.3
经济适用房	0.5
商品房	31.7
租赁公房	1.3
租赁私房	4.9
其他	5.5
不清楚	0.1
合计	100.0

表 13 - 5　居住自建房和商品房的农业人口和非农业人口比例

户口类型	自建房屋（％）	商品房（％）
农业户口	83.5	17.8
非农业户口	16.5	82.2
合计	100.0	100.0

　　在住房套数上，有一套住房占总调查户数的 78.2%（见表 13 - 6），平均每户拥有 1.1 套住房，城乡差别不大；在住房面积方面，平均每户住房面积为 98.7 平方米，农业人口住房面积略大于非农业人口；但住房价值方面，非农人口的住房明显高于农业人口住房（见表 13 - 7 和表 13 - 8）。在学历和阶层方面，除农业人口所拥有的住房价值比较低之外，其他方面均没有明显差别，说明延庆县在住房条件方面总体比较均衡（见表 13 - 9 和表 13 - 10）。

表 13 - 6　拥有住房套数的比例

住房套数	百分比（％）
0	6.3
1	78.2

续表

住房套数	百分比（%）
2	13.9
3	1.3
不回答	0.2
合计	100.0

表 13 - 7　户均住房情况

住房情况	均值	标准差
住房套数（套）	1.1	0.496
住房面积（平方米）	98.7	59.528
住房价值（万元）	49.9	46.994

表 13 - 8　城乡人口住房情况

住房情况		均值	标准差
房套数（套）	非农户口	1.1	0.502
	农业户口	1.1	0.490
住房面积（平方米）	非农户口	93.6	47.331
	农业户口	103.6	68.706
住房价值（万元）	非农户口	66.3	40.756
	农业户口	31.7	46.966

表 13 - 9　分学历住房情况

学历	住房套数（套）	住房面积（平方米）	住房价值（万元）
没有学历	1.1	88.6	30.5
小学	1.2	100.4	38.1
初中	1.1	105.1	43.1
高中/职高	1.1	96.8	48.5
中专/中师	1.1	88.7	56.8
大专	1.2	98.7	68.0
大学本科	0.9	90.7	72.3
硕士/双学位	0.8	70.6	64.0
平均	1.1	98.7	49.9

表 13 - 10   分阶层住房情况

社会分层	住房套数（套）	住房面积（平方米）	住房价值（万元）
国家与社会管理者	1.0	83.6	72.2
私营企业主	1.6	96.4	65.0
经理人员	1.1	84.3	60.6
专业技术人员	1.1	91.9	73.1
办事人员	0.9	94.5	73.0
个体经营者	1.0	85.1	57.8
商业服务业人员	1.1	90.3	63.6
工人	1.1	90.2	58.5
农业劳动者	1.1	106.9	28.7
无业失业	1.1	103.4	56.9
其他	1.3	90.2	55.4
平均	1.1	98.7	49.9

（二）就业

就业是民生之本。在被调查者中，有 33.5% 的人没有做任何工作（见表 13 - 11）。不工作的主要原因有三项：一是离退休，占 33.5%；二是因为在家忙家务或照顾家人无法外出工作，占 28.3%；三是失业待业和失地，占 15.0%（见表 13 - 12）。分户籍来看，离退休人员中 95.6% 都是非农人口，因在家忙家务或照顾家人无法外出工作的，非农人口占 41.5%，农业人口占 58.5%，不存在太大的城乡差异（见表 13 - 13）。

在传统的概念中，农业劳动者的主要工作就是从事农业生产，但表 13 - 11 显示，在延庆县农业户口人员中，只从事农、林、牧、渔等生产的人员仅占农业人口的 16.6%，即使加上以农业生产为主兼做一些非农工作的人员比例也才达到 23.5%，表明随着城镇化、工业化的发展，以及农业生产力的提高，延庆县的很大一部分农业劳动者已经从农业生产中脱离出来，他们仅仅是拥有农村户口而已，其生产和生活方式已经逐渐城镇化，新型农业劳动者已不再是完全靠天吃饭的农业劳动者。尽管如此，城乡在工作状况方面仍存在较大差别。表 13 - 13 显示，城镇人口中目前不工作的主要人员是离退休人员，他们有足够的生活保障；而农村中还有不小的一部分人群不工作的主要原因是年龄大和健康条件不允许。可见，由于缺乏足够的保障，农业劳动者必须在有劳动能力的时候努力工作，以积累足够的财富保障自己的老年生活，因此，只要有劳动能力，他们会一直工作，直到因年龄和健康原因停止工作。

表 13 - 11　城乡居民工作情况

工作情况	百分比（%）
没做任何工作	33.5
仅从事农、林、牧、渔等生产	16.6
仅从事非农生产、工作或经营活动	36.2
以农业生产为主兼做一些非农工作	6.9
以非农工作为主兼做一些农活	6.8

表 13 - 12　居民不工作的最主要原因

最主要原则	百分比（%）
离退休	33.5
在家忙家务或照顾家人	28.3
失业待业和失地	15.0

表 13 - 13　分户籍城乡居民不工作原因

不工作原因	户口类型		合计（%）
	非农户口（%）	农业户口（%）	
离退休人员	95.6	4.4	100.0
国有、城镇集体企业的下岗、待岗人员	100.0	0.0	100.0
失业、待业	59.4	40.6	100.0
因失地而无业	33.3	66.7	100.0
因年龄大而无法劳动	25.9	74.1	100.0
因健康原因无法工作	32.3	67.7	100.0
在家忙家务或照顾家人	41.5	58.5	100.0
家庭经济收入有稳定保障，不需要工作	20.0	80.0	100.0
在校学生	60.0	40.0	100.0
合计	61.0	39.0	100.0

由表 13 - 14 和表 13 - 15 可知，从事农业生产的人员，每年平均在农业生产上投入的时间为 4.9 个月，因此他们有足够的时间从事其他生产活动，农业生产的这种特性也一定程度上解释了为什么只有 29.2% 的人完全从事农业生产。在延庆，粮农占从事农业人口的绝大多数，种植作物主要为玉米（在没有定位为生态涵养区之前，延庆的主要粮食作物为水稻，定位为生态县之后，为了涵养水源，大范围退稻还林，现在延庆已没有水稻种植，基本都改为不需要用太多水的玉米）。

表 13 - 14　农业投工时间

从事农业生产时间	均值	标准差
月数（月）	4.9	3.128

表 13 - 15　从事农业生产的情况

从事农业生产类型	百分比（%）
粮农（包括农业工人）	81.3
菜农（包括农业工人）	8.3
果农、茶农、桑农、甘蔗农以及其他农民（包括农业工人）	4.3
其他农业劳动者	0.6
苗圃和园林人员，营林、造林人员	1.2
森林管理员、护林员、木材估测员	3.1
大牲畜饲养员	0.3
家禽、家畜、蜜蜂、蚕的饲养人员	0.9
合计	100

被定位为北京的生态涵养区后，为了涵养水源，延庆大规模退稻还林，同时关闭了很多工厂，禁止有污染的工业的发展，延庆基本依靠北京市的转移支付来维持运转。转移支付的其中一部分就用来雇用农村的剩余劳动力来服务农村，主要从事保洁员、护林员、管水员等工作，其中保洁员与护林员的数量最多。本次调查对象中有 70 名保洁员、30 名护林员，分别占所调查农业人口的 11.8% 和 5.0%（见表 13 - 16），拥有如此高比例的农村保洁员和护林员，也是延庆的一大特点，不但解决了一部分人的就业和生活，同时也使

得村容村貌更加整洁，有利于绿色生态环境的保护，促进了新农村的发展。

表 13 - 16　政府雇用农村保洁员、护林员情况

职业	占从事非农工作人员百分比（%）	占农业人口百分比（%）
保洁员	32.7	11.8
护林员	14.0	5.0
合计	46.7	16.8

从事非农生产的调查对象中，平均每周工作 47.7 小时（见表 13 - 17），除掉双休日，平均每天工作 9.548 小时，超过 8 小时。平均月收入为 2487.2 元，但收入之间的差别较大，一定程度上也解释了为什么居民对贫富差距比较关注，并认为是影响和谐的重要因素。在调查对象中，收入比较多的为军人和个体、家庭经营及单独做事人员（见表 13 - 18）。

表 13 - 17　目前从事非农工作的情况

非农工作情况	均值	标准差
周工作小时数（小时）	47.7	18.094
月收入（元）	2487.2	5000.681

表 13 - 18　从事非农工作的收入情况

单位：元

单位性质	均值	标准差
党政机关	1445.0	1467.072
事业单位	3193.3	5444.490
军队	4233.3	1078.579
社会团体（社会组织）	1591.5	2354.407
国有企业	2121.5	2725.192
集体企业	1696.8	1964.361
私营企业	2652.6	4265.122
外资企业	3475.0	2495.567
个体、家庭经营、单独做事	4064.3	8977.361
平均	2487.2	5048.231

（三）收入

调查对象中个人年总收入的平均值为 19577.23 元，家庭总收入的平均值为 43733.95 元，家庭年纯收入的平均值为 11777.31 元（参见表 13 - 19 和表 13 - 20）。总体来说，在收入方面基本都比较宽裕，但是依然存在较大的收入差距。

表 13 - 19　延庆 2009 年人均和户均总收入

收入状况	均值	标准差
个人总收入（元）	19577.23	27640.768
家庭总收入（元）	43733.95	46549.066

表 13 - 20　延庆 2009 年家庭平均纯收入

纯收入	均值	标准差
家庭纯收入（元）	11777.31	46318.729

从表 13 - 21 可以看出，无论在个人总收入还是家庭总收入方面，延庆县的城镇与农村都存在较大差距，农业户口人群的收入远远低于非农业户口人群的收入，城乡差别还是比较大。

表 13 - 21　延庆人均和户均总收入城乡比较

总收入		均值	标准差
	非农户口	28550.8	31741.934
个人总收入（元）	农业户口	11486.3	20317.436
	总数	19577.2	27640.768
	非农户口	58465.9	50110.602
家庭总收入（元）	农业户口	30926.3	39100.222
	总数	43733.9	46549.066

随着学历的上升，无论是个人总收入还是家庭总收入总体呈现上升趋势，除了研究生或双学位学历的人的收入低于本科学历的人之外，学历基本上与收入呈正相关（见表 13 - 22）。

表 13 – 22　不同学历人群收入

学历	个人总收入（元）		家庭总收入（元）	
	均值	标准差	均值	标准差
没有学历	6190.4	8108.564	24792.6	24766.461
小学	10820.0	11123.950	30600.4	37510.871
初中	15208.2	26468.143	35770.4	40669.806
高中/职高	15231.5	26326.366	40354.4	38853.424
中专/中师	32095.6	50490.620	58394.2	74861.717
大专	35511.1	30975.806	73883.8	67158.057
大学本科	40445.2	19329.017	74014.2	29036.796
硕士/双学位	37400.0	14995.999	56066.7	28504.503
平均	19577.2	27640.768	43734.0	46549.066

从表 13 – 23 来看，阶层地位高低与收入水平大体上呈正相关性，虽然国家与社会管理者阶层的收入要低于私营企业主阶层，但是其拥有相对优势的生活保障实际上是非货币化收入，而表中统计的仅是货币化收入。相比而言，前六个阶层在阶层内部的收入差距小于后四个阶层，即阶层越低的人群，其内部收入差距越大。

表 13 – 23　不同阶层收入

阶层	个人总收入（元）		家庭总收入（元）	
	均值	标准差	均值	标准差
国家与社会管理者	53843.4	54328.142	86263.5	54921.327
私营企业主	94666.7	67310.227	108857.1	85843.712
经理人员	43866.7	27807.913	65950.0	45145.447
专业技术人员	37234.1	14556.127	71029.8	29959.856
办事人员	35507.1	15866.827	65175.7	24419.299
个体户	34978.9	39550.916	66434.6	79989.097
商业服务业员工	36327.1	59525.330	74372.4	87736.399
工人	21564.0	20629.169	46514.5	44656.777
农业劳动者	8862.7	8952.670	26918.8	28327.394
无业失业人员	5296.1	10258.961	36608.1	41858.965
平均	19602.2	27682.752	43797.7	46681.768

对于收入差距的看法，普遍认为一个社会存在一定的差距是正常现象，鼓励多劳多得。调查中有57.5%的人认为一个社会存在收入差距是应该的或者完全应该的；43.6%的人同意"让少数人先富起来对社会有好处"，但大部分人同时也表示先富起来的那部分有能力的人要带动其他人共同富裕，不能使收入差距过大。因此，有75.4%的人认为应该从有钱人那里征收更多的税来帮助穷人，以减少贫富差距（见表13-24到表13-26）。

表 13 - 24　是否认为一个社会应该存在收入差距

对收入差距的看法	百分比（%）
完全应该	4.8
应该	52.7
不太应该	27.7
完全不应该	10.2
不适用	0.1
不清楚	4.2
不回答	0.4
合计	100.0

表 13 - 25　是否同意"让少数人先富起来对社会有好处"

态度	百分比（%）
同意	43.6
一般	15.8
不同意	33.8
不清楚	6.3
不回答	0.4
合计	100.0

表 13 - 26　是否同意从有钱人那里征收更多的税来帮助穷人

态度	百分比（%）
同意	75.4
一般	6.5
不同意	11.9

态度	百分比（%）
不清楚	5.8
不回答	0.4
合计	100.0

从表 13 - 27 到表 13 - 29 的数据来看，有高达 81.8% 的人认为延庆县的收入差距大；有 62.4% 的人认为在延庆最容易获得高收入的人群是当官的人，其次为有经营能力和有文化有学历的人；有 40.5% 的调查对象认为应该获得高收入的人群是有文化有学历的人，之后为有技术专长的人、吃苦耐劳的人和有经营能力的人。可见，认为应该按照个人能力和付出获得相应收入，多劳多得还是得到普遍的认可的。但是在现实中，实际获得高收入的人和应该获得的人并不一致，还需要在完善收入和分配机制、降低收入差距的同时，提高个人劳动的积极性。

表 13 - 27　对延庆县收入差距的看法

延庆收入差距	百分比（%）
差距小	1.4
差距适中	12.2
差距大	81.8
不适用	0.1
不清楚	4.3
不回答	0.1
合计	100.0

表 13 - 28　延庆县最容易获得高收入的人群

最容易获得高收入的人群	百分比（%）
当官的人	62.4
有经营能力的人	9.4
有文化有学历的人	9.1
有资产的人	6.0
有社会关系的人	3.2

最容易获得高收入的人群	百分比（％）
家庭背景硬的人	2.3
有技术专长的人	1.9
胆大敢干的人	1.0
吃苦耐劳的人	1.0
其他	0.5
不清楚	3.3
合计	100.0

表 13 - 29　认为应该获得高收入的人群

应该获得高收入人群	百分比（％）
有文化有学历的人	40.5
有技术专长的人	14.9
吃苦耐劳的人	15.8
有经营能力的人	10.8
当官的人	7.4
有资产的人	2.1
胆大敢干的人	1.5
有社会关系的人	0.8
家庭背景硬的人	0.2
其他	0.7
不清楚	5.3
合计	100.0

（四）社会保障及养老

1. "五险一金"基本情况

对被调查者进行的关于社会保障福利待遇的调查主要测量了其所在单位、机构或企业是否提供了"五险一金"的情况（纯农业劳动者不在统计范围内）。由表 13 - 30 可见，在从事非农生产或兼业生产的劳动者中，单位、机构或企业在"五险一金"的提供中，各项保险的提供率都不高。

表 13 - 30　"五险一金"提供情况

	公费医疗或医疗保险（%）	退休金或养老保险（%）	工伤保险（%）	失业保险（%）	生育保险（%）	住房公积金（%）
提供	40.0	36.4	23.1	22.0	16.8	23.3
不提供	28.9	31.3	40.2	41.6	45.4	43.4
不适用	29.7	29.9	31.3	31.4	31.9	31.0
不清楚	1.2	2.3	5.0	4.6	5.2	1.9
不回答	0.2	0.2	0.4	0.3	0.7	0.4
合计	100.0	100.0	100.0	100.0	100.0	100.0

2. 居民对社会保障、福利待遇的城乡水平评价

由表 13 - 31 可见，超过半数的居民认为县城的社会保障及福利待遇水平好于农村，在主观评价上这反映出社会保障水平存在比较大的城乡差异。

表 13 - 31　居民对社会会保障及福利待遇的城乡水平评价

评价	社会保障（%）	福利待遇（%）
县城更好	54.9	62.6
乡村更好	13.8	13.5
没差别	22.1	14.4
不清楚	8.9	9.3
不回答	0.3	0.3
合计	100.0	100.0

3. 养老

针对日益加速的老龄化趋势，我们对抽取的样本进行了有关养老保障的调查。老年保障体系是指对老年人的基本物质生活和精神生活需要的满足权益给以保障的一系列规章制度和措施，包括社会养老保障、家庭养老保障和自我养老保障相辅相成的三个方面。

根据表 13 - 32 的数据，从总体上看，家庭养老依然是多数居民的选择。从城乡户籍上来看，农业户口更倾向于选择家庭养老，非农户籍选择养老机构的明显多于农业户籍。可见，家庭依然是中国目前最主要的养老场所。

表 13 - 32　居民对养老方式的选择情况

单位：%

户籍类型	依靠家庭	依靠机构	依靠社区	其他	不适用	不清楚	不回答	合计
非农户口	36.5	31.6	20.3	6.8	1.4	2.3	1.0	100.0
农业户口	58.5	17.8	13.4	5.7	1.0	2.5	1.0	100.0

由表 13 - 33 可见，在养老机构的认同程度方面，呈现低水平的特征。那么为什么多数居民不想入住养老机构？我们对此也进行了相关调查。费用问题是居民最担心的，其次是护理问题，再次是居住习惯。可见，随着社会老龄化进程的加快，在解决养老问题上，需要加强养老机构建设，一方面要加大政府、社会资金支持，缩减个人支出；另一方面则要注重提高养老机构的服务质量，这样将会吸引更多的老人入住养老机构。

在城乡户籍对比上，非农户籍群体更注重"生病就医""护理不周"等服务性问题；农村户籍更注重"收费较高""住不习惯""周围舆论"等经济与观念问题。

表 13 - 33　居民对入住养老机构的担心

单位：%

户籍类型	收费较高	生病就医	伙食不好	护理不周	住不习惯	受到虐待	周围舆论	其他原因	不回答	合计
非农户口	26.4	8.2	2.1	16.2	9.8	3.5	8.0	6.1	19.7	100.0
农业户口	32.6	2.7	2.4	9.4	11.8	2.9	10.4	5.9	22.0	100.0
其他	33.3	0	0	33.3	0	0	0	0	33.3	100.0

在居民参加养老保险方面，我们调查了城乡居民参加新型养老保险的情况，这主要是面向农业劳动者、城镇个体户群体、失业无业人员，其中以农业劳动者为主。从表 13 - 34 可以看出，有48.7%的居民参加了新型养老保险；在农业户籍中，68.6%的人参加了新型养老保险，可见多数居民对这项保障制度是认可的。

表 13 - 34　居民养老保险情况

参加情况	居民整体（%）	农业户籍居民（%）
参加	48.7	68.6
没参加	27.1	25.7

参加情况	居民整体（%）	农业户籍居民（%）
不适用	22.3	4.4
不清楚	1.5	1.2
不回答	0.4	0.1
合计	100.0	100.0

对参保者进行的满意度调查中，整体上看满意度都比较高，超过了70%；其中，农业户籍居民的满意度更高，说明这项养老保险制度的实行得到了大多数居民的认可（见表13-35）。

表 13-35　居民对养老保险的满意度

满意度	居民整体中参保者（%）	农业户籍中参保者（%）
满意	73.2	78.4
一般	18.1	14.7
不满意	3.0	2.0
不适用	0.2	0.2
不清楚	5.4	4.7
不回答	0.2	0
合计	100.0	100.0

三　社会事业

党的十七大报告将社会事业发展作为社会建设的重要内容，可见社会事业在社会建设中的重要性。近年来，延庆县加大了社会事业的投入。从居民的调查情况来看，社会事业的进步亦有充分的反映，但是社会事业发展与人们的需求之间依然存在着矛盾。

（一）教育

1. 居民教育支出情况

从表13-36来看，被调查者的教育支出平均为每年3677.3元，占总支出的比重为10.8%。从"教育支出"的标准差（5976.49元）来看，教育支出在被调查者内部存在极大的差异。因而，有必要对不同人群进行相关的比较。

表 13 - 36　居民教育支出情况

教育支出及其比例	平均数	标准差
教育支出（元）	3677.3	5976.49
教育支出占总支出的百分比（%）	10.8	

通过表 13 - 37 可以看到，教育支出及其占总支出的百分比存在户籍类型差异，非农业户籍居民教育支出的平均数明显高于农业户籍居民（高出577.5元/年），尽管非农业户籍居民对教育的支出高，但是从其占总支出的百分比看，非农业户籍居民却低于农业户籍居民5.4个百分点。也就是说，非农业户籍居民支出的费用绝对数高，但百分比却低，这一高一低，一方面反映了非农业户籍居民教育支出大于农业户籍居民，另一方面反映出非农业户籍居民的年收入远高于农业户籍居民，因而其教育支付能力远高于农业户籍居民。除此之外，透过标准差测量，教育支出在群体中的差异性仍然很大，相比较而言非农业户籍居民内部的差异性大于农业户籍居民内部的差异性。总之，在居民教育支出及其占总支出百分比上，一方面存在城乡差异，另一方面在农业和非农业户籍居民内部也存在差异。所以说，除了城乡差异的比较，还有必要从整体上对各阶层的教育支出情况做相关对比。

表 13 - 37　户籍类型与居民教育支出及其占总支出比例情况比较

教育支出及其比例	非农业户口		农业户口	
	平均数	标准差	平均数	标准差
教育支出（元）	8259.3	6554.981	7681.8	6390.001
教育支出占总支出的百分比（%）	20.6		26.0	

根据表 13 - 38，通过平均值比较，各阶层间教育支出差异较大，其中位列前三名的是私营企业主阶层、个体工商户阶层和国家与社会管理者阶层，均超过 10000 元/年；通过标准差比较，个体工商户阶层内部差异最大，

其次为私营企业主阶层。可见，教育支出与阶层有关系。从教育支出绝对数量来看，与阶层的分布有弱相关性，因为教育支出与经济收入有一定的直接关系，但差别不大；此外，教育支出的比重在阶层之间看不出有规律的相关性，并且差别不大。教育支出占总支出的百分比最高的不是处于较高地位的阶层，而是农业劳动者阶层（29.4%），这说明教育支出的刚性，即使经济地位不高的阶层，也需要支付相当数量的教育支出，占用了他们总支出较大的比例。当然这也显示了我们这个民族重视教育的优良传统。

表 13 – 38 各阶层教育支出及其占总支出的比例

阶层	子女教育支出（元）	教育支出占总支出的百分比（%）
国家与社会管理者阶层	10530.0	24.8
经理人员阶层	9044.8	21.6
私营企业主阶层	13500.0	28.4
专业技术人员阶层	7526.6	17.2
办事人员阶层	8228.9	18.8
个体工商户阶层	10750.0	23.2
商业服务业员工阶层	6936.4	21.3
产业工人阶层	8535.4	25.8
农业劳动者阶层	8231.1	29.4
城乡无业失业半失业者阶层	5728.4	17.4

2. 居民对城乡教育条件的评价

表 13 – 39 统计了居民对城乡教育条件的评价：77.5% 的居民认为县城好，只有 8.7% 的居民认为乡村好。可见，从居民的主观态度上讲，城乡教育依然存在差异。

表 13 – 39 居民对城乡教育条件的评价

评价	百分比（%）
县城更好	77.5
乡村更好	8.7

评价	百分比（%）
没差别	10.6
不清楚	3.0
不回答	0.2
合计	100.0

（二）医疗

1. 居民医疗支出情况

从总体上来说，居民年平均医疗支出 4714.5 元，占居民年总支出的 15.19%；此外，通过医疗支出的标准差测量（8201.69 元）判断，在被调查的居民之间的医疗支出存在很大差异（见表 13-40）。因而，有必要对不同人群进行相关的比较。

表 13-40 居民医疗支出及其占总支出的比例

医疗支出及其比例	平均数	标准差
医疗支出（元）	4714.5	8201.69
医疗支出占总支出的比例（%）	15.19	

通过表 13-41 可以看到，居民医疗支出及其占总支出的百分比存在户籍类型差异，非农业户籍居民医疗支出的平均值明显高于农业户籍居民（高出 442.4 元/年）。尽管非农业户籍居民医疗支出高，但其占总支出的百分比却低于农业户籍居民 3.1 个百分点。也就是说，非农业户籍居民支出的医疗费用高，但百分比却低，这一高一低，一方面反映了非农业户籍居民医疗支出大于农业户籍人群，另一方面反映出非农业户籍居民的年收入远高于农业户籍人群，因而其医疗支付能力远高于农业户籍居民。除此之外，透过标准差测量可以看到，城乡居民内部医疗支出的差异性很大。相比较而言，农业户籍居民之间的差异大于非农业户籍居民之间的差异。总之，在居民医疗支出及其占总支出百分比上，一方面存在城乡差异，另一方面在农业和非农业户籍居民内部也存在差异。所以说，除了城乡差异的比较，

还有必要从整体上对各阶层的医疗支出情况做相关对比。

表 13 - 41　户籍类型与居民医疗支出及其占总支出比例情况比较

医疗支出及其比例	非农业户口		农业户口	
	平均数	标准差	平均数	标准差
医疗支出（元）	4965.9	7644.160	4523.5	8690.252
医疗支出占总支出的百分比（%）	13.6		16.7	

　　表 13 - 42 数据显示，通过平均值比较，各阶层的医疗支出存在差异，其中最多的是私营企业主阶层，最少的是经理人员阶层和国家与社会管理者阶层，这说明医疗领域存在的双轨制让经理人员阶层和国家与社会管理者阶层享受到更多的福利；通过标准差比较，医疗支出在农业劳动者阶层内部差异最大，在国家与社会管理者阶层内部差异最小；此外，医疗支出占总支出的百分比最高的是城乡无业失业半失业者阶层，为 17.0%，其次是农业劳动者阶层，为 16.0%。这说明医疗支出具有一定刚性，即使经济条件较差的阶层，其必要的医疗开支数目也很大，占其总支出的比重较经济条件好的阶层更大，医疗健康支出的负担更重。

表 13 - 42　各阶层教育支出及其占总支出的比例

阶层	医疗支出（元）	医疗支出占总支出的百分比（%）
国家与社会管理者阶层	2988.0	9.5
经理人员阶层	2242.8	5.3
私营企业主阶层	6831.2	15.1
专业技术人员阶层	3869.2	9.2
办事人员阶层	4724.4	10.7
个体工商户阶层	4600.0	11.7
商业服务业员工阶层	4224.2	12.7
产业工人阶层	4075.2	14.9
农业劳动者阶层	4403.4	16.0
城乡无业失业半失业者阶层	4574.6	17.0

2. 居民对城乡医疗条件的评价

表 13-43 显示，74.4% 的居民认为县城的医疗条件好于乡村。可见，从居民主观评价的角度看，医疗卫生条件依然存在较大的城乡差异。

表 13-43　居民对城乡医疗条件的评价

评价	百分比（%）
县城更好	74.4
乡村更好	9.4
没差别	13.9
不清楚	2.0
不回答	0.3
合计	100.0

（三）文化

1. 居民文化休闲支出情况

从总体上看，居民文化休闲消费水平并不高，该项支出平均为每年625.2 元，占居民每年总消费支出的 1.6%。此外，通过文化休闲消费支出的标准差测量（1895.169 元）可以看到，在被调查的居民中文化休闲支出存在很大差异性（见表 13-44）。因而，有必要对不同人群的文化休闲支出情况进行相关的比较。

表 13-44　居民文化休闲支出及其占总支出的比例

文化休闲支出及其比例	平均数	标准差
文化休闲费（元）	625.2	1895.169
文化休闲费占总支出比例（%）	1.6	4.699

表 13-45 显示，城乡居民文化休闲支出存在差异。从均值上看，非农业户籍居民的文化休闲的平均支出高出农业户籍居民 835.5 元，是后者的4.5 倍；从居民文化休闲支出及其占总支出的百分比上看，非农业户籍居民为 2.6%，农业户籍居民仅为 0.7%，前者是后者的 3.7 倍。非农业户籍居民的文化休闲支出高，一方面可能与其职业、收入有关，另一方面可能与

其文化（学历）水平有关。

表 13 – 45 居民户籍类型与文化休闲支出及其占总支出比例情况比较

文化休闲支出及其比例	非农业户口		农业户口	
	平均数	标准差	平均数	标准差
文化休闲支出（元）	1073.8	2495.481	238.3	1016.671
文化休闲支出占总支出的百分比（%）	2.6		0.7	

不同学历居民文化休闲支出差异由表 13 – 46、图 13 – 4 可以比较清晰地看出。从整体讲，居民文化休闲支出随着学历水平的升高而逐渐升高，其中拥有大学本科学历的文化休闲支出最大。这说明文化水平（学历）与文化休闲支出有一定的相关性。这或许一方面与生活品位有关，另一方面与实际收入有关。文化水平高的人追求更高品味的生活，当然实际收入与文化水平之间也存在一定的关联性。

表 13 – 46 居民学历水平与文化休闲支出状况

学历	文化休闲支出（元）	
	平均数	标准差
没有学历	72.4	368.398
小学	227.3	1093.316
初中	289.2	1192.229
高中/职高	355.4	986.217
中专/中师	1482.4	4502.610
大专	1118.9	2108.975
大学本科	2037.6	2482.516
硕士/双学位	1916.6	1428.869

居民文化休闲支出不仅跟他们的文化水平相关，与他们所处的阶层地位也有一定关联。由表 13 – 47 可见，上面五个阶层（除经理人员阶层外）的文化休闲支出较高，下面五个阶层的文化休闲支出较低。阶层较高的人群文化休闲支出较高可能与他们的收入较高相关，但文化休闲支出也可能与闲暇时间有关，例如经理人员阶层此项支出就相对较低，可能是因为他

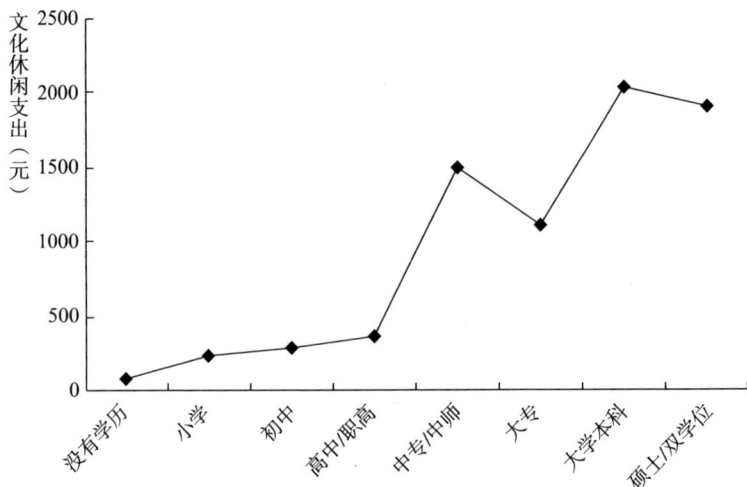

图 13 - 4　居民文化休闲支出随学历变化

们的休闲时间较少。

表 13 - 47　各阶层文化休闲支出及其占总支出的比例

阶层		文化休闲支出（元）	文化休闲支出占总支出的百分比（%）
国家与社会管理者阶层	平均数	2258.3	5.4
	标准差	5425.9	13.2
经理人员阶层	平均数	611.9	1.6
	标准差	1683.9	5.1
私营企业主阶层	平均数	1334.3	2.3
	标准差	2353.7	3.8
专业技术人员阶层	平均数	1571.9	3.9
	标准差	3163.2	7.1
办事人员阶层	平均数	1190.4	2.6
	标准差	1898.6	3.8
个体工商户阶层	平均数	375.0	0.9
	标准差	478.7	1.1
商业服务业员工阶层	平均数	589.5	1.6
	标准差	1713.3	4.3

续表

阶层		文化休闲支出（元）	文化休闲支出占总支出的百分比（%）
产业工人阶层	平均数	416.8	1.7
	标准差	1165.0	4.5
农业劳动者阶层	平均数	137.9	0.5
	标准差	698.9	2.8
城乡无业失业半失业者阶层	平均数	315.7	0.7
	标准差	1064.6	2.1

2. 居民文化活动情况

表 13-48 显示，总体上居民文化活动的参与度不高。在所抽取的样本中，仅有 13.8% 的人参加（或曾经参加过）文体兴趣组织的活动。同时，由表 13-49 可以进一步发现，居民的文化层次（学历水平）与生活品位（参与文体休闲活动）之间存在一定程度的正相关性：随着学历的提高，居民参与文体组织活动的程度越来越高。

表 13-48　居民参加文体兴趣组织情况

参与度	百分比（%）
参加	13.8
没有参加	86.2
合计	100.0

表 13-49　学历与参与文体兴趣组织的相关性

学历	文体兴趣组织		合计（%）
	参加（%）	没参加（%）	
没有学历	7.8	92.2	100.0
小学	9.5	90.5	100.0
初中	14.2	85.8	100.0
高中/职高	13.6	86.4	100.0
中专/中师	22.2	77.8	100.0
大专	20.5	79.5	100.0

学历	文体兴趣组织		合计（%）
	参加（%）	没参加（%）	
大学本科	12.8	87.2	100.0
硕士/双学位	33.3	66.7	100.0

3. 居民对城乡文体娱乐条件的评价

在对文体娱乐条件的评价上，75.1%的被调查者认为县城更好（见表13－50）。可见从居民的主观感受角度看，城乡文体娱乐条件存在比较大的差异。

表13－50　居民对城乡文体娱乐条件的评价

评价	百分比（%）
县城更好	75.1
乡村更好	9.8
没差别	11.9
不清楚	3.1
不回答	0.2
合计	100.0

4. 居民使用互联网情况

网络如今成为人们关注社会、获取信息的重要渠道，成为人们生活中的一项重要内容。但从表13－51中可见，被调查居民中至少有66.8%的人不上网。由此推论，这些居民关注社会、获取信息的主要渠道仍为电视、报纸和面对面的消息传播等。

表13－51　居民上网频率

上网频率	百分比（%）
经常上	20.5
不经常上	11.7
不上	66.8
不清楚	0.6

上网频率	百分比（%）
不回答	0.4
合计	100.0

同时，从表 13 - 52 我们也看到，居民"触网"程度与文化水平（学历）呈正相关。随着学历的提高，上网的比例也越来越高，具有本科学历的人群上网频率最高。

表 13 - 52 学历与居民上网频率的相关性

学历	上网情况（%）					合计（%）
	经常上	不经常上	不上	不清楚	不回答	
没有学历	1.6	0.0	96.9	.0	1.6	100.0
小学	1.5	1.0	94.5	2.5	0.5	100.0
初中	10.0	11.3	77.6	0.5	0.5	100.0
高中/职高	13.6	13.6	72.9	0.0	0.0	100.0
中专/中师	26.4	23.6	50.0	0.0	0.0	100.0
大专	54.5	22.7	22.7	0.0	0.0	100.0
大学本科	72.8	18.4	8.8	0.0	0.0	100.0
硕士/双学位	66.7	16.7	16.7	0.0	0.0	100.0

四 社会管理

加强社会管理，推进社会建设，实现社会有序，这是在转型时期日益重要的问题。本次调查结果表明，社会管理的问题与挑战是突出的。

从公众对于国家政策法律的了解情况来看，大部分（76%）有所了解或很了解，只有不到 19.9% 认为一点也不了解（见表 13 - 53）。

表 13 - 53 公众对政府政策及国家法律法规的了解程度

你对政府政策及国家法律法规有了解吗？	百分比（%）
很了解	6.8
有一点了解	69.2

你对政府政策及国家法律法规有了解吗？	百分比（%）
一点也不了解	19.9
不关心	4.0
不回答	0.1
合计	100.0

在被调查对象中，虽然有一多半的人（52.5%）不同意政府的好坏与自己无关（见表13－54），但大多数人（65.8%）并不想去影响政府的政策（见表13－55）。

表13－54　公众对政府好坏的态度

政府好坏与自己无关	百分比（%）
同意	31.9
一般	9.4
不同意	52.5
不清楚	5.4
不回答	0.7
合计	100.0

表13－55　公众影响政府决策的意愿

你是否想影响政府政策？	百分比（%）
想	27.7
不想	65.8
不适用	0.1
不清楚	4.9
不回答	1.4
合计	100.0

之所以会出现多数人认为政府好坏与己有关，但多数人又缺乏影响政府政策的意愿的矛盾，主要原因就是公众表达意愿的渠道不够通畅。在公共政治参与方面，虽然目前听证制度逐渐完善，但调查结果表明，参与渠

道仍然有限。表 13 - 56 显示，有 61.3% 的被调查者认为没有渠道表达他们对政府决策的看法，只有 28.0% 的人有一些或有畅通的表达渠道。与前面表 13 - 53 的情况比较一下可以看出，政府与民众之间的信息沟通不太对称，公众获取政府信息的渠道要比向政府表达意愿的渠道更通畅一些。

表 13 - 56　公众对政府决策表达意愿的渠道

表达渠道	百分比（%）
有通畅的渠道	4.2
有一些渠道	23.8
没有渠道	61.3
不适用	0.3
不清楚	8.5
不回答	1.8
合计	100.0

当然，公众是否有畅通的表达渠道与个人所在阶层有较大的关系，也就是说公众表达渠道存在着阶层分化。总体来看，阶层位序越高，参与渠道越通畅，反之则越差。具体地说，"国家与社会管理者"和"经理人员"认为自身的表达渠道比较畅通的人数较多。"私营企业主"和"个体工商户"虽然所处阶层比较高，但仍然认为自己没有渠道表达对政府政策的看法（见表 13 - 57）。因此，需要进一步完善、落实相关政策，给民众足够的空间和权力去表达对政府政策的看法，参与到国家管理之中。

表 13 - 57　各社会阶层向政府表达参政意愿的渠道的比例

你认为现在有渠道让你表达对政府决策的看法吗?	表达看法渠道（%）						合计（%）
	有通畅的渠道	有一些渠道	没有渠道	不适用	不清楚	不回答	
国家与社会管理者层	14.3	46.9	34.7		2.0	2.0	100.0
私营企业主		25.0	62.5			12.5	100.0
经理人员	20.0	40.0	40.0				100.0

你认为现在有渠道让你表达对政府决策的看法吗？	表达看法渠道（％）						合计（％）
	有通畅的渠道	有一些渠道	没有渠道	不适用	不清楚	不回答	
专业技术人员	3.4	37.9	49.4		5.7	3.4	100.0
办事人员	8.6	43.1	44.8		1.7	1.7	100.0
个体工商户	6.6	16.4	70.5		6.6		100.0
商业服务业员工	6.5	26.1	63.0		2.2	2.2	100.0
产业工人	3.3	19.0	69.3		6.5	2.0	100.0
农业劳动者	2.8	19.8	63.2	0.2	12.3	1.8	100.0
城乡无业失业半失业者	2.6	19.8	68.1	0.9	8.6		100.0

由于总体上公众参政意愿表达渠道不够通畅，因此大部分人认为自己对政府决策影响的效果不佳。有高达70.3%的人认为自己对政府的政策没有或基本没有影响力，其中认为没有一点影响力的高达58.0%（见表13-58）。

表13-58　公众对政府政策影响效果的主观认知

自己对政府政策没有一点影响力	百分比（％）
同意	58.0
一般	12.3
不同意	17.4
不清楚	11.2
不回答	1.0
合计	100.0

表13-59反映了公众对于现在干部权力的评价态度。总体来看，有超过七成的公众认为，与20世纪90年代相比较，干部的权力加强了。这一评价与这些年政策职能转变的改革可以说是相反的。改革开放以来，政府一直努力放权。但近十年随着政府掌握的资源越来越大，干部的权力似乎也在增强，这也成为一种公众的普遍认识。

表 13 - 59　公众对干部权力变化的认知

与 20 世纪 90 年代相比较，现在干部权力有什么变化？	百分比（%）
很大加强	46.9
有所加强	26.2
没有变化	7.6
有所削弱	4.6
大大削弱	0.5
不适用	0.3
不清楚	12.2
不回答	1.6
合计	100.0

五　新农村建设

在延庆县的新农村建设中，各个项目的建设情况差别较大。课题组就被调查对象中 595 名农村户籍人口对新农村建设工程项目的了解情况，以及满意度和必要性等态度进行了调查和分析。调查显示：健身器材、饮用水改造、道路硬化、垃圾处理、装路灯、乡村绿化等与村民生活息息相关的项目覆盖率较大，都达到了 70% 以上，村民满意度也比较高；电影放映厅、图书屋、老年活动室、污水处理、房屋取暖等项目的覆盖率较低，相对来说满意度也不是很高（见表 13 - 60）。在调查中发现一种比较普遍的现象是，例如电影放映厅、图书屋、老年活动室这些项目在很多村庄实际上是有的，但村民本身并不知道这些项目的存在，活动室基本处于闲置状态，其使用率非常低，造成很大的资源浪费。即使是知道这些项目存在的村民，也很少去利用这些场所和资源，然而村民们又基本都认为这些项目的建设是非常有必要的。可见，在新农村建设中，要根据农村的实际进行项目建设。在项目建设起来之后，要加大对现有设施的宣传、使用和管理力度，提高利用率，避免资源的浪费，真正达到丰富村民生活、提高农民生活质量的目的。

表 13 - 60　村民对政府在村里修建新农村建设工程项目的认知与态度

工程项目	知道有这一项目（%）	满意度（%）	必要性（%）
电影放映厅	46.2	64.5	79.9
图书屋	45.9	65.8	86.8
健身器材	70.6	69.3	93.6
老年活动室	34.8	62.4	91.6
饮用水改造	70.4	61.9	94.8
厕所改造	72.1	67.0	93.3
道路硬化	88.1	72.6	97.2
垃圾处理	82.2	81.5	96.3
污水处理	39.7	65.8	95.3
装路灯	88.9	84.5	96.6
房屋取暖	26.7	62.9	93.7
乡村绿化	81.0	75.9	94.4

　　虽然国家大力进行新农村建设，推动农村发展，但是延庆的城乡差别依然比较大。在表 13 - 61 的各个项目中，除广播电视和饮用水外，调查对象均认为城镇条件好于农村，其中教育、取暖、文体娱乐和医疗是表现最为突出的几个方面。联系前面表 13 - 60 可以看到，城乡差别之所以还如此之大，与目前新农村建设中的很多项目没有落到实处有一定关系。例如取暖和文化娱乐设施在农村中的建设和使用力度就非常低，一定程度上造成了农村在这两方面依然大大落后于城镇。在人们最为关心的教育和医疗条件方面，居民认为城乡资源分配依然不均衡，这也是在今后的新农村建设中特别需要花大力气解决的方面。

表 13 - 61　居民对城乡差别的看法

生活条件	城好于乡（%）	乡好于城（%）	城乡没差别（%）
交通	53.4	16.3	8.1
污水处理	65.3	11.9	14.4
取暖条件	77.0	9.8	11.3
文体娱乐	75.0	9.8	11.9
教育	77.5	8.7	10.6

续表

生活条件	城好于乡（％）	乡好于城（％）	城乡没差别（％）
广播电视	41.2	10.6	45.5
社会保障	54.9	13.8	22.1
福利待遇	62.6	13.5	14.4
劳动条件	69.8	10.4	11.9
医疗条件	74.4	9.4	13.9
饮用水	31.4	35.8	30.0
住房条件	53.7	25.1	17.1

六　社会和谐

在调查中，我们调查了公众对社会和谐状况的评价，从统计结果来看，认为社会不太和谐和很不和谐的占到了两成左右，那么影响社会和谐的因素有哪些呢？表 13 - 62 列出了公众认为影响社会和谐的最突出的问题依次为官员腐败、贫富分化、失业和高房价。和全国调查情况相比较，在延庆失业也被列入影响社会和谐的主要因素中。这是延庆的特殊性。由于就业难，就业质量不高，所以作为民生之本的就业在延庆更具有重要意义，这对于推进延庆和谐社会建设具有重要的启示。

表 13 - 62　影响社会和谐的最突出的问题

选项	百分比（％）
官员腐败	32.9
贫富分化	17.6
失业	10.3
高房价	12.2
社会保障不完善	3.6
干群关系紧张	3.5
征地拆迁	3.3
公共安全	2.4
群体性事件	0.7

选项	百分比（%）
上访	1.0
劳资矛盾	1.5
其他	1.8
不清楚	9.2
合计	100.0

表 13－63 和表 13－64 列出了被调查者对于目前生活的评价。与五年前相比，有超过八成的被调查者认为生活变好了，认为变差了的只占 5% 左右，这表明社会成员不同程度地从经济发展中受益。对于未来五年预期的总体情况也是比较乐观的，有近 74% 的人对未来有良好预期，对未来预期不好的只有 4.2%。另外，有 15% 左右的人对未来生活不太确定。

表 13－63　目前生活与五年前相比

与五年前相比，您现在的生活是变好了还是变坏了？	百分比（%）
好了很多	53.5
好了一点	29.9
几乎一样	11.8
差了一点	2.6
差了好多	2.2
合计	100.0

表 13－64　对未来五年生活的预期

您认为五年后您的生活会比现在好还是会不如现在？	百分比（%）
好很多	39.5
好一点	34.4
几乎一样	6.5
差一点	3.4
差很多	0.8
不清楚	15.3
不回答	0.1
合计	100.0

附　录
延庆调查大事记（2010.3～2010.7）

　　2009年，北京工业大学为进一步推进学校为地方经济社会发展服务工作，编制了《北京工业大学服务北京行动计划（2009～2012）》。为贯彻落实学校的"服务北京行动计划"，北京工业大学人文社会科学学院成立了以陆学艺教授为组长的"北京区域社会建设规划研究"课题组，打算通过参与调研和协助北京市各区县制定社会建设规划为切入点，发挥社会学学科优势，积极服务北京的社会建设工作。同年12月15日，中共北京市委常委、统战部长牛有成，中共北京市委副秘书长李福祥、北京市委农工委副书记高华等一行来到北京工业大学，调研指导新农村建设研究工作。12月22日，北京市委农工委书记、市农委主任王孝东、市委农工委副主任高华等一行再次来到北京工业大学，双方联合举办了"社会力量参与新农村建设座谈会"。在牛有成常委和范伯元校长的领导下，在北京市委农工委、市农委的大力支持和具体指导下，课题组开始调研郊区农村建设的情况，并在北京多个区县踩点，最终选定延庆县为首个北京市区域社会建设规划研究的调研点，希望在全面调查延庆经济社会状况的基础上，为延庆县制定"十二五社会建设规划"提供参考建议。课题组30余名研究人员和30多名学生自2010年3月23日进驻延庆县，至2010年7月9日完成调研，前后共109天。在深入调研的基础上，课题组完成了调研课题的主体任务，形成了《延庆县"十二五"社会建设规划建议报告》《延庆县委社会工作委员会、县社会建设工作办公室"十二五"工作规划建议报告》《延庆县"十二五"期间社会工作人才队伍建设规划建议报告》，并提交给延庆县委社会工作委员会、县社会建设工作办公室。与此同时，课题组还完成了《延庆县社会建设问卷调查分析报告》等12个专题研究报告。延庆调查是"北京区域社会建设规划研究课题组""当代中国社会结构变迁课题组"部分成员共同完成的一次县域社会调查，是继晋江、大邑调查之后，历时最长、调查面最广、获取资料最为丰富、数据最为翔实的一次大规模县域社会调研活动。

延庆调查 109 天的活动可以划分为五个阶段。第一阶段，3 月 24 日至 4 月 30 日，与延庆县各委办局、群团组织、乡镇街道座谈；第二阶段，5 月 4 日至 5 月 16 日，问卷调查；第三阶段，5 月 17 日至 5 月 20 日，私营企业主访谈；第四阶段，5 月 21 日至 6 月 28 日，研究报告写作；第五阶段，6 月 29 日至 7 月 9 日，乡镇蹲点。

2010 年 3 月 17 日，北京工业大学人文社会科学学院召开延庆社会建设规划调研动员会，宣布"北京区域社会建设规划研究"课题组延庆调查项目正式启动。会议指明了调研目的和调研意义，确定了调研方法、步骤，明确了课题组成员分工，强调了调研纪律。

3 月 23 日，课题组正式来到延庆县。晚 6 时入住延庆县新风大酒店，并将此处作为长期驻扎的基地。晚 10 时召开第一次会议，唐军教授介绍了调研背景、目的、调研计划等情况，布置了未来三天工作安排。钱伟量常务副院长要求课题组成员要遵守纪律、做好分工、落实任务，规定了作息时间，以及人身安全等事宜。给学生发放并培训使用录音摄像设备。

3 月 24 日上午，与延庆县发展和改革委员会座谈。发改委常务副主任武鑫介绍了延庆县"十一五"规划的实施情况以及"十二五"规划的思路和设想。下午，与延庆县委政策研究室座谈。研究室副主任杨国柱介绍了 2009 年已经完成的两项重点调研课题的情况，即"构建生态文明建设指标体系"和"2010－2012 年生态文明建设三年纲要"，并指出 2010 年县政策研究室将重点在低碳经济示范区、新能源环保产业、国际旅游休闲名区、有机循环农业等领域寻求研究突破。晚上，课题组成员召开内部讨论会，主题是"对延庆县的初步认识"。

3 月 25 日上午，与延庆县委农村工作委员会座谈。县委农工委书记赵文田介绍了延庆县农业的基本状况和新农村建设等工作的进展情况。下午，与延庆县农村合作经济经营管理站座谈。农经站站长贾春媚介绍了延庆县农业经济、农民收入、农村劳动力产业分布、农村土地流转、农村金融等情况。晚上，课题组成员召开内部讨论会，主题是"如何推进社会建设"。

3月26日上午，与延庆县香水园、百泉、儒林三个街道办事处座谈。三个街道工委书记、街道办事处主任分别介绍了辖区人口、资源、面积等基本情况，并与课题组就街道的工作职能、办公经费、工作考核办法等问题进行了探讨。

3月31日晚，陆学艺教授从上海开会归来。晚8时，他在新风大酒店召开课题组会议，介绍了"江阴社会建设探索之路"，并组织课题组成员就社会建设问题展开讨论。

4月1日上午，与延庆县人大常委会原主任刘明耀座谈。刘主任回顾了延庆县的历史沿革和自己的工作经历，并就社会治安、社会管理、社会秩序等社会建设内容发表了自己的看法。下午，与延庆县政协原主席、原副县长王孝斌座谈。王主席根据自己的工作经验，从城镇建设、城镇管理等角度分析了当前社会建设的状况、问题与原因。

4月2日上午，与延庆县工商业联合会座谈。县工商联主席刘振通着重介绍了在新的历史时期，工商联在积极调动非公经济人士参与经济社会发展、协调非公经济与政府之间关系中所发挥的作用。下午，与延庆县卫生局座谈。卫生局局长郑世华介绍了延庆县卫生事业发展的基本情况，延庆县近年来在新农合制度、社区卫生医疗体制改革、卫生医疗基础设施建设、卫生医疗人才队伍建设等方面取得的成绩，并就卫生事业发展中存在的人才短缺、急救系统不完善、社区医疗服务中心不完善、医疗设备短缺等问题进行了研讨。

4月3日上午，与百泉街道办事处振兴北社区居委会、香水园街道办事处新兴区居委会、香水园街道办事处川北东路居委会、儒林街道办事处温泉南区东里居委会座谈。四位居委会党支部书记、主任介绍了各自社区人口、辖区构成、居民构成等基本情况，同课题组探讨了物业、办公场所、办公经费等社区工作中存在的主要困难和问题。

4月4日上午，参观延庆县博物馆。下午，课题组召开内部讨论会，学习社会建设相关文献。

4月5日上午，走访延庆县永宁镇，与永宁镇政府座谈。永宁镇镇长丁利民就永宁镇经济社会发展状况、新农村建设、新民居建设、镇政府财力等情况做了详细介绍，并就新农村建设中存在的一些问题提出了自己的观点。座谈会后，课题组成员实地考察了永宁镇最小的行政村——北沟村，了解新农村建设情况。

4月6日上午，课题组召开内部讨论会，主题是《延庆县"十二五"社会建设规划调研报告》撰写内容以及写作分工，布置问卷设计、抽样调查等事宜。下午，与延庆县委、延庆县人民政府信访办公室座谈。信访办主任张立新介绍了延庆县信访机构的职能、人员编制等情况，归纳总结了新时期城乡信访工作的突出特征，与课题组探讨了信访工作存在的合理性问题。

4月7日上午，与延庆县委政法委员会座谈。政法委机关党委书记周云霞回顾了2009年综治工作情况，介绍了在维护社会秩序等方面取得的经验和成果，以及2010年"继续深化平安延庆，继续推进法制延庆，继续深入推进社会矛盾化解、创新社会管理体制机制"的工作目标。下午，与延庆县委统战部座谈。统战部部长贾晓明提出新时期要高度重视统战工作，对民族、宗教、新社会阶层等要有深刻认识，要适应时代发展新要求，建立符合现阶段统战工作发展的管理机制，改变不管、不会管、不敢管的状况。晚上，课题组召开内部讨论会，陆学艺教授布置了第一阶段的调研计划，并给课题组成员讲述包产到户的由来。

4月8日，与延庆县人力资源和社会保障局座谈。上午，主管就业的刘红福副局长介绍了当前延庆县的就业结构、登记失业率、就业政策等状况，并与课题组就目前存在的就业组织不完善、就业观念滞后、劳动者素质不高等问题进行了探讨；主管社保的王晓娟副局长介绍了城乡社会保障体系覆盖状况。下午，主管人事、人才和公务员，以及大学生村官工作的孟顺利副局长介绍了延庆县公务员队伍、事业单位管理人员队伍、专业技术人员队伍、企业经营管理人才队伍、农村专业人才队伍这五支人才队伍的建设情况，并详细介绍了延庆县大学生村官的规模、待遇、学历结构等情况。

4月9日上午，与延庆县经济社会统计调查队座谈。统调队队长国造红介绍了经济社会统计调查队的职责和延庆县的主要经济社会发展数据，就近年开展的经济社会统计调查工作做了详细介绍，并与课题组探讨了调查方法、调查结果的科学性等问题。下午，与延庆县民政局座谈。民政局局长祁文广回顾了2009年全县在社会救助、基层政权建设、社会事务管理、社会团体建设等方面所取得的成绩，就民政局与社会建设工作办公室之间职能重叠的体制问题进行了研讨。

4月10日上午，与延庆县总工会座谈。县总工会主席郭玉峰介绍了延庆县基层工会的建会情况和现有工会的规模，总结了在职工维权、困难救助等方面取得的成绩，并与课题组探讨了工会存在的维权难、没有威慑力、企业负担重等问题。下午，与延庆县体育局座谈。体育局副局长党强介绍了延庆县群众体育、竞技体育、体育产业发展状况，以及未来五年延庆县体育事业"继续完善体育服务体系、创新体育产业理念、大力培养竞技体育、强抓落实延庆县传统项目、扭转长期落后的局面"的发展思路。

4月11日，走访延庆县康庄镇。上午与康庄镇政府座谈，康庄镇镇长贺利介绍了康庄镇财力、新农村建设、新民居建设、农业发展等方面的基本情况。随后，课题组参观了工业园区（农民就业基地）、新开发住宅小区、别墅区、北京人文大学校区、小丰营蔬菜大棚、蔬菜交易市场。原计划下午去康西草原参观风力发电，因雨返回延庆镇。

4月12日下午，与延庆县教育委员会座谈。县教委主任马铁铃介绍了"十五"和"十一五"两个时期的学校数量、中小幼在校学生数量、教师队伍规模、义务教育阶段和非义务教育阶段毕业生数量等情况，指出延庆县基本实现了教育结构布局趋于合理、职业教育达到较高水平、教师专业素质有所提高、教育质量群众比较满意的"十一五"教育发展规划目标，并确定了"提高干部现代化办学理念、促进教师队伍学历结构更趋合理化、继续完善教育结构合理布局、继续完善办学条件"等"十二五"教育发展规划的重要目标。

4月13日上午，与延庆县委党校座谈。党校副校长韩小军介绍了基层党校负责县各级干部队伍的理论学习、党性教育、知识教育、反腐教育、县本课程教育以及县内干部轮训等主要职能，并就培训工作的特点与课题组进行了简单的研讨。下午，与延庆县水务局座谈。水务局副局长田玉柱介绍了水务局所承担的五项职能，即防汛抗旱、城镇居民和工矿企业用水和农村供排水、水资源管理和调度、小型农田水利设施建设、水库管理，介绍了延庆县水资源和水治理等方面的情况，并与课题组探讨了"十二五"期间可能面临的困难和问题。

4 月 14 日上午，与延庆县延庆镇政府座谈。镇党委书记胡玉民介绍了延庆镇的历史沿革和镇区基本情况，重点介绍了城中村改造问题。胡书记认为当前城中村改造的难点主要集中在人员身份界定、资产清理、分配方式三个方面，并与课题组探讨了解决这些难题的思路。下午，与延庆县主管农业的副县长徐凤翔座谈。徐副县长介绍了全县人口、地理位置、产业分布等情况，谈了个人对社会建设的认识，认为推进社会建设需要加强家庭教育，实现城乡一体，经济社会民生有机结合，改革体制机制。对延庆未来发展问题，徐副县长认为要实现市区与郊区待遇平等，实现资源统一调配，加大投入力度和产业扶植，加大政策扶持力度。

4 月 15 日上午，与延庆县委组织部座谈。组织部主管党组织工作的副部长高英介绍了延庆县党员数量和城乡分布状况、基层党组织建设等工作情况，以及农村党员组织建设和农村党员队伍建设中存在的问题。下午，与延庆县精神文明建设委员会办公室座谈。县文明办副主任王凤祥介绍了近几年延庆县城乡精神文明建设的工作情况，对开展精神文明户工程、个人先进事迹表彰等精神文明活动做了专题介绍，并对如何加强延庆县精神文明建设提出了一些设想。

4 月 16 日上午，与北京市国土资源局延庆分局座谈。县国土分局副局长房秀利介绍了延庆县的国土面积、建设用地、农用耕地、山地林地、未使用土地等基本情况，总结指出延庆县土地利用呈现农业用地多、农村占地多、生态用地多、产业用地和建设用地少等基本特征，并就 2020 年土地远景规划做了介绍。下午，再次与延庆县委组织部座谈。组织部主管干部、人才工作的副部长马红寰介绍了延庆县干部队伍的人才构成和规模状况，汇报了培养和选拔干部的 4 个机制，并就当前人才发展困境等问题与课题组进行了交流。

4 月 19 日下午，与延庆县环境保护局座谈。环保局副局长刘立新介绍了延庆县的地理位置、气候特征、县域功能定位等基本情况，就县域内水、大气、噪声、固体废物、生活垃圾等状况进行了详细介绍，总结了延庆县在生态文明建设工作中取得的成绩，并指出当前延庆县环境保护面临"城镇可控，农村失控"的状态。此外，刘副局长还介绍了延庆县环保产业发展状况，环境治理基础设施投入等情况，并对"十二五"环境保护工作提出了展望。

4月20日上午，与延庆县妇女联合会座谈。妇联主席杨国红简单介绍了延庆县不同年龄段、不同贫困类型的妇女构成情况，以及近几年妇联开展的具体工作，并就妇联工作中存在的问题和"十二五"期间妇联工作发展思路做了详细介绍。下午，与延庆县住房和城乡建设委员会座谈。住建委副主任闫海云介绍了近年来在城乡节能改造、危房改造等方面所做的工作，延庆县住房供求状况和"两限房"建设情况，并与课题组探讨了目前新民居建设、土地拆迁补偿、小区物业等工作中存在的问题。

4月21日上午，与延庆县人民法院座谈。县法院研究室主任董晓军介绍了县法院的基本职能、县级法院和乡镇级法庭的基本情况，并详细介绍了近些年延庆县未成年人犯罪、民商事案件、交通肇事案件和刑事审判案件的变化趋势。谈到当前百姓"信访不信法"问题时，董晓军认为，法院应在队伍建设、管理机制等方面寻求突破，加强法制社会建设。下午，与北京市公安局延庆分局座谈。县公安分局纪委书记王友良分别从职位、年龄、学历、性别等方面介绍了延庆县公安队伍的基本情况，并谈到因延庆县所处的特殊地理位置，负责"堵内卡外保边关"的工作重任。经过干警连续多年努力，刑事案件逐年下降。此外，王书记还就刑事案件类型、科技创安等工作做了介绍。

4月22日上午，与延庆县交通局座谈。交通局副局长吴世江介绍了延庆县的交通状况，指出交通问题是制约延庆县经济社会发展的较大障碍，并就未来交通治理提出了设想。下午，与北京市规划委员会延庆分局座谈。县规划分局副局长吴广军介绍了城镇规划、新农村规划、开发区规划的详细情况，以及《2005－2020年延庆新城规划》的目标和主要内容。

4月23日上午，与延庆县委宣传部座谈。宣传部副部长齐鲁延介绍了延庆县的历史文化特色和文物古迹，以及城乡群众文化活动、生态文明户创建、道德模范评选等工作的开展情况。下午，与北京市工商行政管理局延庆分局座谈。县工商分局副局长李雷介绍了延庆县个体工商户、企业的数量与规模情况，详细介绍了国营和民营企业的运行情况，并指出经济总量不足是延庆县经济发展滞后的主要原因。

4月25日上午，走访延庆县千家店镇，听取镇人大副主席乔雷介绍千家店镇山区搬迁、新农村建设等基本情况以及未来发展思路。

4月26日上午，课题组召开阶段性讨论总结会。下午，延庆县委常委于少东主持召开问卷调查协调会。

4月27日下午，与北京市延庆县国家税务局、地方税务局座谈。地税局副局长王志国介绍了延庆县2006年至2009年地税的征收情况，并分析了影响地方税收的几个重要因素。国税局副局长任军介绍了国税、地税的税种划分情况，以及各税种的税收情况，并与课题组探讨了现行的财税体制问题。

4月29日上午，与延庆县财政局、县委旅游工委座谈。财政局副局长郝春梅介绍了财政局队伍建设情况，以及延庆县的财政收入和财力状况，并就财政运行体制中存在的问题与课题组进行了探讨。旅游工委副书记王留艳介绍了延庆县旅游资源和旅游发展情况，就当前存在的基础设施落后、旅游要素低、旅游人才少、乡村旅游档次不高等问题与课题组展开了谈论，并详细介绍了未来五年延庆县旅游发展的重点领域。下午，与延庆县经济和信息化委员会座谈。经信委副主任哈什扎尔扎拉介绍了新能源和环保产业、生物医药、食品加工、机械制造等工业领域的基本情况及2009年延庆县的工业产值，并详细介绍了"十二五"期间战略性新兴产业规划的思路。

4月30日上午，北京工业大学校长范伯元、副校长张爱林、科技处处长杨建武、副处长闫健卓等领导到延庆县调研并慰问课题组成员。在延庆县徐凤翔副县长等县委县政府有关领导陪同下，范伯元校长一行与调研组先后参观了大榆树镇岳家营村、德青源公司、沼气发电等循环经济项目、希森马铃薯种薯基地，进一步了解了延庆县的新农村建设和农业产业发展情况。下午，延庆县委县政府与北京工业大学在延庆县圣世苑酒店会议中心召开了座谈会，与会的县委、县政府领导有县委书记孙文锴、县委副书记代县长李先忠、县委常委于少东、副县长徐凤翔、副县长赵志萍、副县长刘兵等。座谈会由孙文锴书记主持，北京区域社会建设规划研究课题组负责人陆学艺教授汇报了延庆县社会建设调研工作进展情况，范伯元校长发表了"立足北京，发挥高校功能，创建'县校'合作新模式，以打造北京首善之区和'三个北京'为目标，不断促进北京区县协调持续发展"的讲话。孙文锴书记对陆学艺教授带领的调研组深入延庆县调研表示感谢和大力支持，他希望通过此次"县校"合作，实现院校成果社会效益最大化，打造延庆县"一流的旅游休闲名区、一流的低碳经济社会示范区、一流的宜居城镇和美丽乡村"，帮助延庆县在"十二五"期间实现新的历史飞跃。

5月4日上午，课题组在北京工业大学人文社会科学学院培训问卷调查员。下午，由调查公司工作人员培训电子问卷的使用方法。晚上，课题组成员与问卷调查团队抵达延庆县新风大酒店，并进行调查分组安排和调研资料准备工作。

5月5日至14日，实地问卷调查。课题组问卷设计负责人根据延庆县城乡统计调查大队提供的抽样框，从延庆县城区3个街道的6个社区和15个乡镇中6个乡镇的22个行政村中抽取1000个样本；在公务员、专业技术人员、个体户、私营企业主、经理阶层等不同阶层人员中抽取200个样本，问卷总量共计1200份。问卷调研团队由北京工业大学人文学院社会学系教师和社会学专业研究生共计50人组成，整个问卷调查过程历时10天。

5月15日至19日，私营企业主访谈。课题组根据工商联提供的会员企业名单，电话预约名单上的49位会员，其中愿意接受访谈的有30个，最后成功地对21个私营企业主或经理人员进行了实地访谈。调查以半结构式访谈为主，主要内容围绕其公司的运营和对社会建设的理解两部分来进行。

5月19日下午，与延庆县科学技术委员会座谈。科委副主任张红玉回顾了"十一五"期间科技工作的开展情况，介绍了科委"十二五"规划的总体思路和未来五年科技发展主要指标。

5月21日，课题组在北京工业大学人文社会科学学院召开内部讨论会，会议进行了阶段性总结，并对下一阶段调研做出了安排。

5月26日上午，与延庆县残疾人联合会座谈。残联主任阎克霞介绍了残联的职能定位、组织架构和延庆县残疾人的基本情况，并与课题组成员探讨了残疾人康复、教育、就业、维权等领域取得的成绩和面临的问题。下午，与延庆县红十字会、县民政局社会救助科和福利生产办公室座谈。红十字会常务副会长王顺全介绍了红十字会的精神、主要职能与工作内容；民政局社会救助科科长韩廷凤介绍了延庆县社会救助和社会福利（养老、孤残儿童）的基本情况；福利生产办赵主任介绍了延庆县福利企业发展的现实状况。

5月27日上午，与县民政局老龄工作委员会办公室座谈。老龄委主任彭兆华介绍了延庆县老龄工作的主要内容与面临的困难。下午，与共青团延庆县委座谈。团县委书记杨志强介绍了团县委的编制、职责以及延庆县志愿者工作的开展情况。

6月3日上午，与延庆县司法局座谈。司法局副局长曲德才介绍了司法局的工作及近年建立大调解格局，化解社会矛盾的情况，与课题组研讨了人民调解制度如何在新形势下"拓展领域、扩大范围、创新体制"，以更好地保持基层社会的稳定。下午，与沈家营镇及其社会治安综合治理工作中心座谈。沈家营镇党委副书记吴永才介绍了社会治安综合治理工作中心的建立和运行情况，着重就矛盾联调机制、治安联防机制、工作联动机制、问题联制机制、平安联创机制这五大工作机制做了说明，并对工作成效做了总结。

6月4日上午，与延庆县农村工作委员会村镇建设科、山区建设科座谈。村镇建设科万科长介绍了延庆县新农村建设和小城镇建设的基本情况；山区建设科李科长介绍了千家店、四海等乡镇沟域经济的规划与实施和山区搬迁工作取得的成绩及面临的困难。下午，与延庆县委社会工作委员会、县社会建设工作办公室座谈。社会工委书记韩贵海、副书记谷建英与课题组围绕社会工委的职能定位、工作内容、面临的困难、与其他部门的关系等方面进行深入探讨和交流。

6月5日至17日，几个规划建议报告分工写作阶段。课题组成员根据各自分工，进行回访、摸底调查、资料整理、初稿写作。

6月18日下午，与延庆县人口和计划生育委员会座谈。人口与计生委副主任郭万良介绍了延庆县"十一五"期间人口计生工作取得的成绩，分析了延庆县人口状况及面临的基本形势，汇报了"十二五"人口与计生规划的基本思路。

6月22日上午，与延庆县文化委员会座谈。文委刘主任详细介绍了"十一五"期间延庆县文化事业和文化产业的规划与实施情况，并提出了延庆县"十二五"文化事业规划的初步设想。

6月23日至28日，几个规划建议报告写作阶段。

6月29日至7月5日，陆学艺教授主持会议，集中讨论了《延庆县

"十二五"社会建设规划建议报告》《延庆县委社会工作委员会、县社会建设工作办公室"十二五"工作规划建议报告》《延庆县"十二五"期间社会工作人才队伍建设规划建议报告》的框架、数据指标等内容，课题组成员对三个规划建议报告的内容提出了具体的修改意见。

7月5日上午，与延庆县农村合作经济经营管理站财务管理科座谈。

7月5日下午，与延庆县私营个体协会座谈。

7月6日上午，与延庆县民政局社团管理办公室座谈。

7月6日至9日，下乡镇蹲点调查。课题组成员兵分两路，第一路由陆学艺教授带队，到千家店镇蹲点；第二路由李君甫副教授带队，到井庄镇蹲点。通过蹲点，课题组考察了乡镇新农村建设过程中"农业、农村、农民"的新变化，进一步详细了解了乡镇各部门的整体运转情况。

7月9日晚，"北京区域社会建设规划研究"课题组完成了《延庆县"十二五"社会建设规划建议报告》《延庆县委社会工作委员会、县社会建设工作办公室"十二五"工作规划建议报告》《延庆县"十二五"期间社会工作人才队伍建设规划建议报告》三个报告定稿，并提交给延庆县委社会工作委员会、县社会建设工作办公室，圆满完成预定任务。课题组所有成员于当日晚离开延庆县返校。至此，"北京区域社会建设规划研究"课题组在延庆县的调研工作正式告一段落。

　　有关本次调查的其他内容，如延庆调查座谈会记录摘要、问卷调查纪实和调研体会、私营企业访谈记录摘要、乡镇蹲点纪实、2010～2015年延庆县（区）经济社会发展主要数据等，可登录社会科学文献出版社数字学术服务平台——查思客阅读、下载。

后　记

　　本书是北京市教委资助引导性课题"10科技引导——延庆县十二五社会建设规划研究"和首都社会建设与社会管理协同创新中心资助的"陆学艺学术思想研究"成果之一。自2010年3月23日至2010年7月9日，课题组在延庆县109天调研的基础上，结合所思所想，完成调研课题的主体任务。后经多次修改，编撰了本书。

　　本课题初次启动是在2009年底，受时任中共北京市委常委、统战部长牛有成的嘱托，在时任北京工业大学校长范伯元的指导下，课题组开始调研郊区农村社会建设的情况，并在北京多个区县踩点，最终选定延庆县为首个北京市区域社会建设规划研究的调研点。从课题的启动到结题成书，范校长一直十分关注课题的进展，不仅提出了中肯的建议，还曾特意亲赴延庆慰问整个课题组，因此本课题的研究离不开范校长一贯以来的关心和爱护。

　　在延庆调研期间，课题组各项工作能得以顺利进行，离不开中共北京市委农工委、市农委领导的大力支持，特此表示感谢！我们特别要感谢延庆县委、县政府能够敞开胸怀，接纳我们数十人的调研队伍近4个月的长期驻扎和调研工作，为我们课题组开展北京市区域社会建设研究提供了第一个可以深入调查和分析的窗口，开创了北京市校县合作的新模式。感谢延庆县委常委于少东和延庆县委社会工作委员会、县社会建设工作办公室，正是在于常委的具体指导下，社会工委、社会办的韩贵海书记、谷建英副书记、马向东副主任等同志为课题组全程研究提供了周到细致的组织和安排。我们50多场座谈会他们一直陪伴着，并与我们合作参与了该课题的研究，因而本课题的每一项研究成果都离不开他们的支持和帮助，也凝聚了他们辛勤的付出。感谢延庆县人大常委会原主任刘明耀、延庆县政协原主席王孝斌、延庆县副县长徐凤翔等领导接受课题组专访，为课题组全面了解延庆社会建设和新农村建设提供了详尽的资料和独到的见解。延庆县各部委办局，千家店、井庄、康庄、永宁、延庆、沈家营、大榆树等乡镇及有关村，香水园、儒林和百泉街道办事处及有关社区，延庆县博物馆、小丰营蔬菜大棚和蔬菜交易市场、德青源公司、希森马铃薯种植基地、绿菜园专业合作社、延仲养鸭专业合作社的领导和群众，以及接受课题组访谈的21家私营企业的老总们，也在调研中给予我们大力的支持（因为人数众多，恕不一一列举）。延庆县新风大酒店作为我们109天调研工作的大本营，给我们数十号人的生活无微不至的关怀和支持，我们在此一并表示诚挚的谢意！

中国社会科学院社会学研究所王春光、梁晨、潘屹、田丰、张宛丽、高鸽等部分研究人员和硕士生齐慧颖，河北社会科学院研究人员周伟文、交通运输部水运科学研究院研究人员张林江等积极参与了本课题的调研，在调研指导思想、问卷设计和组织等方面提供了很多有价值的指导和建议，部分研究人员和博士生几乎全程参与调研的各个环节的工作，为本课题和本书的顺利完成做出了贡献，在此特别表示感谢！

感谢北京工业大学时任党委书记王守法、副书记张革对本次调研工作的大力支持！感谢张爱林副校长和科技处杨建武处长、闫建卓副处长以及科技处张爱民等老师，他们多次协助组织和陪同课题组赴区县调研，这对课题组是极大的鼓舞和支持。

本课题组大部分成员在承担研究工作的同时，也同时承担着北京工业大学人文社会科学学院的教学任务。人文社会科学学院杨茹、钱伟量、李东松、唐军、魏爽等领导对课题组的研究自始至终给予坚定的支持，社会工程实验室主任吴力子老师带领学生为课题组大量数据的处理和加工做出了重要的贡献，学院院务办公室、科研办公室、研究生工作办公室和学生工作办公室等部门为课题研究的顺利进行做了大量细致的工作，在此表示特别的谢意！

课题组成员，北京工业大学李晓壮博士在调研结束后，借助北京市委组织部、北京市教育委员会的首都高校博士挂职团的机会，于2010年8月～2011年1月在延庆县社会建设工作办公室、延庆县社会建设委员会挂职书记、主任助理，对于刚刚起步中的延庆县社会建设工作推进和本课题的最终完成及其应用做出了突出贡献。

北京工业大学人文社会科学学院一批硕士生和本科生，特别是人文学院 08 级社会学系研究生孙晖、穆璇、周佳辰、尹志超、华逢林等积极投入了本课题的研究，他们参与调研、统计数据、整理资料和文献，以及大量录音、影像资料的处理。其余参与学生也做了大量工作（因为人数众多，恕不一一列举），在此一并表示感谢！

本书是在陆学艺先生亲自领衔指导下，课题组全体成员分工合作的基础上共同完成的集体成果。钱伟量主持完成了全书统稿，副主编李君甫和李晓壮为本书的完成也做了大量工作。本书各部分内容主要执笔人的分工情况如下：

序——陆学艺（李君甫代写初稿）

总报告 和谐妫川护京城——朱涛

分报告 1 延庆城镇化发展状况研究——宋国恺

分报告 2 延庆县社会阶层调查与分析——胡建国

分报告 3 延庆县农村劳动力就业状况调查与分析——白素霞

分报告 4 延庆县农村居民消费状况调查与分析——赵卫华、李妙

分报告 5 延庆县义务教育均衡发展情况调查与分析——李晓婷

分报告 6 延庆县医疗卫生事业发展问题研究——刘金伟

分报告 7 延庆县居民住房状况与住房政策调查与分析——李君甫

分报告 8 延庆县老年人口养老保障状况调查与分析——杨桂宏

分报告 9 延庆县农民专业合作社发展状况调查与分析——曹飞廉

分报告 10 延庆县社会组织发展状况调查与分析——马向东、李晓壮

分报告 11 延庆县社会工作人才队伍建设状况调查与分析——谷建英、李晓壮

分报告 12 延庆县志愿者队伍建设状况调查与分析——宋国恺、陈锋、韩秀记

分报告 13 延庆县社会建设调查分析报告——胡建国

附 录 延庆调查大事记（2010.3～2010.7）——李晓壮、周艳、钱伟量

后 记——钱伟量、李晓壮

　　2010 年 3 月 23 日，酝酿已久的"北京区域社会建设规划研究"课题组正式来到延庆县，开始了为期 109 天的延庆调查。当我们驱车从北京市内到延庆县城的途中，我们看到的大山还是灰色的，没有一点绿色和春意。大家还穿着厚重的冬衣，因为延庆地处山区，气温比北京市内温度低 4 ~ 5 度。到达县城时，我们看到远处的海坨山还覆盖着一层白雪。可是，当我们 7 月 9 日结束调研离开延庆时，已是盛夏将至，大家都换上了轻便的夏装。

　　前后 109 天，不仅是忙碌的 109 天，也是充实的 109 天。所见所闻诸多，收获颇丰。有坎坷和艰辛，也有收获成功的喜悦。社会建设是一个新东西，搞这样一个县域的社会建设调研活动在全国可能也是首次。因此，我们参考的依据并不多，只能依靠我们自身的调研资料，发挥我们集体的力量完成这项任务。在调查和写作过程中，我们感觉到压力，同时也感觉到无限的责任。压力来自社会建设是一个新东西，责任来自各方面给予我们的大力支持，延庆县委、县政府，延庆县委社会工委、县社会办，北京工业大学等相关领导对我们殷切期望。因此，我们咬紧牙关，克服困难，努力完成这项任务。在此期间，有的老师因为长时间投入调研写作，家里的小孩无法得到很好的照料；有的老师和学生因为长时间的忙碌、劳累而生病输液。所有这些付出，都融入我们的调研成果中，这里包含了我们辛勤的汗水，交融着我们集体的智慧。这里特别需要一提的是，在我们这个团队中始终有一位年近八旬的老先生在给我们精神、智慧、方向上的指导和支持，他就是我们的课题组负责人、著名"三农问题"专家、社会学家陆学艺先生。他的渊博学识让我们深深敬仰，他勤奋操劳的精神，让我们发自内心地感叹。在调研期间，他每天都是我们团队中起得最早、休息得最晚的一位。白天带领指导我们开会和调研，晚间思考如何把课题做得更好，更符合实际。同时还要应酬外面媒体记者的电话采访，出席会议邀请、写作发言稿等事务。为此，我们担心他的身体吃不消，"毕竟已经 77 岁的高龄了"。他一直与我们在一起，不仅给予我们智力指导，更给了我们精神支持，我们无以回报，只能努力把我们的任务完成好，不断地将他高瞻远瞩的思想贯彻下去，永不休止，开创社会学中国化和当代中国社会建设这项事业的美好未来。

　　需要特别说明的是，当本课题基本完成，本书稿反复修改尚未定稿之际，课题领衔专家，与课题组全体成员朝夕相伴的恩师——陆学艺先生于2013年5月13日早9时08分在北京家中因心脏病突发而不幸仙逝。一代宗师，高山仰止，悲痛万分！您去世前书桌上还摊放着关于城镇化、工业化、经济建设和社会建设关系的未完稿件，努力为这个社会进步开药方……但您一点都没有吝惜您自己的生命，走得那么决然！敬爱的陆老师，您生前曾经多次跟我们说："我曾体会，一个人的一生如何评价？可能直到离开这个世界的时候才会揭晓，所谓盖棺定论。"您生命不息，奋斗不止，"货不藏身，力不为己"，一直工作到生命的最后一刻。您一生潜心研究和奋力推进中国农村改革与发展、中国社会学学科建设与发展和中国社会建设事业的发展，谱写了一曲中国知识分子的生命之歌。您得到了比生前更多的敬仰、赞誉和理解，这是您应得到的，当之无愧！

由于反复修改和其他外在原因的影响，本书未能在陆学艺先生去世前出版，实为一大遗憾！而陆老师生前反复敦促大家尽快完成最后的修改和统稿工作，一定要出版此书。为了却先生的遗愿，我们根据先生的指导思想和具体指示，完成了本书最后的文字工作。同时，课题组还继续参与了延庆县"十二五"期间社会建设部分课题的调研工作和"十三五"社会建设发展规划的调研论证工作。2015年，课题组部分成员在调研基础上形成了延庆县志愿者队伍建设状况调研报告，弥补了2010年调研的缺憾。由于本调研成果反映了陆学艺先生生前有关县域社会建设的理念和关于延庆社会建设的具体认知和建议，具有重要的历史价值，因此，尽管本书在初稿形成7年后才最终完成并出版，我们还是尽可能保留了原稿中的数据、结论、建议和基本写作风格，保留了当时形成初稿的基本内容和结构（补充的分报告12除外），以留给读者一个原生态的反映陆学艺学术思想和风格的作品。为了便于读者对照阅读和研究，我们还在附录中补充了一份2010—2015年延庆县（区）经济社会发展主要数据表。如果有机会，我们会争取重返延庆，开展新的全面调查，完成延庆调研的续篇，以便从延庆这个观察窗口更好地看到当代中国县域社会建设发展的规律，看到和谐妫川发展的坚定步伐。

我们的精神导师，请您放心，我们会继承您的遗志，传承您的学术思想，传颂您的为人、为事、为学之大德，努力完成您未尽之事业，续写当代中国社会建设的新篇章。

此书面世，谨以为奠。

作为一本对县域新农村建设和社会建设探索性调查和研究的作品，尚存在许多不足，在此恳请读者，特别是延庆的干部群众多多批评指正，以更好的鞭策课题组继续磨砺，以更好的作品与读者分享。最后，如果此书面世能够给延庆经济社会发展带来一定的社会效益，引发社会关注和支持，也聊表我们对纯朴的延庆县人民之心意，谨以此书为献！

2011 – 02 – 25 初稿

2013 – 05 – 25 二稿

2014 – 12 – 05 三稿

2017 – 09 – 08 四稿

图书在版编目(CIP)数据

延庆调查:县域社会建设考察报告/陆学艺主编

. -- 北京:社会科学文献出版社,2018.5

ISBN 978 - 7 - 5201 - 1953 - 5

Ⅰ.①延… Ⅱ.①陆… Ⅲ.①县 - 社会主义建设 - 考

察报告 - 延庆县 Ⅳ.①D671.3

中国版本图书馆 CIP 数据核字(2017)第 314545 号

延庆调查
——县域社会建设考察报告

主 编/陆学艺
执行主编/钱伟量
副 主 编/李君甫 李晓壮

出 版 人/谢寿光
项目统筹/谢蕊芬
责任编辑/佟英磊 刘德顺

出 版/社会科学文献出版社·社会学出版中心 (010) 59367159
　　　　 地址:北京市北三环中路甲 29 号院华龙大厦 邮编:100029
　　　　 网址:www.ssap.com.cn
发 行/市场营销中心 (010) 59367081 59367018
印 装/三河市尚艺印装有限公司

规 格/开 本:787mm×1092mm 1/16
　　　　 印 张:18 字 数:283 千字
版 次/2018 年 5 月第 1 版 2018 年 5 月第 1 次印刷
书 号/ISBN 978 - 7 - 5201 - 1953 - 5
定 价/89.00 元